Widmung

Dieses Buch ist jedem einzelnen von uns gewidmet, den ewigen Studenten im Bereich der Führung. Führung kann zwar gemeistert werden, aber sie ist nie perfekt. Als globale Bürgerinnen und Bürger, die daran arbeiten, die Welt zu verändern und den Wandel aufrechtzuerhalten, teilen wir alle die gemeinsame Verpflichtung, zu lernen, zu wachsen und unsere Welt zu einem besseren Ort zu machen.

Mögen die Erkenntnisse auf diesen Seiten auch weiterhin unseren Wissenshunger stillen und uns auf unserem sich ständig weiterentwickelnden Weg der Führung leiten. Gemeinsam begeben wir uns auf die Reise des Wandels und der Transformation, vereint durch unser Engagement, bessere Führungskräfte zu werden und einen positiven Einfluss auf die Welt zu nehmen.

Vorwort

Ich hatte das Privileg, schon früh in meiner Karriere während meines Masterstudiums etwas über Veränderungsmanagement zu lernen. Ich verliebte mich in den Gedanken, dass die einzige Konstante der Wandel ist. Ich glaube fest an dieses Sprichwort und habe es in meinem Leben erlebt. Während die meisten von uns irgendwann auf ein beständiges, ähnliches Muster oder einen konstanten Zustand hoffen, ist die Realität viel komplizierter und nuancierter. Selbst in den kleinsten Umständen entwickelt sich das Leben ständig weiter und verändert sich. Es ist das Leben selbst, das nie von einem Moment zum anderen gleich ist.

Was sollten wir also tun? Nun, wir können diesem Wandel direkt begegnen. Wir können lernen, mit dem Wandel umzugehen, uns an seine Ebbe und Flut anzupassen, und schließlich können wir den Wandel willkommen heißen. Wir können sogar mehr tun, als ihn nur zu umarmen; wir können den Wandel anführen - für uns selbst und für andere.

Wir können hoffen, den Wandel zu bewältigen und seine Herausforderungen zu meistern, aber die wahre Kraft liegt in unserer Fähigkeit, ihn zu führen. Dieses Buch, das Sie in den Händen halten, zeugt von der Überzeugung, dass Veränderungen nicht gefürchtet oder bekämpft werden müssen, sondern dass sie eine Kraft sind, die man sich zunutze machen und auf mehr Erfolg und Erfüllung ausrichten kann.

Auf den folgenden Seiten werden Sie sich auf eine Reise begeben, die die Kunst und die Wissenschaft des Führens von Veränderungen erforscht. Ausgehend von den Erfahrungen von Führungspersönlichkeiten und Pionieren des Wandels sowie den neuesten Erkenntnissen aus dem Bereich des Veränderungsmanagements wird dieses Buch Sie mit dem Wissen, den Werkzeugen und den Strategien ausstatten, um die sich ständig verändernde Landschaft des Wandels mit Zuversicht und Kompetenz zu navigieren.

Während Sie sich in die folgenden Kapitel vertiefen, sollten Sie daran denken, dass der Wandel nicht nur eine äußere Kraft ist, sondern ein wesentlicher Bestandteil unseres Lebens. Wenn Sie die Grundsätze der Veränderungsführung beherrschen, sind Sie in der Lage, sich nicht nur an den Wandel anzupassen, sondern ihn auch zu gestalten, den Wandel voranzutreiben und eine nachhaltige Wirkung zu hinterlassen.

Lassen Sie uns also die ständige Ebbe und Flut der Veränderungen im Leben annehmen, denn durch Veränderungen finden wir Wachstum, Innovation und die Möglichkeit, unsere Welt zu verbessern. Möge dieses Buch Ihr treuer Begleiter auf Ihrer Reise zur Führung der Veränderungsrevolution sein und Sie dazu inspirieren, den Wandel als eine mächtige Kraft für das Gute zu begreifen.

Mit Vorfreude und Begeisterung,

Thomas P Huber PhD MS ECS

Einführung

In der modernen Wirtschaft ist der Wandel keine Anomalie, sondern das Fundament, auf dem die sich ständig weiterentwickelnde Landschaft ruht. Der erste Schritt auf unserer Reise durch "Die Revolution des Wandels Anführen: Initiierung und Aufrechterhaltung der Transformation" beginnt mit einer grundlegenden Erkenntnis: Der Wandel ist ein unablässiges Element, ein integraler Bestandteil des organisatorischen Lebens. In der Vergangenheit wurde der Wandel oft als eine Reihe von isolierten Ereignissen betrachtet, als Unterbrechungen, die es zu bewältigen galt, oder als Herausforderungen, die es zu meistern galt. Heute hat sich diese Sichtweise jedoch drastisch verändert. In einer Zeit, die von rasanten technologischen Fortschritten, Globalisierung und sich wandelnden gesellschaftlichen Werten geprägt ist, ist der Wandel zu einer ständigen Kraft geworden, die Fortschritt und Innovation in einem noch nie dagewesenen Tempo vorantreibt.

Dieser ständige Wandel birgt für Unternehmen eine Reihe von Chancen und Herausforderungen. Die Fähigkeit, Veränderungen zu antizipieren, sich an sie anzupassen und aus ihnen Nutzen zu ziehen, ist nicht länger ein Luxus, sondern eine Notwendigkeit für das Überleben und den Erfolg geworden. Diejenigen, die Veränderungen als sporadische Störungen betrachten, werden sich in einer Welt, in der Agilität und Widerstandsfähigkeit gefragt sind, wahrscheinlich unvorbereitet und verwundbar fühlen. Um in diesem dynamischen Umfeld erfolgreich zu sein, müssen Unternehmen eine Kultur fördern, die den Wandel nicht nur toleriert, sondern ihn aktiv annimmt. Dies erfordert ein Umdenken auf allen Ebenen, von der Führungsebene bis hin zu den Mitarbeitern an der Front. Es erfordert eine Abkehr vom traditionellen, linearen Denken und eine Hinwendung zu einem flexibleren, anpassungsfähigeren Ansatz.

Den Wandel als Konstante zu begreifen, bedeutet anzuerkennen, dass die Unternehmenslandschaft von heute nicht die Landschaft von morgen ist. Es erfordert eine Verpflichtung zu kontinuierlichem Lernen, Innovation und Evolution. Es erfordert Führungskräfte, die visionär und doch pragmatisch sind und ihre Organisationen mit Zuversicht und Weitsicht durch unbekannte Gebiete navigieren können. Wir werden die verschiedenen Dimensionen des Wandels als konstante Kraft untersuchen. Wir werden untersuchen, wie diese Perspektive Strategien, Entscheidungsprozesse und Führungsstile umgestaltet. Außerdem werden wir uns mit den Instrumenten und Rahmenbedingungen befassen, die Organisationen und Führungskräften helfen können, in einer Welt, in der der Wandel die einzige Konstante ist, nicht nur zu überleben, sondern zu gedeihen. Den Wandel als Konstante zu begreifen, ist der erste Schritt zur Beherrschung der Kunst der Veränderungsführung. Dies ist die Grundlage, auf der erfolgreiche, anpassungsfähige und widerstandsfähige Organisationen aufgebaut werden. Wenn wir uns gemeinsam auf diese Reise begeben, sollten wir diesen Paradigmenwechsel mit Offenheit und der Bereitschaft angehen, nicht nur unsere Organisationen zu verändern, sondern auch uns selbst als Führungskräfte in dieser dynamischen, sich ständig verändernden Welt.

Nachdem wir den Wandel als eine Konstante verstanden haben, besteht das nächste wichtige Element auf unserem Weg darin, die transformative Kraft einer effektiven Führung des Wandels zu erkennen. Bei dieser Kraft geht es nicht nur darum, den Wandel zu managen oder zu bewältigen, sondern ihn zu nutzen, ihn zu lenken und ein Unternehmen voranzubringen. In dieser Ära des unaufhaltsamen Wandels geht die Rolle eines Change Leaders über die traditionellen Grenzen der Führung hinaus. Change Leadership ist der Katalysator, der Herausforderungen in Chancen und Unsicherheit in Innovation umwandelt. Dabei geht es nicht nur darum, auf externe Veränderungen zu reagieren, sondern auch darum, die Zukunft des Unternehmens proaktiv zu gestalten. Führungskräfte in diesem Bereich reagieren nicht nur auf die Marktdynamik, den technologischen Fortschritt und gesellschaftliche Veränderungen, sondern sie antizipieren und beeinflussen sie.

Die Auswirkungen der Führung von Veränderungen sind tiefgreifend und weitreichend. Sie wirkt sich auf jeden Aspekt eines Unternehmens aus, von der strategischen Planung bis zur operativen Umsetzung, von der Unternehmenskultur bis zur Kundenbindung. Effektive Change Leader haben den Weitblick, kommende Trends vorherzusehen, und die Flexibilität, ihre Strategien entsprechend anzupassen. Sie fördern eine Kultur der Widerstandsfähigkeit und Anpassungsfähigkeit und schaffen ein Umfeld, in dem Innovation nicht nur gefördert wird, sondern ein natürliches Ergebnis des Unternehmensethos ist.

Change Leadership ist von zentraler Bedeutung, um die Komplexität des modernen Marktes zu bewältigen. Angesichts der rasanten technologischen Entwicklung, des sich ändernden Verbraucherverhaltens und der sich wandelnden globalen Wirtschaft brauchen Unternehmen Führungskräfte, die nicht nur technisch versiert oder marktbewusst sind, sondern auch in der Lage, Teams durch diese Veränderungen zu führen. Sie müssen ein Gleichgewicht zwischen technischem Wissen und emotionaler Intelligenz finden und sicherstellen, dass ihre Teams motiviert und engagiert sind und sich an der Vision des Unternehmens orientieren.

Wir werden uns auch mit den Kerneigenschaften einer effektiven Veränderungsführung befassen. Wir erforschen die Fähigkeiten und Denkweisen, die erfolgreiche Change Leader auszeichnen. Dazu gehört ihre Fähigkeit, eine klare Vision zu vermitteln, die Zusammenarbeit zu fördern und ein Gefühl für gemeinsame Ziele zu schaffen. Wir untersuchen auch die Praktiken und Strategien, die Führungskräften helfen, den Wandel in ihren Organisationen voranzutreiben. Wir werden Beispiele aus der Praxis untersuchen, in denen effektive Führungsarbeit zu bedeutenden organisatorischen Umgestaltungen geführt hat. Diese Fallstudien geben Einblicke in die Art und Weise, wie Führungskräfte komplexe Veränderungen bewältigt, Herausforderungen gemeistert und Chancen genutzt haben, um nachhaltigen, langfristigen Erfolg zu erzielen.

Die transformative Kraft von Change Leadership liegt in der Fähigkeit, Visionen in Aktionen und Ideen in die Realität umzusetzen. Unser Ziel ist es, aktuelle und angehende Führungskräfte mit dem Wissen und den Instrumenten auszustatten, die sie benötigen, um Veränderungen effektiv zu leiten - nicht nur als Reaktion auf externen Druck, sondern als proaktive Strategie für Wachstum und Innovation. Auf diese Weise bereiten wir sie darauf vor, Architekten der Zukunft zu sein und ihre Organisationen so zu gestalten, dass sie in einer sich ständig verändernden Welt erfolgreich sind. In der modernen Geschäftswelt ist das Verständnis der Kräfte, die den organisatorischen Wandel vorantreiben, von entscheidender Bedeutung. Diese internen und externen Kräfte zwingen die Unternehmen, sich ständig anzupassen und weiterzuentwickeln, um relevant und wettbewerbsfähig zu bleiben.

Einer der wichtigsten externen Faktoren sind die sich ständig ändernden globalen Markttrends. Der Weltmarkt ist ein kompliziertes Geflecht aus miteinander verbundenen Volkswirtschaften und Branchen, in dem eine Veränderung in einem Teilbereich weitreichende Auswirkungen haben kann. Faktoren wie aufstrebende Märkte, wirtschaftliche Volatilität, sich entwickelnde Handelspolitiken und globale Krisen beeinflussen die Unternehmensstrategien. Unternehmen müssen sich auf diese Trends einstellen und ihre Auswirkungen auf die Lieferketten, die Verbrauchernachfrage und das Wettbewerbsumfeld verstehen. Dieses globale Bewusstsein ermöglicht eine proaktive Anpassung von Strategien, um diese Veränderungen zu bewältigen.

Die technologische Entwicklung ist ein entscheidender Motor für den Wandel in Unternehmen. Die rasanten Fortschritte in Bereichen wie künstliche Intelligenz, Cloud Computing, Big Data und das Internet der Dinge definieren die betrieblichen Normen neu. Diese technologischen Veränderungen bieten nicht nur Chancen für Effizienz und Innovation, sondern erfordern auch neue Fähigkeiten, eine aktualisierte Infrastruktur und robuste Cybersicherheitsmaßnahmen. Eine ständige technologische Bewertung und Anpassung ist für Unternehmen von entscheidender Bedeutung, um diese Fortschritte effektiv nutzen zu können. Ein weiterer kritischer Faktor ist die Veränderung des Kundenverhaltens und der Kundenpräferenzen. Aufgrund des demografischen Wandels, kultureller Trends und des digitalen Informationszeitalters entwickeln sich die Erwartungen der Verbraucher ständig weiter. Dies macht es erforderlich, dass Unternehmen flexibel bleiben und ihre Angebote, Marketingstrategien und Kundenserviceansätze an diese veränderten Bedürfnisse anpassen. Um relevante und ansprechende Produkte und Dienstleistungen zu entwickeln, ist es unerlässlich, das veränderte Kundenverhalten zu verstehen und darauf zu reagieren.

Regulatorische Änderungen stellen für Unternehmen sowohl Herausforderungen als auch Chancen dar. Die sich entwickelnde Landschaft der Branchenvorschriften und -normen kann sich erheblich auf verschiedene Aspekte des Geschäftsbetriebs auswirken. Von der Produktentwicklung bis hin zur Datenverwaltung müssen Unternehmen mit diesen Änderungen Schritt halten, um die Einhaltung der Vorschriften zu gewährleisten und gleichzeitig die Möglichkeiten zu erkunden, die diese Vorschriften für Innovationen oder die Marktdifferenzierung bieten können.

Das Erkennen und Verstehen dieser treibenden Kräfte des Wandels - globale Markttrends, technologische Entwicklung, verändertes Kundenverhalten und regulatorische Änderungen - ist für Führungskräfte von entscheidender Bedeutung. Dieses Wissen ermöglicht es ihnen, Veränderungen zu antizipieren, ihre Organisationen entsprechend vorzubereiten und potenzielle Herausforderungen in Chancen für Wachstum und Innovation zu verwandeln. Dieser Abschnitt beleuchtet nicht nur diese Kräfte, sondern soll Führungskräften auch die notwendigen Einsichten und Instrumente an die Hand geben, um das dynamische Geschäftsumfeld effektiv zu analysieren und darauf zu reagieren.

In einer Welt, in der der Wandel unaufhaltsam und schnell vonstatten geht, birgt es erhebliche Risiken und negative Auswirkungen, sich ihm zu widersetzen. Für Organisationen, die sich nicht anpassen, kann dies schwerwiegende Folgen haben, die sich nicht nur auf ihre unmittelbare Geschäftstätigkeit, sondern auch auf ihre langfristige Lebensfähigkeit und ihre Rolle im breiteren gesellschaftlichen und ökologischen Kontext auswirken.

Eine der unmittelbarsten und greifbarsten Folgen des Widerstands gegen Veränderungen ist der Verlust von Marktanteilen. Im heutigen wettbewerbsorientierten Geschäftsumfeld haben die Kunden mehr Möglichkeiten als je zuvor. Sie werden von Unternehmen angezogen, die innovativ und reaktionsschnell sind und mit den aktuellen Trends Schritt halten. Unternehmen, die an veralteten Modellen, Technologien oder Praktiken festhalten, laufen Gefahr, ihren Kundenstamm an agilere und vorausschauendere Wettbewerber zu verlieren. Dieser Verlust von Marktanteilen kann ein entscheidender Schlag sein, der oft zu einer Abwärtsspirale führt, von der man sich nur schwer erholen kann. Eine weitere wichtige Auswirkung des Widerstands gegen den Wandel ist der Verlust an Relevanz. In einem sich ständig weiterentwickelnden Markt kann das, was gestern noch funktionierte, heute oder morgen nicht mehr funktionieren. Technologien veralten, Verbraucherpräferenzen ändern sich, und es entstehen neue gesetzliche Anforderungen. Unternehmen, die nicht darauf vorbereitet sind, sich im Gleichschritt mit diesen Veränderungen weiterzuentwickeln, laufen Gefahr, irrelevant zu werden. Diese abnehmende Relevanz kann zu einem Verlust des Markenwerts und des Rufs führen, wodurch es immer schwieriger wird, Kunden und Spitzenkräfte anzuziehen und zu halten.

Die Auswirkungen des Widerstands gegen Veränderungen gehen über die Grenzen der Organisation hinaus. Es gibt weiterreichende gesellschaftliche und ökologische Auswirkungen zu berücksichtigen. In einer Zeit, in der soziale Verantwortung und Nachhaltigkeit immer wichtiger werden, können Organisationen, die diese Aspekte zugunsten der Beibehaltung des Status quo ignorieren, nicht nur mit einem öffentlichen Gegenschlag, sondern auch mit rechtlichen Konsequenzen rechnen. Dies kann das öffentliche Vertrauen und die Legitimität des Unternehmens weiter untergraben.

Der Widerstand gegen Veränderungen kann auch Innovation und Wachstum in einer Organisation ersticken. Er schafft ein risikoscheues und selbstgefälliges Umfeld, in dem neue Ideen nicht gefördert oder erforscht werden. Dies schränkt nicht nur das Wachstums- und Verbesserungspotenzial des Unternehmens ein, sondern kann auch zu einer demotivierten Belegschaft führen, da die Mitarbeiter ein Umfeld suchen, in dem ihre Kreativität und Innovation geschätzt und gefördert werden. Die Folgen der Verweigerung von Veränderungen können weitreichend und vielschichtig sein. Vom Verlust von Marktanteilen und Relevanz bis hin zur Beeinflussung der gesellschaftlichen Wahrnehmung und dem Abwürgen interner Innovationen - die Risiken einer Nichtanpassung sind erheblich. Dieser Abschnitt des Buches unterstreicht, wie wichtig es ist, sich dem Wandel zu stellen - nicht nur als Überlebensstrategie, sondern als Mittel, um zu gedeihen und eine sinnvolle, verantwortungsvolle und nachhaltige Präsenz auf dem Markt und in der Gesellschaft insgesamt zu erhalten.

Dieses Buch ist eine Einladung, sich auf einen transformativen Weg zu begeben, einen Weg, der Sie herausfordern und erleuchten wird, indem er Sie mit dem Wissen und den Werkzeugen ausstattet, die für eine effektive Führung von Veränderungen in der dynamischen Welt von heute notwendig sind. Die Reise, die vor uns liegt, soll sowohl zum Nachdenken anregen als auch praktisch sein und Einblicke und Strategien bieten, die sofort anwendbar sind. Wir werden uns mit den Nuancen der Führung von Veränderungen in verschiedenen organisatorischen Kontexten befassen und dabei sowohl die theoretischen Grundlagen als auch die praktischen Anwendungen von Change Leadership erforschen. Jedes Kapitel baut auf dem vorherigen auf und schafft eine zusammenhängende Erzählung, die Klarheit und Tiefe in das komplexe Thema des Veränderungsmanagements bringt.

Auf dieser Reise werden wir die Merkmale erfolgreicher Führungskräfte im Bereich der Veränderung, die Strategien, die sich in verschiedenen Szenarien bewährt haben, und die häufigsten Fallstricke, die es zu vermeiden gilt, untersuchen. Sie erhalten Einblicke in die Förderung einer Kultur, die den Wandel begrüßt, in die Bewältigung von Widerständen und in die Aufrechterhaltung der Dynamik angesichts von Herausforderungen.

Wir werden auch Beispiele aus der Praxis betrachten und Lehren aus den Erfolgen und Misserfolgen von Veränderungsinitiativen in verschiedenen Branchen ziehen. Diese Fallstudien bieten einen reichhaltigen Kontext für das Verständnis der Grundsätze der Veränderungsführung und dienen als Quelle der Inspiration und des Lernens. Auf dieser Reise geht es nicht nur darum, sich neues Wissen anzueignen, sondern auch um Selbsterkenntnis und persönliches Wachstum. Im Laufe des Buches werden Sie dazu angeregt, Ihre eigenen Erfahrungen und Ihren Führungsstil zu reflektieren, Entwicklungsbereiche zu identifizieren und Strategien zu entwickeln, um Ihre Effektivität als Führungskraft im Wandel zu verbessern.

Am Ende dieses Buches werden Sie nicht nur die Feinheiten der Führung von Veränderungen verstehen, sondern auch mit einer Reihe von praktischen Werkzeugen und Strategien ausgestattet sein, die Sie in Ihrem eigenen organisatorischen Kontext anwenden können. Ganz gleich, ob Sie eine erfahrene Führungskraft, eine aufstrebende Führungskraft oder ein Fachmann sind, der die Dynamik des organisatorischen Wandels verstehen möchte, diese Reise wird Ihnen wertvolle Einsichten und Fähigkeiten vermitteln. Wenn wir uns also gemeinsam auf diese transformative Reise begeben, sollten Sie offen sein, Ihre Annahmen in Frage stellen und bereit sein, sich auf die Lektionen einzulassen, die auf Sie warten. Der Weg des Change Leadership ist ebenso lohnend wie herausfordernd, und er ist für das Wachstum und den Erfolg jeder Organisation in der sich ständig verändernden Welt von heute unerlässlich.

Kapitel 1: Der Imperativ der Veränderung

In der modernen Unternehmenslandschaft ist das Verständnis für die Dringlichkeit des Wandels entscheidend für das Gedeihen von Unternehmen. Diese Notwendigkeit ergibt sich nicht nur aus dem Wunsch, wettbewerbsfähig zu bleiben, sondern auch aus der grundlegenden Notwendigkeit, sich an ein sich ständig weiterentwickelndes Umfeld anzupassen. In modernen Unternehmen wird der Wandel durch eine Vielzahl von Faktoren vorangetrieben, die alle einen Druck ausüben, der nicht ignoriert werden kann.

Der technologische Fortschritt ist eine der wichtigsten Triebkräfte des Wandels. Das digitale Zeitalter hat die Art und Weise, wie Unternehmen arbeiten, verändert - von der Automatisierung von Prozessen bis zur Nutzung von Big Data für strategische Entscheidungen. Unternehmen, die sich der digitalen Transformation nicht stellen, laufen Gefahr, ins Hintertreffen zu geraten, da ihre Konkurrenten diese Technologien nutzen, um Effizienz, Kundenerfahrung und Innovation zu verbessern. Die Dynamik der globalen Märkte ist ein weiterer entscheidender Faktor. Die Globalisierung der Wirtschaft bedeutet, dass Unternehmen heute Teil eines komplexen, vernetzten Systems sind. Veränderungen in einem Teil der Welt können sich weltweit auswirken und die Lieferketten, die Marktnachfrage und die Wettbewerbslandschaft beeinflussen. Unternehmen müssen flink und anpassungsfähig sein und auf diese globalen Veränderungen reagieren können, um ihre Marktposition zu halten.

Auch das Verhalten und die Erwartungen der Verbraucher ändern sich in einem noch nie dagewesenen Tempo. Das digitale Zeitalter hat den Kunden mehr Informationen und Wahlmöglichkeiten als je zuvor gegeben. Unternehmen müssen ständig innovativ sein und ihre Produkte und Dienstleistungen an die sich wandelnden

Vorlieben und Werte der Kunden anpassen. Gelingt dies nicht, kann dies zu einem Verlust an Relevanz und Kundentreue führen. Regulatorische Veränderungen machen auch organisatorische Veränderungen erforderlich. In dem Maße, in dem Regierungen und internationale Gremien neue Vorschriften einführen, um Belange wie Datenschutz, Umweltauswirkungen und ethische Praktiken zu regeln, müssen Unternehmen ihre Abläufe anpassen, um diese einzuhalten. Diese Änderungen erfordern oft erhebliche Anpassungen von Prozessen, Richtlinien und Systemen. Die Belegschaft selbst ist im Wandel begriffen: Neue Generationen bringen andere Erwartungen und Werte mit an den Arbeitsplatz. Dieser Wandel erfordert Änderungen der Unternehmenskultur, des Führungsstils und der Arbeitsumgebung, um Talente anzuziehen und zu halten.

Bei der Dringlichkeit von Veränderungen in modernen Unternehmen geht es nicht nur darum, auf externen Druck zu reagieren. Es geht darum, proaktiv nach Möglichkeiten für Innovation, Wachstum und Führung zu suchen. Unternehmen, die diese Dringlichkeit verstehen und sich zu eigen machen, sind besser in der Lage, die Komplexität der modernen Geschäftswelt zu bewältigen. Sie können Herausforderungen in Chancen umwandeln und sich auf eine Weise anpassen und weiterentwickeln, die langfristigen Erfolg und Nachhaltigkeit gewährleistet. Den Wandel als eine Konstante zu begreifen, erfordert ein deutliches Umdenken auf allen Ebenen eines Unternehmens. Es geht darum, den Wandel nicht mehr als eine Reihe von isolierten Ereignissen zu betrachten, die es zu bewältigen gilt, sondern als einen kontinuierlichen Prozess, der Chancen für Innovation, Wachstum und Wettbewerbsvorteile bietet. Diese Sichtweise ermutigt Unternehmen, proaktiv statt reaktiv zu handeln, den Wandel zu antizipieren und sich auf ihn vorzubereiten, anstatt nur darauf zu reagieren. In einer Welt des ständigen Wandels wird die Anpassungsfähigkeit zu einer Kernkompetenz des Unternehmens. Unternehmen müssen die Fähigkeit entwickeln, schnell auf neue Informationen, Markttrends und technologische Entwicklungen zu reagieren. Bei dieser Beweglichkeit geht es nicht nur um Schnelligkeit, sondern auch darum, Veränderungen strategisch, durchdacht und bewusst anzugehen und zu bewältigen.

Eine Kultur, die den Wandel begrüßt, ist eine Kultur, die Flexibilität, Lernen und Innovation schätzt. Sie fördert ein Umfeld, in dem Experimente und kalkulierte Risikobereitschaft gefördert werden, in dem Scheitern als Lernchance gesehen wird und in dem Mitarbeiter auf allen Ebenen befähigt werden, Ideen einzubringen und Verbesserungen voranzutreiben. In einer solchen Kultur werden Veränderungen nicht gefürchtet oder bekämpft, sondern als Weg zu neuen Möglichkeiten begrüßt. Führungskräfte spielen eine entscheidende Rolle bei der Förderung dieser Kultur des Wandels. Sie müssen mit gutem Beispiel vorangehen und die Bereitschaft zeigen, sich auf neue Ideen einzulassen, den Status quo in Frage zu stellen und ihren Führungsstil an die sich ändernden Umstände anzupassen. Effektive Führungskräfte in einem veränderungsorientierten Umfeld sind diejenigen, die Vertrauen schaffen, eine klare Vision für die Zukunft vermitteln und ihre Teams motivieren können, den Wandel anzunehmen und voranzutreiben. Den Wandel als Konstante zu begreifen, erfordert auch einen strategischen Ansatz bei der Gestaltung der Organisation und der Prozesse. Dazu kann die Einführung flexibler Strukturen gehören, die sich an veränderte Bedürfnisse anpassen lassen, Investitionen in die kontinuierliche Aus- und Weiterbildung, um eine veränderungsfähige Belegschaft aufzubauen, und die Nutzung von Technologien zur Förderung von Innovation und Effizienz.

Das Erkennen der Kräfte, die den organisatorischen Wandel vorantreiben, ist für Unternehmen von entscheidender Bedeutung, um in einer sich rasch entwickelnden Landschaft wettbewerbsfähig und relevant zu bleiben. Diese Kräfte sind vielfältig und stammen sowohl aus internen als auch aus externen Quellen, und sie haben einen erheblichen Einfluss darauf, wie Unternehmen arbeiten und Strategien entwickeln. Das Verständnis dieser Faktoren ist für ein effektives Veränderungsmanagement und langfristigen Erfolg unerlässlich.

1. Technologischer Fortschritt: Eine der wichtigsten Triebkräfte des Wandels im heutigen Geschäftsumfeld ist die Technologie. Das rasante Tempo der technologischen Innovation hat die Branchen revolutioniert und zu neuen Geschäftsmodellen, betrieblicher Effizienz und Strategien zur Kundenbindung geführt. Unternehmen müssen sich an diese technologischen Veränderungen anpassen, um an der Spitze zu bleiben, sei es durch die Einführung neuer Softwarelösungen, die Nutzung von Datenanalysen oder die Integration von künstlicher Intelligenz in ihre Prozesse.

2. Globalisierung: Die Expansion der globalen Märkte hat den Wettbewerb verschärft und neue Möglichkeiten geschaffen. Unternehmen sind nicht mehr auf lokale Märkte beschränkt; sie können ein weltweites Publikum erreichen, stehen aber auch im Wettbewerb mit internationalen Akteuren. Diese globale Landschaft erfordert, dass Unternehmen ihre Strategien an unterschiedliche kulturelle Normen, Marktbedingungen und gesetzliche Rahmenbedingungen anpassen.

3. Veränderte Verbraucherpräferenzen und -erwartungen: Der moderne Verbraucher ist besser informiert, vernetzt und mündiger als je zuvor. Sie verlangen Qualität, Komfort, Personalisierung und Nachhaltigkeit. Unternehmen müssen auf diese sich verändernden Vorlieben und Erwartungen achten und ihre Produkte, Dienstleistungen und Kundenerfahrungen entsprechend anpassen, um sie zu erfüllen.

4. Änderungen bei den Vorschriften und der Einhaltung von Gesetzen: Das regulatorische Umfeld entwickelt sich ständig weiter, und neue Gesetze und Normen wirken sich auf verschiedene Aspekte des Geschäftsbetriebs aus. Von Datenschutzgesetzen bis hin zu Umweltvorschriften müssen Unternehmen ihre Richtlinien und Prozesse anpassen, um die Vorschriften einzuhalten, was oft erhebliche organisatorische Änderungen erfordert.

5. Wirtschaftliche Schwankungen: Wirtschaftliche Veränderungen, ob lokal oder global, wirken sich auf die Marktbedingungen und die Verbraucherausgaben aus. Unternehmen müssen beweglich genug sein, um durch wirtschaftliche Abschwünge zu navigieren und von Aufschwüngen zu profitieren, was eine kontinuierliche Neubewertung und Anpassung der Geschäftsstrategien erfordert.

6. Dynamik in der Belegschaft: Die Art der Arbeitskräfte ändert sich, und neue Generationen bringen andere Erwartungen an den Arbeitsplatz mit. Dieser Wandel erfordert von den Unternehmen eine Anpassung ihrer Arbeitsumgebungen, ihrer Kultur und ihrer Engagementstrategien, um Talente anzuziehen und zu halten.

7. Soziale und ökologische Faktoren: Das zunehmende Bewusstsein und die Sorge um soziale und ökologische Belange haben die Unternehmen dazu veranlasst, ihre Geschäftstätigkeit und ihre Strategien der sozialen Verantwortung zu überdenken. Die Organisationen werden dazu gebracht, nachhaltigere Praktiken einzuführen und einen positiven Beitrag zur Gesellschaft zu leisten.

Das Erkennen dieser Kräfte ist nur der erste Schritt. Die Unternehmen müssen proaktiv reagieren und diese Faktoren als Katalysatoren für positive Veränderungen nutzen. Dazu gehört nicht nur die Anpassung bestehender Praktiken, sondern auch die Neugestaltung von Geschäftsmodellen und Strategien, um sich an die veränderte Landschaft anzupassen. Indem sie sich auf diese treibenden Kräfte einstellen, können Unternehmen den Wandel effektiver bewältigen und sich für langfristigen Erfolg in einer sich ständig verändernden Welt positionieren.

In einer Welt, in der der Wandel unaufhaltsam und schnell vonstatten geht, kann der Widerstand gegen ihn erhebliche und weitreichende Folgen für Organisationen haben. Dieser Widerstand, der oft in einer Abneigung gegen vertraute Methoden oder in der Angst vor dem Unbekannten begründet ist, kann das

Wachstum einer Organisation stark behindern und zu einer Vielzahl von Rückschlägen führen.

Eine der gravierendsten Folgen des Widerstands gegen den Wandel ist der Verlust des Wettbewerbsvorteils. In einem Markt, der sich ständig weiterentwickelt, können Unternehmen, die sich nicht anpassen, schnell von agileren und innovativeren Konkurrenten überholt werden. Dies kann zu einem erheblichen Verlust von Marktanteilen und einer schwächeren Position in der Branche führen. Eng damit verbunden ist das Risiko, auf dem Markt irrelevant zu werden. Wenn sich die Vorlieben der Verbraucher ändern und neue Trends entstehen, genügen Produkte und Dienstleistungen, die einst die Bedürfnisse der Kunden erfüllten, möglicherweise nicht mehr. Diese abnehmende Relevanz kann zu einem schrumpfenden Kundenstamm und einem erheblichen Rückgang von Umsatz und Rentabilität führen.

Ineffiziente Betriebsabläufe sind eine weitere wichtige Folge des Widerstands gegen Veränderungen, insbesondere angesichts des technologischen Fortschritts. Unternehmen, die an veralteten Systemen und Prozessen festhalten, können unter einer geringeren Effizienz und Produktivität leiden, was zu höheren Betriebskosten führt und sie im Vergleich zu rationelleren Wettbewerbern benachteiligt. Die Auswirkungen des Widerstands gegen Veränderungen beschränken sich nicht nur auf externe Marktfaktoren, sondern haben auch erhebliche Auswirkungen auf die interne Dynamik, insbesondere auf die Arbeitsmoral und das Engagement der Mitarbeiter. Ein Arbeitsumfeld, das sich gegen Veränderungen sträubt, kann zu Frustration bei den Mitarbeitern führen, insbesondere bei denjenigen, die zukunftsorientiert und anpassungsfähig sind. Dies kann zu einer erhöhten Personalfluktuation, zum Verlust wertvoller Talente und zu Problemen bei der Gewinnung neuer, qualifizierter Mitarbeiter führen.

Widerstände gegen Veränderungen können ein Unternehmen für potenzielle Investoren weniger attraktiv machen. Investoren suchen in der Regel dynamische Unternehmen, die Anpassungsfähigkeit und Wachstumspotenzial aufweisen. Ein

Unternehmen, das sich dem Wandel widersetzt, kann als risikoreichere Investition mit geringerem Wachstumspotenzial angesehen werden.

In Branchen, in denen die Einhaltung von Vorschriften von entscheidender Bedeutung ist, kann der Widerstand gegen Veränderungen auch zu rechtlichen Problemen führen. Die Nichteinhaltung neuer Gesetze und Vorschriften kann zu Strafen, Bußgeldern und einem geschädigten Ruf führen, was sich wiederum auf das Ansehen des Unternehmens auf dem Markt auswirkt. Eine Abneigung gegen Veränderungen kann dazu führen, dass Chancen für Innovationen verpasst werden. Veränderungen bringen oft neue Möglichkeiten für Kreativität und Entwicklung mit sich. Unternehmen, die sich nicht auf Veränderungen einlassen, verpassen möglicherweise die Chance, neue Ideen, Produkte oder Dienstleistungen zu entwickeln, die neue Märkte oder Einnahmequellen erschließen könnten.

Die Folgen des Widerstands gegen den Wandel in einer sich schnell entwickelnden Welt sind beträchtlich und betreffen nahezu jeden Aspekt eines Unternehmens. Vom Verlust von Marktanteilen und Relevanz bis hin zu betrieblichen Ineffizienzen und Unzufriedenheit der Mitarbeiter - die Risiken sind erheblich. Um in der heutigen dynamischen Umgebung überlebens- und wettbewerbsfähig zu bleiben, müssen Unternehmen Veränderungen nicht nur akzeptieren, sondern sie aktiv als Chance für Wachstum, Verbesserung und Innovation suchen und nutzen. Die Erforschung der Muster und der Dynamik von Veränderungsprozessen ist ein entscheidender Aspekt, um zu verstehen, wie sich Organisationen als Reaktion auf interne und externe Faktoren weiterentwickeln und anpassen. Der Wandel ist kein zufälliges oder chaotisches Phänomen, sondern folgt oft erkennbaren Mustern und Dynamiken, die untersucht und verstanden werden können. Dieses Verständnis ist der Schlüssel zu einer effektiven Steuerung und Führung des Wandels innerhalb einer Organisation.

Veränderungsmuster beziehen sich auf die gemeinsamen Pfade oder Abläufe, denen Veränderungsinitiativen in der Regel folgen.

Diese Muster können je nach Art der Veränderung, der Kultur der Organisation und externen Einflüssen variieren. Es gibt jedoch allgemeine Phasen, die viele Veränderungsprozesse durchlaufen, z. B. die Initiierung, bei der die Notwendigkeit einer Veränderung erkannt wird, die Planung, bei der Strategien und Maßnahmen entwickelt werden, die Umsetzung, bei der die Veränderung durchgeführt wird, und die Konsolidierung, bei der die Veränderung in der Organisation verankert wird. Die Dynamik des Wandels umfasst die Kräfte und Faktoren, die beeinflussen, wie sich der Wandel innerhalb einer Organisation entfaltet. Diese Dynamik kann sehr komplex sein und eine Vielzahl von Faktoren wie Führungsstil, Einstellung der Mitarbeiter, Organisationskultur, Ressourcenzuteilung und Druck von außen einbeziehen. Das Verständnis dieser Dynamik ist entscheidend, um potenzielle Herausforderungen und Widerstände zu antizipieren und Strategien zu entwickeln, die reibungslose Übergänge ermöglichen.

Eine der wichtigsten Dynamiken in jedem Veränderungsprozess ist das Zusammenspiel zwischen treibenden Kräften - Elementen, die den Wandel vorantreiben - und hemmenden Kräften - Elementen, die sich dem Wandel widersetzen. Zu einem wirksamen Veränderungsmanagement gehört es, die treibenden Kräfte zu ermitteln und zu stärken und gleichzeitig die hemmenden Kräfte anzugehen und abzuschwächen. Ein weiterer wichtiger Aspekt ist die Rolle der Kommunikation in Veränderungsprozessen. Eine wirksame Kommunikation kann dazu beitragen, die Beteiligten an einen Tisch zu bringen, Visionen und Ziele zu klären und Unsicherheiten und Ängste im Zusammenhang mit Veränderungen abzubauen. Schlechte Kommunikation hingegen kann den Widerstand verschärfen und zu Missverständnissen und Konflikten führen.

Der Wandel hat auch eine zeitliche Dynamik. Das Tempo, mit dem der Wandel umgesetzt wird, kann sich erheblich auf seinen Erfolg auswirken. Schnelle Veränderungen können zu Schock und Widerstand führen, während zu langsame Veränderungen an Schwung und Wirksamkeit verlieren können. Das richtige Gleichgewicht zwischen dem Zeitpunkt und dem Tempo des Wandels zu finden, ist ein entscheidender Aspekt eines erfolgreichen Veränderungsmanagements. Emotionen und psychologische Reaktionen spielen ebenfalls eine wichtige Rolle bei der Dynamik des Wandels. Es ist von entscheidender Bedeutung, die emotionale Reise, die die Mitarbeiter während des Wandels durchlaufen, zu verstehen und zu bewältigen. Dazu gehört es, Ängste anzusprechen, Vertrauen aufzubauen und während des gesamten Übergangs Unterstützung zu bieten.

Die Identifizierung von wiederkehrenden Mustern in Veränderungsinitiativen ist wichtig, um zu verstehen, wie sich der Wandel in Organisationen typischerweise vollzieht. Diese Muster sind zwar nicht allgemeingültig, bieten aber einen Rahmen, an dem sich Führungskräfte und Change Manager bei der Planung und Umsetzung wirksamer Veränderungsstrategien orientieren können. Das Erkennen dieser Muster hilft auch dabei, Herausforderungen zu antizipieren und sich auf möglichen Widerstand vorzubereiten.

1. Erkennen der Notwendigkeit von Veränderungen: Am Anfang fast aller Veränderungsinitiativen steht die Erkenntnis, dass eine Veränderung notwendig ist. Dies kann durch externe Faktoren wie Marktveränderungen oder technologische Fortschritte oder durch interne Faktoren wie Leistungsdefizite, Veränderungen in der Belegschaft oder organisatorische Ineffizienzen ausgelöst werden.

2. Entwicklung einer Vision und Strategie: Sobald die Notwendigkeit einer Veränderung erkannt ist, besteht der nächste Schritt oft darin, eine klare Vision davon zu entwickeln, was mit der Veränderung erreicht werden soll, und eine Strategie zur Umsetzung dieser Vision zu formulieren. Dazu gehören die Festlegung von Zielen, die Identifizierung der wichtigsten Interessengruppen und die Planung der Schritte, die zur Durchführung des Wandels erforderlich sind.

3. Kommunikation der Veränderung: Wirksame Kommunikation ist ein entscheidendes Muster bei Veränderungsinitiativen. Dazu gehört, dass die Gründe für die Veränderung, der angestrebte Nutzen und die möglichen Auswirkungen auf die verschiedenen Bereiche des Unternehmens klar dargelegt werden. Die

Kommunikation sollte fortlaufend, transparent und umfassend sein und auf die Bedenken und Erwartungen der verschiedenen Interessengruppen eingehen.

4. Mobilisierung von Unterstützung: Erfolgreiche Veränderungsinitiativen erfordern in der Regel die Mobilisierung der Unterstützung der wichtigsten Interessengruppen. Dazu gehören die Zustimmung der obersten Führungsebene, die Einbindung von Verfechtern des Wandels innerhalb der Organisation und der Aufbau einer Koalition von Unterstützern, die den Wandel vorantreiben können.

5. Umsetzung der Veränderung: In der Umsetzungsphase wird die Veränderung mit Leben erfüllt. Sie umfasst oft eine Reihe von Maßnahmen oder Projekten, die durchgeführt werden, um die Ziele der Veränderung zu erreichen. Sie erfordert effektives Management, Koordination und die Zuweisung von Ressourcen.

6. Umgang mit Widerständen und Herausforderungen: Widerstand gegen Veränderungen ist ein weit verbreitetes Muster. Wirksame Veränderungsinitiativen antizipieren diesen Widerstand und verfügen über Strategien, um ihn zu bewältigen. Dazu gehört, dass man sich die Bedenken anhört, auf Ängste eingeht und den von der Veränderung Betroffenen Unterstützung bietet.

7. Überwachung und Anpassung: Veränderungsinitiativen erfordern in der Regel eine laufende Überwachung und Anpassung. Dazu gehören die Verfolgung des Fortschritts, die Bewertung der Auswirkungen der Veränderung und die Vornahme notwendiger Anpassungen, um sicherzustellen, dass die Veränderung auf dem richtigen Weg ist und ihre Ziele erreicht.

8. Konsolidierung und Institutionalisierung: Damit eine Veränderung nachhaltig ist, muss sie konsolidiert und in die Kultur und die Prozesse der Organisation eingebettet werden. Dies beinhaltet oft die Verstärkung neuer Verhaltensweisen, die Integration von Änderungen in die täglichen Abläufe und die

Sicherstellung, dass fortlaufend Unterstützung und Ressourcen zur Aufrechterhaltung der Änderung zur Verfügung stehen.

Wenn Organisationen diese wiederkehrenden Muster verstehen, können sie die Komplexität von Veränderungsinitiativen besser bewältigen. Dies ermöglicht einen strukturierteren und strategischeren Ansatz für den Wandel, der die Chancen auf erfolgreiche Ergebnisse und langfristige Nachhaltigkeit erhöht.

In der modernen Geschäftswelt, in der Anpassungsfähigkeit und Flexibilität der Schlüssel zum Erfolg sind, ist es unerlässlich, den fließenden und sich entwickelnden Charakter des Wandels zu verstehen. Der Wandel ist kein statisches oder einmaliges Ereignis, sondern ein kontinuierlicher, dynamischer Prozess, der sich auf verschiedene, oft unvorhersehbare Weise entfaltet. Der fließende Charakter des Wandels bedeutet, dass Unternehmen darauf vorbereitet sein müssen, ihre Strategien, Prozesse und Verhaltensweisen kontinuierlich zu bewerten und anzupassen, um mit der sich verändernden Landschaft Schritt zu halten. Der fließende Charakter des Wandels ist durch seine Unvorhersehbarkeit gekennzeichnet. Selbst bei sorgfältiger Planung und Analyse können externe Faktoren wie Marktschwankungen, technologische Fortschritte oder Veränderungen im Verbraucherverhalten den Verlauf einer Veränderungsinitiative verändern. Diese Unvorhersehbarkeit erfordert, dass Organisationen wachsam und reaktionsfähig bleiben und ihre Pläne anpassen, wenn neue Informationen und Situationen auftauchen.

Der Wandel ist evolutionär. Er baut auf sich selbst auf, was bedeutet, dass jede Veränderungsinitiative den Grundstein für zukünftige Veränderungen legen kann. Was als kleine, schrittweise Anpassung beginnt, kann sich im Laufe der Zeit zu einer bedeutenden Veränderung entwickeln. Dieser evolutionäre Aspekt unterstreicht, wie wichtig es ist, den Wandel als Teil einer langfristigen Strategie zu betrachten und nicht als eine Reihe von unzusammenhängenden Reaktionen auf unmittelbare Herausforderungen.

Die Tatsache, dass sich der Wandel ständig weiterentwickelt, bedeutet auch, dass das, was in der Vergangenheit funktioniert hat, in der Gegenwart oder in der Zukunft möglicherweise nicht mehr effektiv ist. Organisationen müssen daher eine Kultur des kontinuierlichen Lernens und der Entwicklung fördern. Dazu gehört es, Experimente zu fördern, sich über Branchentrends und Innovationen auf dem Laufenden zu halten und bereit zu sein, bewährte Praktiken zu hinterfragen und zu verfeinern. Der fließende Wandel wirkt sich auf das gesamte Unternehmen aus. Sie beschränken sich nicht auf bestimmte Abteilungen oder Funktionen, sondern können sich auf die gesamte Struktur auswirken, von der Strategie auf höchster Ebene bis hin zum Tagesgeschäft. Diese weitreichenden Auswirkungen erfordern einen ganzheitlichen Ansatz für das Veränderungsmanagement, bei dem die gegenseitigen Abhängigkeiten und potenziellen Auswirkungen auf das gesamte Unternehmen berücksichtigt werden.

Bei der Bewältigung des fließenden und sich weiterentwickelnden Charakters des Wandels ist es auch wichtig, die emotionalen und psychologischen Aspekte zu berücksichtigen. Veränderungen können für die Mitarbeiter beunruhigend sein, und ein erfolgreiches Veränderungsmanagement muss auf diese menschlichen Elemente eingehen, indem es Unterstützung, klare Kommunikation und die Einbeziehung in den Veränderungsprozess bietet.

Der erste Schritt bei der Bewältigung der Veränderungsdynamik besteht darin, zu erkennen, dass der Wandel vielschichtig ist. Er beinhaltet oft gleichzeitige Veränderungen in verschiedenen Bereichen der Organisation, einschließlich Technologie, Prozesse, Menschen und Kultur. Jeder dieser Aspekte steht in Wechselwirkung mit den anderen und beeinflusst diese, wodurch ein komplexes Netz von Veränderungen entsteht, das ganzheitlich gesteuert werden muss. Die Organisationskultur spielt eine wichtige Rolle bei der Bewältigung des Wandels. Kulturen, die anpassungsfähig, experimentierfreudig und scheitertolerant sind, neigen dazu, den Wandel erfolgreicher zu bewältigen. In solchen Kulturen ist es wahrscheinlicher, dass die Mitarbeiter

Veränderungsinitiativen annehmen und einen konstruktiven Beitrag zu ihrer Entwicklung und Umsetzung leisten.

Die Führung ist ein weiterer entscheidender Faktor für die Dynamik des Wandels. Führungskräfte müssen nicht nur den Wandel einleiten und begleiten, sondern auch auf die Reaktionen ihrer Teams achten. Sie müssen effektiv kommunizieren, klare Anweisungen geben und auf Feedback reagieren. Führungskräfte spielen auch eine entscheidende Rolle, wenn es darum geht, den Ton anzugeben, wie der Wandel innerhalb der Organisation wahrgenommen und gehandhabt wird.

Mitarbeiterengagement und Kommunikation sind der Schlüssel, um die Komplexität des Wandels zu bewältigen. Veränderungen können beunruhigend sein, und ohne klare, konsistente Kommunikation und echtes Engagement der Mitarbeiter kann der Widerstand wachsen. Die Einbindung der Mitarbeiter in den Veränderungsprozess, die Berücksichtigung ihres Feedbacks und das Eingehen auf ihre Bedenken können dazu beitragen, den Widerstand zu mindern und ein Gefühl der Eigenverantwortung und des Engagements für die Veränderung zu schaffen. Ein weiterer Aspekt ist das Tempo und der Zeitpunkt des Wandels. Ein zu schnelles Vorgehen kann zu Verwirrung und Fehlern führen, während ein zu langsames Vorgehen zum Verlust von Chancen und Schwung führen kann. Um das richtige Tempo für den Wandel zu finden, bedarf es eines genauen Verständnisses der Veränderungsfähigkeit der Organisation und der externen Faktoren, die den Bedarf an Geschwindigkeit beeinflussen.

Externe Faktoren wie Markttrends, wirtschaftliche Bedingungen und technologische Entwicklungen bestimmen ebenfalls die Dynamik des Wandels. Unternehmen müssen diese externen Kräfte im Auge behalten und darauf vorbereitet sein, ihre Strategien und Abläufe entsprechend anzupassen. Dies erfordert oft ein Gleichgewicht zwischen der Beibehaltung der Kernkompetenzen und der Flexibilität, neue Chancen zu ergreifen. Die Dynamik des Wandels effektiv zu steuern, bedeutet oft auch, mit Unsicherheiten umzugehen. Der Wandel kann unvorhersehbar sein, und die Ergebnisse sind nicht immer garantiert. Organisationen und ihre Führungskräfte müssen mit dieser Unsicherheit umgehen können und in der Lage sein, Entscheidungen in einem Umfeld zu treffen, in dem nicht alle Variablen bekannt oder kontrollierbar sind.

Die Analyse realer Fälle erfolgreicher und gescheiterter Veränderungsinitiativen bietet unschätzbare Lehren für das Verständnis der Komplexität des organisatorischen Wandels. Durch die Untersuchung dieser Fälle können Unternehmen Einblicke in effektive Strategien und häufige Fallstricke gewinnen, die ihnen helfen, ihre Veränderungsprozesse effektiver zu gestalten.

Ein herausragendes Beispiel für eine erfolgreiche Veränderungsinitiative ist die digitale Transformation, die Microsoft in den späten 2010er Jahren unternommen hat. Unter der Leitung von CEO Satya Nadella verlagerte Microsoft seinen Schwerpunkt von reiner Software auf Cloud Computing und KI-Technologien. Dieser Wandel beinhaltete nicht nur eine Änderung der Geschäftsstrategie, sondern auch einen kulturellen Wandel hin zu einer Wachstumsmentalität. Der Erfolg dieser Initiative zeigt sich in Microsofts verjüngter Produktlinie, dem gestiegenen Marktwert und der verbesserten Wettbewerbsposition.

Ein bemerkenswertes Beispiel für eine gescheiterte Veränderungsinitiative ist dagegen die Fusion von AOL und Time Warner im Jahr 2000. Die als revolutionärer Zusammenschluss angepriesene Fusion, die alte und neue Medien zusammenführen sollte, verfehlte ihre Ziele aufgrund des Aufeinandertreffens unterschiedlicher Unternehmenskulturen, des Fehlens klarer Integrationspläne und des Platzens der Dot-Com-Blase. Das Ergebnis war ein erschütternder Verlust von 99 Milliarden Dollar im Jahr 2002 und die letztendliche Ausgliederung von AOL.

Ein weiterer erfolgreicher Fall ist der Turnaround von LEGO in den frühen 2000er Jahren. Angesichts einer schweren Finanzkrise leitete LEGO unter CEO Jørgen Vig Knudstorp einen umfassenden Umstrukturierungsprozess ein. Dazu gehörten die Straffung der Geschäftsabläufe, die Neuausrichtung auf die wichtigsten Produktlinien und die Einführung von nutzergenerierten Inhalten. Diese Veränderungen führten zu einer Neubelebung der Marke und damit zu einer deutlichen Steigerung von Umsatz und Rentabilität.

Andererseits dient Kodaks Versagen bei der Anpassung an die Revolution der digitalen Fotografie als abschreckendes Beispiel. Obwohl Kodak die erste Digitalkamera erfunden hat, hat das Unternehmen die Abkehr vom Film nur langsam vollzogen, vor allem aus Angst, sein profitables Filmgeschäft zu gefährden. Dieser Widerstand gegen Veränderungen führte zu einem Rückgang der Bedeutung und schließlich zum Konkurs im Jahr 2012.

Diese Beispiele aus der Praxis zeigen mehrere Schlüsselfaktoren auf, die für den Erfolg oder Misserfolg von Veränderungsinitiativen entscheidend sind. In erfolgreichen Fällen wie Microsoft und LEGO waren eine starke visionäre Führung, eine klare Kommunikation, die Einbeziehung der Interessengruppen und Anpassungsfähigkeit offensichtlich. Im Gegensatz dazu litten die gescheiterten Initiativen von AOL-Time Warner und Kodak unter schlechter Planung, Widerstand gegen Veränderungen und der Unfähigkeit, kulturelle und Marktveränderungen effektiv zu bewältigen.

Durch das Studium dieser Beispiele können Unternehmen wertvolle Einblicke in die Dynamik des Veränderungsmanagements gewinnen. Der Erfolg von Veränderungsinitiativen erfordert mehr als nur eine strategische Vision, sondern auch sorgfältige Planung, kulturelles Feingefühl und die Fähigkeit zur Anpassung an sich verändernde Umstände. Das Verständnis dieser Faktoren kann Unternehmen dabei helfen, ihre Veränderungsinitiativen erfolgreicher zu steuern und die Fallstricke zu vermeiden, die andere in der Vergangenheit behindert haben.

Die Analyse der Ursachen für gescheiterte Veränderungsinitiativen ist von entscheidender Bedeutung für das Verständnis der Fallstricke, auf die Unternehmen im

Veränderungsprozess häufig stoßen. Diese Analyse hilft bei der Identifizierung gemeinsamer Themen und Fehler und liefert wertvolle Lehren für künftige Veränderungsbemühungen. Gescheiterte Initiativen stellen zwar eine Herausforderung dar und sind kostspielig, bieten aber eine Fülle von Lernmöglichkeiten, aus denen effektivere Strategien für das Veränderungsmanagement abgeleitet werden können.

Eine der Hauptursachen für das Scheitern von Veränderungsinitiativen ist schlechte Kommunikation. Dies kann sich in mangelnder Klarheit über die Gründe für die Veränderung, in einer unzureichenden Erläuterung der Vorteile oder im Fehlen einer klaren Vision für die Zukunft nach der Veränderung äußern. Fehlende oder ineffiziente Kommunikation kann zu Missverständnissen, Misstrauen und Widerstand unter den Mitarbeitern führen. Ein weiterer wichtiger Faktor ist die unzureichende Unterstützung und das Engagement der Führungskräfte. Ein erfolgreicher Wandel erfordert das Engagement und die aktive Beteiligung der obersten Ebene des Unternehmens. Wenn sich die Führungskräfte nicht voll engagieren oder ihre Unterstützung nicht zeigen, kann dies die gesamte Initiative untergraben. Die Führung muss die treibende Kraft hinter der Veränderung sein und die Richtung vorgeben sowie Ressourcen und Motivation bereitstellen.

Widerstand gegen Veränderungen ist eine natürliche menschliche Tendenz und eine häufige Ursache für das Scheitern von Veränderungsinitiativen. Dieser Widerstand kann auf die Angst vor dem Unbekannten, auf eine wahrgenommene Bedrohung der Arbeitsplatzsicherheit oder auf Unbehagen gegenüber neuen Arbeitsweisen zurückzuführen sein. Wenn es nicht gelingt, diesen Widerstand vorherzusehen und zu bewältigen, kann der Veränderungsprozess scheitern. Ein weiterer Schlüsselfaktor ist die mangelnde Einbindung und Beteiligung der Betroffenen. Veränderungsinitiativen scheitern oft, weil sie die Bedürfnisse, Bedenken und Erkenntnisse derjenigen, die von der Veränderung betroffen sind, nicht berücksichtigen. Die frühzeitige Einbindung der Interessengruppen in den Veränderungsprozess ist entscheidend, um Unterstützung und wertvolles Feedback zu erhalten.

Unzureichende Planung und Ressourcenzuweisung können ebenfalls zum Scheitern von Veränderungsinitiativen führen. Dazu gehört, dass der Zeit-, Geld- und Arbeitsaufwand für die Umsetzung der Veränderung unterschätzt oder die damit verbundenen komplexen Zusammenhänge nicht berücksichtigt werden. Veränderungsinitiativen benötigen eine gründliche Planung und ausreichende Ressourcen, um erfolgreich zu sein. Die Vernachlässigung der kulturellen Aspekte des Wandels ist ein häufiges Versäumnis bei gescheiterten Initiativen. Die Unternehmenskultur hat großen Einfluss darauf, wie Veränderungen wahrgenommen und umgesetzt werden. Die Vernachlässigung der kulturellen Auswirkungen kann zu einer Veränderung führen, die oberflächlich ist und sich nicht vollständig in die Arbeitsweise der Organisation einfügt.

Unflexibilität und mangelnde Anpassung an sich verändernde Umstände können zum Scheitern von Veränderungsinitiativen beitragen. Veränderungen sind oft unvorhersehbar, und ein starrer Ansatz kann es schwierig machen, auf neue Herausforderungen und Erkenntnisse zu reagieren, die sich während der Umsetzungsphase ergeben.

Positive Erfahrungen mit Veränderungsinitiativen sind eine Blaupause für den Erfolg. Sie bieten Einblicke in effektive Strategien, Führungsansätze und Umsetzungstaktiken, die mit der Kultur und den Zielen der Organisation übereinstimmen. Eine erfolgreiche Initiative zur digitalen Transformation kann beispielsweise zeigen, wie wichtig ein umfassendes Engagement der Stakeholder, effektive Schulungsprogramme und robuste Kommunikationsstrategien sind. Unternehmen können diese Erfolge analysieren, um Schlüsselfaktoren wie Führungsstil, Teamzusammenarbeit und Ressourcenzuweisung zu identifizieren, die zu ihren Erfolgen beigetragen haben. Durch die Nachahmung dieser Aspekte in zukünftigen Initiativen können Unternehmen den Erfolg wiederholen und eine Kultur der kontinuierlichen Verbesserung stärken.

Auf der anderen Seite sind negative Erfahrungen, obwohl sie oft herausfordernd und entmutigend sind, ebenso wertvoll für das organisatorische Lernen. Misserfolge und Rückschläge liefern wichtige Erkenntnisse darüber, was bei Veränderungsinitiativen schief gehen kann und warum. Durch gründliche Post-Mortem-Analysen gescheiterter Projekte können Unternehmen Fehler in der Planung, der Durchführung oder den Anpassungsprozessen erkennen. Zu den allgemeinen Lehren aus negativen Erfahrungen gehören die Folgen einer unzureichenden Planung, das Ignorieren von Mitarbeiterfeedback, der Widerstand gegen Veränderungen oder die fehlende Anpassung an die Unternehmenskultur. Das Verständnis dieser Fallstricke ermöglicht es Unternehmen, robustere Strategien zu entwickeln, um ähnliche Risiken in Zukunft zu minimieren.

Der Schlüssel zum Lernen sowohl aus positiven als auch aus negativen Erfahrungen liegt in der Förderung einer Kultur, die Feedback und Reflexion schätzt. Die Ermutigung zu offenen und ehrlichen Diskussionen darüber, was funktioniert hat und was nicht, ohne Angst vor Schuldzuweisungen oder Repressalien, ist entscheidend. Diese Lernkultur sollte alle Ebenen der Organisation durchdringen, wobei die Führungskräfte den Ton angeben, indem sie offen über ihre eigenen Lernerfahrungen berichten und andere ermutigen, dasselbe zu tun. Die Dokumentation dieser Erfahrungen und der daraus gezogenen Lehren ist für das organisatorische Gedächtnis unerlässlich. Dies kann durch formale Mechanismen wie Fallstudien, Nachbesprechungen und Wissensspeicher erreicht werden. Eine solche Dokumentation stellt sicher, dass wertvolle Erkenntnisse im Laufe der Zeit nicht verloren gehen und für verschiedene Teile der Organisation zugänglich sind.

Die Bedeutung der Führungsrolle bei Veränderungen ergibt sich aus ihrer Fähigkeit, den gesamten Veränderungsprozess zu beeinflussen und zu gestalten. Führungspersönlichkeiten geben den Ton für die Veränderungsinitiative an. Sie sind dafür verantwortlich, eine klare und überzeugende Zukunftsvision zu formulieren, die dazu beiträgt, die Bemühungen und Ziele der Organisation aufeinander abzustimmen. Diese Vision vermittelt ein Gefühl für den Zweck und die Richtung und erleichtert es den Mitarbeitern, die Gründe für die Veränderung und die damit verbundenen Vorteile zu verstehen.

Die Verantwortlichen für den Wandel spielen eine zentrale Rolle bei der Förderung des Engagements und des Einsatzes der Mitarbeiter. Sie sind maßgeblich am Aufbau von Vertrauen und Zuversicht während des gesamten Veränderungsprozesses beteiligt. Indem sie Engagement, Offenheit und Widerstandsfähigkeit zeigen, können sie ihre Teams zu einer ähnlichen Reaktion ermutigen. Dies ist besonders wichtig in Zeiten der Ungewissheit und Störung, in denen die Moral und Motivation der Mitarbeiter das Ergebnis der Veränderungsinitiative erheblich beeinflussen können. Zu einer effektiven Führung gehört auch der geschickte Umgang mit der menschlichen Seite des Wandels. Dazu gehört es, die Sorgen und Emotionen der Mitarbeiter zu verstehen und anzusprechen, mit Widerständen umzugehen und eine Kultur der Anpassungsfähigkeit und Widerstandsfähigkeit zu fördern. Führungskräfte müssen einfühlsame Zuhörer und effektive Kommunikatoren sein, die in der Lage sind, Informationen transparent zu vermitteln und auf Fragen und Bedenken auf eine Weise einzugehen, die Vertrauen und Klarheit schafft.

Ein weiterer wichtiger Aspekt der Führung von Veränderungsprozessen ist die Fähigkeit, in einem komplexen und oft unklaren Umfeld fundierte Entscheidungen zu treffen. Veränderungsinitiativen verlaufen selten genau wie geplant, und die Führungskräfte müssen darauf vorbereitet sein, ihre Strategien als Reaktion auf neue Informationen, Rückmeldungen und Umstände anzupassen. Diese Agilität und Flexibilität sind unerlässlich, um die Veränderungsinitiative auf Kurs zu halten und ihre Relevanz und Wirksamkeit zu gewährleisten. Die Verantwortung für den Wandel liegt nicht allein bei der obersten Führungsebene. Es geht darum, die Führung auf allen Ebenen der Organisation zu kultivieren. Durch die Förderung eines verteilten Führungsansatzes wird sichergestellt, dass der Wandel in der gesamten Organisation vorangetrieben und unterstützt wird, was seine Akzeptanz und Integration fördert.

Die Verantwortlichen für den Wandel sind dafür verantwortlich, eine überzeugende Vision zu entwerfen und zu kommunizieren, die den Zweck und die Ziele der Umgestaltung klar zum Ausdruck bringt. Diese Vision dient als Richtschnur, die dem gesamten Unternehmen Orientierung und Inspiration bietet. Es liegt in der Verantwortung der Führungskräfte, dafür zu sorgen, dass diese Vision bei den Mitarbeitern auf allen Ebenen Anklang findet und mit den Werten und Zielen des Unternehmens in Einklang gebracht wird. Diese Führungskräfte spielen eine entscheidende Rolle bei der Entwicklung und Umsetzung von Strategien, die die Vision in die Realität umsetzen. Dies erfordert eine sorgfältige Planung, die Zuteilung von Ressourcen und die Umsetzung effektiver Change-Management-Prozesse. Change Leader müssen die Komplexität der Umsetzung von Strategien in umsetzbare Schritte bewältigen und gleichzeitig die Übereinstimmung mit der Gesamtvision sicherstellen.

Neben der strategischen Umsetzung sind die Verantwortlichen für den Wandel auch maßgeblich an der Schaffung und Aufrechterhaltung einer Kultur beteiligt, die dem Wandel förderlich ist. Dazu gehört die Förderung eines Umfelds, in dem neue Ideen ermutigt werden, Risiken eingegangen werden und das Lernen aus Fehlern als Weg zur Innovation angesehen wird. Sie müssen bei den Mitarbeitern Vertrauen und Akzeptanz schaffen, die Offenheit für neue Arbeitsweisen fördern und Widerstände gegen Veränderungen abbauen.

Die Rolle von Führungskräften im Veränderungsprozess besteht darin, aktiv zuzuhören und einfühlsam zu kommunizieren. Sie müssen die Bedenken und Herausforderungen, mit denen die Mitarbeiter während des Veränderungsprozesses konfrontiert sind, verstehen und darauf eingehen. Durch eine offene Kommunikation und regelmäßige Informationen können sie Unsicherheiten abbauen und ein Gefühl von Sicherheit und Vertrauen schaffen. Effektive Change Leader sind anpassungsfähig und flexibel. Sie erkennen, dass der Wandel kein linearer Prozess ist, und sind bereit, auf Rückmeldungen und neue Herausforderungen mit Anpassungen zu reagieren. Ihre Fähigkeit, schnell und angemessen auf sich verändernde Umstände zu reagieren, ist entscheidend für die Aufrechterhaltung der Dynamik und die Gewährleistung des Erfolgs der Veränderungsinitiative.

Die Entwicklung der Qualitäten und Fähigkeiten effektiver Führungspersönlichkeiten ist für die Bewältigung der komplexen organisatorischen Veränderungen von entscheidender Bedeutung. Effektive Führung im Wandel geht über herkömmliche Managementfähigkeiten hinaus und erfordert eine Mischung aus strategischem Weitblick, emotionaler Intelligenz und der Fähigkeit, andere zu inspirieren und zu motivieren. Im Folgenden finden Sie die wichtigsten Qualitäten und Fähigkeiten, die für eine effektive Führung im Wandel entscheidend sind:

1. Visionäres Denken: Wirksame Führungspersönlichkeiten haben die Fähigkeit, sich eine Zukunft vorzustellen, die sich von der Gegenwart unterscheidet. Sie können diese Vision klar, überzeugend und inspirierend formulieren und anderen helfen, die potenziellen Vorteile der Veränderung zu erkennen.

2. Strategische Planung und Ausführung: Führungskräfte, die Veränderungen herbeiführen wollen, müssen in der Lage sein, strategische Pläne zu entwickeln, die ihre Vision in umsetzbare Schritte verwandeln. Dazu gehören die Festlegung von Zielen, die Ermittlung von Ressourcen und die Skizzierung klarer Wege für die Umsetzung. Ebenso wichtig ist die Fähigkeit, diese Pläne effektiv auszuführen und bei Bedarf anzupassen.

3. Emotionale Intelligenz: Die menschliche Seite des Veränderungsmanagements ist entscheidend. Effektive Change Leader sind emotional intelligent; sie sind sich ihrer eigenen Emotionen bewusst und können die Gefühle anderer verstehen und nachempfinden. Diese Fähigkeit ist entscheidend für den Umgang mit Widerständen, die Motivation der Teammitglieder und den Aufbau von Vertrauen.

4. Kommunikationsfähigkeiten: Klare, transparente und konsistente Kommunikation ist der Schlüssel zum Wandel. Die Führungskräfte müssen in der Lage sein, die Vision, die Ziele und die Einzelheiten der Veränderung den verschiedenen Zielgruppen wirksam zu vermitteln. Außerdem sollten sie gute Zuhörer sein, die offen für Feedback und unterschiedliche Sichtweisen sind.

5. Anpassungsfähigkeit und Flexibilität: Angesichts der Unvorhersehbarkeit des Wandels müssen Führungskräfte anpassungsfähig und flexibel sein. Sie sollten in der Lage sein, ihre Strategien als Reaktion auf neue Informationen, Herausforderungen oder Veränderungen im Umfeld anzupassen.

6. Fähigkeiten zur Beeinflussung und Überzeugung: Führungspersönlichkeiten, die Veränderungen herbeiführen wollen, müssen oft ein breites Spektrum von Interessengruppen überzeugen und beeinflussen, von der Führungsebene bis zu den Mitarbeitern an der Basis. Sie müssen in der Lage sein, Koalitionen zu bilden und andere von der Notwendigkeit des Wandels zu überzeugen, auch wenn sie skeptisch sind oder Widerstand leisten.

7. Widerstandsfähigkeit und Ausdauer: Veränderungsinitiativen stoßen oft auf Hindernisse und Rückschläge. Wirksame Führungskräfte zeigen Widerstandsfähigkeit und die Fähigkeit, trotz Herausforderungen den Kurs zu halten. Sie behalten eine positive Einstellung und können sich von Schwierigkeiten erholen.

8. Kollaboratives Denken: Veränderungen werden selten im Alleingang erreicht. Führungskräfte müssen in der Lage sein, mit anderen zusammenzuarbeiten und die Stärken und Fähigkeiten der verschiedenen Teammitglieder und Interessengruppen zu nutzen. Dazu gehört die Förderung eines Gefühls der Teamarbeit und eines gemeinsamen Ziels.

9. Problemlösungskompetenz: Effektive Führungspersönlichkeiten des Wandels sind geschickte Problemlöser. Sie können Herausforderungen erkennen, komplexe Situationen analysieren und innovative Lösungen entwickeln.

10. Kulturelle Sensibilität: Es ist wichtig, die bestehende Unternehmenskultur zu verstehen und zu respektieren. Die Verantwortlichen für den Wandel sollten den Wert der bestehenden Kultur anerkennen und versuchen, darauf aufzubauen, anstatt zu versuchen, sie vollständig zu ersetzen.

Die Entwicklung dieser Qualitäten und Fähigkeiten kann die Effektivität von Führungskräften im Wandel erheblich steigern. Schulungsprogramme, Mentorenschaft, praktische Erfahrung und kontinuierliches Lernen sind allesamt wertvoll für die Kultivierung dieser Eigenschaften bei derzeitigen und künftigen Führungskräften.

Die Schaffung der Voraussetzungen für den Führungswechsel ist ein wesentlicher Prozess, der eine Organisation auf die bevorstehenden Veränderungen vorbereitet. Diese Vorbereitung ist vielschichtig und umfasst die Kultivierung einer gemeinsamen Vision, die Schaffung einer aufgeschlossenen Kultur, wirksame Kommunikationsstrategien und die Befähigung von Personen auf allen Ebenen der Organisation.

Die Reise beginnt mit der Entwicklung einer klaren und überzeugenden Vision für den Wandel. Diese Vision dient als Richtschnur, die nicht nur die Art der Veränderung und die Gründe dafür, sondern auch den Nutzen für die Organisation zum Ausdruck bringt. Die Sicherstellung, dass diese Vision auf allen Ebenen geteilt und angenommen wird, ist entscheidend für die Abstimmung der Bemühungen und Absichten. Ein weiterer wichtiger Aspekt dieser Vorbereitung ist die Pflege einer Kultur, die offen für Veränderungen ist. Diese Kultur fördert ein Umfeld der Innovation und der offenen Kommunikation, in dem neue Ideen willkommen sind und die Mitarbeiter sich sicher fühlen, wenn sie ihre Bedenken und Vorschläge äußern. Die Schaffung einer Kultur, die Anpassungsfähigkeit und Widerstandsfähigkeit schätzt, ist der Schlüssel zur erfolgreichen Bewältigung der Herausforderungen des Wandels.

Wirksame Kommunikation spielt eine zentrale Rolle bei der Schaffung der Voraussetzungen für Veränderungen. Durch die Einrichtung offener, transparenter und konsistenter Kommunikationskanäle wird sichergestellt, dass alle informiert sind, sich abstimmen und Feedback geben können. Regelmäßige Aktualisierungen und offene Diskussionen tragen dazu bei, Vertrauen aufzubauen und alle auf dem gleichen Stand zu halten. Zur Führung des Wandels gehört auch die Identifizierung und Befähigung von Change Agents innerhalb der Organisation. Diese einflussreichen und von der Veränderung begeisterten Personen tragen dazu bei, die Initiative in der Organisation voranzutreiben, indem sie auf verschiedenen Ebenen als Katalysatoren fungieren.

Bevor man sich auf die Reise begibt, ist es von entscheidender Bedeutung, die Bereitschaft der Organisation für den Wandel zu beurteilen. Die Bewertung der gegenwärtigen Ressourcen, Fähigkeiten und der kulturellen und strukturellen Bereitschaft zur Durchführung des Wandels ist ein wesentlicher Schritt, um sicherzustellen, dass die Organisation für den Wandel gerüstet ist. Der Veränderungsprozess sollte von einem strategischen Plan geleitet werden, der die Ziele, Schritte und den Zeitplan der Initiative klar umreißt. Dieser Plan muss anpassungsfähig sein, um flexibel auf unerwartete Herausforderungen und Chancen reagieren zu können, die sich im Laufe des Prozesses ergeben können.

Die Schulung und Unterstützung der Mitarbeiter ist ein weiterer wichtiger Aspekt der Vorbereitung auf den Wandel. Da der Wandel oft neue Fähigkeiten und Kenntnisse erfordert, müssen die Mitarbeiter mit den notwendigen Werkzeugen und Kenntnissen ausgestattet werden, damit sie sich aktiv und effektiv an dem Prozess beteiligen können. Es ist auch wichtig, die Mitarbeiter zur Beteiligung zu ermutigen und ihnen ein Gefühl der Eigenverantwortung zu vermitteln. Die Beteiligung an Entscheidungsprozessen fördert ein Gefühl des Engagements und der Befürwortung des Wandels, was zu einer stärkeren Unterstützung im gesamten Unternehmen führt. Der Weg des Wandels ist ein Weg des kontinuierlichen Lernens und der Anpassung. Die regelmäßige Überwachung des Fortschritts und der Wirksamkeit der Veränderungsstrategien und die Bereitschaft, den Ansatz bei Bedarf anzupassen, sind entscheidend für den Erfolg der Initiative.

Um die Weichen für den Wandel zu stellen, bedarf es eines umfassenden Ansatzes, der die Organisation und ihre Mitarbeiter auf die bevorstehenden Veränderungen vorbereitet. Dabei müssen verschiedene Faktoren sorgfältig berücksichtigt werden, von der Schaffung einer unterstützenden Kultur und klarer Kommunikation bis hin zu strategischer Planung und kontinuierlicher Anpassung, die allesamt für eine erfolgreiche und nachhaltige Transformation entscheidend sind.

Kapitel 2: Die Denkweise der Veränderung annehmen

Die Entwicklung einer Haltung, die den Wandel begrüßt, ist ein grundlegender Schritt, um den Erfolg jeglicher Umgestaltungsbemühungen in einer Organisation zu gewährleisten. Bei dieser Denkweise geht es darum, den Wandel als Chance zu begreifen, anstatt ihn als Bedrohung oder Unannehmlichkeit zu sehen. Es ist eine Perspektive, die den Wandel als wesentlichen Bestandteil von Wachstum und Innovation in der sich ständig weiterentwickelnden Unternehmenslandschaft anerkennt. Die Förderung dieser Denkweise beginnt bei der Führung. Die Führungskräfte müssen das gewünschte Verhalten vorleben, indem sie sich selbst auf Veränderungen einlassen. Sie sollten sich für neue Ideen und Ansätze begeistern und ihre Bereitschaft zeigen, sich anzupassen und zu lernen. Wenn Führungskräfte sich offen für Veränderungen einsetzen, setzen sie ein Zeichen für den Rest des Unternehmens und signalisieren, dass Veränderungen geschätzt und erwartet werden.

Die Schaffung eines Umfelds, das einen offenen Dialog über den Wandel fördert, ist ebenfalls entscheidend. Dazu gehört die Einrichtung von Plattformen, auf denen die Mitarbeiter ihre Gedanken, Bedenken und Vorschläge zu Veränderungsinitiativen äußern können. Eine solche offene Kommunikation trägt dazu bei, den Wandel zu entmystifizieren und etwaige Ängste oder Missverständnisse der Mitarbeiter auszuräumen. Lernangebote, die sich auf die Vorteile des Wandels, die für die Anpassung an den Wandel erforderlichen Fähigkeiten und die Erfolge früherer Veränderungsinitiativen konzentrieren, können dazu beitragen, eine positivere Wahrnehmung des Wandels zu schaffen. Schulungsprogramme, die Anpassungsfähigkeit, Problemlösung und Innovation betonen, sind besonders effektiv, um diese Einstellung zu stärken.

Die Anerkennung und Belohnung von Flexibilität und Anpassungsfähigkeit der Mitarbeiter stärkt eine positive Einstellung zum Wandel. Wenn Mitarbeiter, die offen für Veränderungen sind und einen positiven Beitrag zu den Umgestaltungsbemühungen leisten, anerkannt werden, ermutigt dies andere, eine ähnliche Haltung einzunehmen. Dies kann durch formelle Anerkennungsprogramme oder durch informellere Mittel wie positives Feedback bei Sitzungen oder Teambesprechungen erreicht werden.

Es ist auch wichtig, die Mitarbeiter in den Veränderungsprozess einzubeziehen. Wenn die Mitarbeiter das Gefühl haben, dass sie bei der Umsetzung der Veränderungen ein Mitspracherecht haben, sind sie eher bereit, die Veränderungen zu akzeptieren und zu unterstützen. Die Beteiligung kann von der Teilnahme an Entscheidungsgremien bis hin zum Feedback zu vorgeschlagenen Änderungen reichen. Die Förderung einer Denkweise, die Herausforderungen als Chance zum Lernen und Wachsen sieht, trägt zu einer veränderungsfreundlichen Kultur bei. Wenn Rückschläge als natürlicher Teil des Lernprozesses angesehen werden, sind die Mitarbeiter eher bereit, zu experimentieren und kalkulierte Risiken einzugehen - Verhaltensweisen, die in Zeiten des Wandels unerlässlich sind.

Es geht um den Aufbau von Widerstandsfähigkeit. Veränderungen sind oft mit Unsicherheit und Rückschlägen verbunden. Die Entwicklung von Resilienz - der Fähigkeit, sich von Herausforderungen zu erholen und sich an neue Umstände anzupassen - ist entscheidend. Dies kann durch teambildende Maßnahmen, Resilienztraining und durch die Schaffung eines unterstützenden Arbeitsumfelds gefördert werden, in dem sich die Mitarbeiter sicher fühlen, wenn sie sich neuen Herausforderungen stellen.

Eine veränderungsfreundliche Denkweise in einem Unternehmen ist von immenser Bedeutung, insbesondere in der heutigen, sich schnell entwickelnden Unternehmenslandschaft. Diese Denkweise ist ein entscheidender Faktor für Anpassungsfähigkeit, Innovation und langfristigen Erfolg. In einer Welt, die von ständigem Wandel geprägt ist, sei es im Bereich der Technologie, der Verbraucherpräferenzen oder der Wettbewerbsdynamik, befähigt eine veränderungsfreundliche Denkweise ein Unternehmen nicht nur zum Überleben, sondern auch zum Erfolg.

1. Ermutigt zu Innovation und Wachstum: Eine veränderungsfreundliche Denkweise fördert ein Umfeld, in dem Innovation nicht nur gefördert wird, sondern ein natürliches Ergebnis ist. In einem solchen Umfeld fühlen sich die Mitarbeiter ermächtigt, zu experimentieren, Risiken einzugehen und neue Ideen zu erkunden. Dies führt zu kontinuierlichen Verbesserungen und hilft dem Unternehmen, der Zeit voraus zu sein und seinen Wettbewerbsvorteil zu wahren.

2. Verbessert die Flexibilität und Reaktionsfähigkeit: Unternehmen mit einer veränderungsfreundlichen Denkweise sind flexibler und in der Lage, rasch auf Marktveränderungen zu reagieren. Sie können ihre Strategien und Abläufe schnell auf neue Chancen oder Bedrohungen ausrichten und so sicherstellen, dass sie relevant und wettbewerbsfähig bleiben.

3. Baut eine widerstandsfähige Belegschaft auf: Veränderungen bringen oft Ungewissheit mit sich, aber eine Belegschaft, die sich dem Wandel stellt, ist widerstandsfähiger und anpassungsfähiger. Die Mitarbeiter in solchen Organisationen sind besser gerüstet, um Übergänge zu bewältigen, sich an neue Arbeitsweisen anzupassen und sich schnell von Rückschlägen zu erholen.

4. Fördert das Engagement der Mitarbeiter und die Mitarbeiterbindung: Eine veränderungsfreundliche Kultur ist in der Regel dynamischer und anregender, was zu einem höheren Engagement der Mitarbeiter führen kann. Die Mitarbeiter fühlen sich eher wertgeschätzt und investieren in ihre Arbeit, was zu einer höheren Arbeitszufriedenheit und niedrigeren Fluktuationsraten führt.

5. Bereitet die Organisation auf die Zukunft vor: Eine Denkweise, die sich auf Veränderungen einlässt, bereitet eine Organisation auf zukünftige Herausforderungen und Chancen vor. Wenn die Organisation offen und anpassungsfähig bleibt, ist sie besser in der Lage, neue Technologien zu nutzen, neue Märkte zu erschließen und ihr Geschäftsmodell nach Bedarf weiterzuentwickeln.

6. Anpassung an sich entwickelnde Kundenerwartungen: In einer sich schnell verändernden Welt entwickeln sich die Kundenerwartungen ständig weiter. Eine veränderungsfreundliche Denkweise ermöglicht es einem Unternehmen, auf diese Veränderungen zu reagieren und seine Produkte, Dienstleistungen und Kundenerfahrungen entsprechend anzupassen.

7. Kultiviert eine Lernkultur: Unternehmen mit einer veränderungsfreundlichen Denkweise fördern oft eine Kultur des kontinuierlichen Lernens und der Entwicklung. Diese Kultur ermutigt die Mitarbeiter, sich neue Fähigkeiten und Kenntnisse anzueignen, was für die persönliche Entwicklung und die Fähigkeit des Unternehmens, den Wandel wirksam zu bewältigen, von wesentlicher Bedeutung ist.

Die Bedeutung einer veränderungsfreundlichen Denkweise liegt in ihrer Fähigkeit, eine vorausschauende, flexible und widerstandsfähige Organisation zu schaffen. Sie ermöglicht es Unternehmen, kontinuierlich zu innovieren, sich schnell an Veränderungen anzupassen, Talente zu gewinnen und zu binden und sich auf künftige Herausforderungen und Chancen vorzubereiten. In einer Welt, in der der Wandel die einzige Konstante ist, ist eine solche Denkweise nicht nur vorteilhaft, sondern für das Überleben und den Erfolg unerlässlich.

Die Abkehr von Angst und Widerstand hin zur Nutzung des Wandels als Chance ist ein Transformationsprozess, der für Unternehmen, die im dynamischen Geschäftsklima von heute erfolgreich sein wollen, unerlässlich ist. Es handelt sich dabei nicht nur um eine strategische Anpassung, sondern um einen grundlegenden Wandel in der Denkweise des Unternehmens, bei dem vermeintliche Bedrohungen durch Veränderungen in Möglichkeiten für Wachstum und Innovation umgewandelt werden. Der erste Schritt auf diesem Weg ist es, die Ursachen von Angst und Widerstand zu verstehen. Angst entsteht oft aus der Ungewissheit, die mit dem Wandel verbunden ist, aus der Sorge um mögliche Verluste oder aus Befürchtungen hinsichtlich der Ergebnisse des Wandels. Widerstand, eine natürliche Reaktion auf diese Ängste, ist besonders ausgeprägt, wenn Veränderungen eingeführt werden, ohne dass sie ausreichend kommuniziert oder ihr Zweck verstanden wird.

Wirksame Kommunikation ist der Schlüssel zur Überwindung von Angst und Widerstand. Die Führungskräfte müssen deutlich machen, warum der Wandel notwendig ist, wie er mit den übergeordneten Zielen der Organisation in Einklang steht und welche positiven Auswirkungen er verspricht. Diese Kommunikation sollte kontinuierlich und umfassend sein und eine Plattform für den Dialog schaffen, auf der Bedenken und Fragen offen angesprochen werden können. Die Einbindung der Mitarbeiter in den Veränderungsprozess kann Widerstände deutlich verringern. Wenn die Mitarbeiter an der Gestaltung des Wandels beteiligt sind, werden sie die Notwendigkeit des Wandels eher verstehen und ihn unterstützen. Diese Beteiligung kann von der Einholung von Feedback zu vorgeschlagenen Änderungen bis hin zur aktiven Einbeziehung der Mitarbeiter in die Planungs- und Umsetzungsphasen reichen.

Unterstützung und Schulung sind entscheidende Elemente, um einen reibungslosen Übergang zu ermöglichen. Die Bereitstellung der erforderlichen Schulungen und Ressourcen hilft den Mitarbeitern, die für die Anpassung an die neuen Veränderungen erforderlichen Fähigkeiten und Kenntnisse zu erwerben, wodurch Ängste abgebaut und das Vertrauen in ihre Fähigkeit, sich in der neuen Landschaft zurechtzufinden, gestärkt werden. Der Austausch von Geschichten über erfolgreiche Veränderungen innerhalb des Unternehmens kann ebenfalls dazu beitragen, die Wahrnehmung des Wandels zu verändern. Das Aufzeigen von Beispielen, in denen Herausforderungen in Erfolgsgeschichten umgewandelt wurden, zeigt die potenziellen Vorteile und Chancen, die die Annahme von Veränderungen mit sich bringen kann. Die Pflege einer Unternehmenskultur, die Anpassungsfähigkeit, kontinuierliches Lernen und Innovation schätzt, spielt ebenfalls eine entscheidende Rolle. In einer solchen Kultur wird der Wandel als ständige Chance für berufliches Wachstum und organisatorischen Fortschritt wahrgenommen und nicht als sporadisches oder störendes Ereignis.

Die Führung spielt bei diesem Kulturwandel eine entscheidende Rolle. Führungskräfte, die sich dem Wandel stellen, flexibel sind und während des Wandels eine positive Einstellung bewahren, sind ein starkes Beispiel für den Rest des Unternehmens. Ihr Engagement und ihr Enthusiasmus für den Wandel können auf allen Ebenen eine ähnliche Reaktion hervorrufen und so den Übergang von Widerstand zu Akzeptanz unterstützen. Der Übergang von einer Haltung der Angst und des Widerstands zu einer Haltung, die den Wandel als Chance begreift, erfordert einen umfassenden Ansatz, der eine klare Kommunikation, die Einbeziehung der Mitarbeiter, eine angemessene Unterstützung und Schulung, den Austausch von Erfolgsgeschichten, die Förderung einer Kultur der Anpassungsfähigkeit und eine starke, beispielhafte Führung umfasst. Mit diesem vielschichtigen Ansatz können Unternehmen die Herausforderung des Wandels in einen Katalysator für Innovation und Wachstum verwandeln.

Die Förderung einer Kultur, die eine positive Einstellung zum Wandel begünstigt, ist für Unternehmen, die sich in der komplexen und sich schnell entwickelnden Unternehmenslandschaft zurechtfinden müssen, von zentraler Bedeutung. Eine solche Kultur begrüßt nicht nur den Wandel, sondern betrachtet ihn auch als integralen Bestandteil von Wachstum und Entwicklung. Der Aufbau einer solchen Kultur ist ein vielschichtiger Prozess, bei dem es darum geht, die Einstellung zum Wandel neu zu definieren, eine offene Kommunikation zu fördern und ein Umfeld zu schaffen, in dem Innovation und Anpassungsfähigkeit geschätzt werden.

Der Prozess beginnt damit, dass die Führung den Ton angibt. Führungskräfte, die sich für den Wandel begeistern und bereit sind, sich anzupassen, sind ein starkes Beispiel für den Rest der Organisation. Ihre Einstellung zum Wandel, ob positiv oder ängstlich, kann die Organisationskultur erheblich beeinflussen. Führungskräfte müssen sich daher aktiv für den Wandel einsetzen und durch ihr Handeln und ihre Entscheidungen zeigen, dass sie Anpassungsfähigkeit und Innovation schätzen.

Offene Kommunikation ist ein weiterer Eckpfeiler einer positiven Veränderungskultur. Dazu gehört die Schaffung von Kanälen, über die Informationen über Veränderungen klar und zeitnah verbreitet werden und die Rückmeldungen und Diskussionen ermöglichen. Wenn die Mitarbeiter gut über die Gründe für Veränderungen informiert sind und wissen, wie sie dem Unternehmen und ihnen selbst zugute kommen, werden sie diese eher positiv bewerten. Wenn man den Mitarbeitern außerdem eine Plattform bietet, auf der sie ihre Bedenken und Vorschläge äußern können, fühlen sie sich wertgeschätzt und in den Veränderungsprozess einbezogen.

Auch die Ermutigung zu Risikobereitschaft und Innovation ist von entscheidender Bedeutung. In einer Kultur, die eine positive Einstellung zum Wandel unterstützt, wird Scheitern nicht als Rückschlag, sondern als Lernmöglichkeit gesehen. Die Mitarbeiter sollten sich sicher fühlen, experimentieren und neue Ideen vorschlagen zu können, ohne Konsequenzen befürchten zu müssen, wenn die Dinge nicht so laufen wie geplant. Dieser Ansatz fördert die Kreativität und kann zu bahnbrechenden Lösungen und Verbesserungen führen. Schulung und Entwicklung spielen eine wichtige Rolle bei der Förderung einer veränderungsfreundlichen Kultur. Wenn man den Mitarbeitern die Werkzeuge und das Wissen an die Hand gibt, das sie benötigen, um den Wandel effektiv zu bewältigen, schafft man Vertrauen und verringert den Widerstand. Dazu können Schulungen zu neuen Technologien, Workshops zu Anpassungsfähigkeiten oder Seminare zu Techniken des Veränderungsmanagements gehören.

Eine weitere wirksame Strategie ist die Anerkennung und Belohnung von Verhaltensweisen, die sich positiv auf Veränderungen auswirken. Wenn Mitarbeiter, die den Wandel begrüßen, sich schnell an neue Situationen anpassen und konstruktiv zu Veränderungsinitiativen beitragen, anerkannt und belohnt werden, unterstreicht dies den Wert, den das Unternehmen diesen Verhaltensweisen beimisst. Der Aufbau einer unterstützenden Gemeinschaft innerhalb des Unternehmens trägt ebenfalls zu einer positiven Veränderungskultur bei. Dazu gehört die Förderung eines Gefühls von Teamwork und Zusammenarbeit, bei dem sich die Mitarbeiter in Zeiten des Wandels von ihren Kollegen und Vorgesetzten unterstützt fühlen. Eine unterstützende Gemeinschaft kann den mit dem Wandel verbundenen Stress mindern und den Übergang für alle Beteiligten reibungsloser gestalten.

Bei der Förderung einer Kultur, die eine positive Einstellung zum Wandel begünstigt, geht es darum, ein Umfeld zu schaffen, in dem der Wandel als Chance gesehen wird, in dem offen und ehrlich kommuniziert wird, in dem Innovation und Risikobereitschaft gefördert werden, in dem Schulung und Entwicklung Vorrang haben, in dem positives Verhalten belohnt wird und in dem eine unterstützende Gemeinschaft gepflegt wird. Eine solche Kultur ist für Unternehmen, die in einer sich ständig verändernden Geschäftswelt erfolgreich sein wollen, unerlässlich.

Der Umgang mit Bedenken und Widerständen gegen Veränderungen ist eine entscheidende Komponente eines erfolgreichen Veränderungsmanagements. Widerstand ist eine natürliche menschliche Reaktion auf Veränderungen, vor allem wenn sie vertraute Routinen unterbrechen oder Unsicherheiten mit sich bringen. Ein effektiver Umgang mit diesem Widerstand erfordert das Verständnis seiner Wurzeln, eine einfühlsame Kommunikation und die aktive Einbeziehung der Betroffenen in den Veränderungsprozess.

Der erste Schritt bei der Bewältigung von Widerständen besteht darin, ihre Ursachen zu verstehen. Widerstand kann auf eine Vielzahl von Faktoren zurückzuführen sein, darunter die Angst vor dem Unbekannten, der vermeintliche Verlust von Status oder Kontrolle, mangelndes Verständnis für die Veränderung oder schlechte Erfahrungen mit früheren Veränderungsinitiativen. Wenn man die spezifischen Gründe für den Widerstand in jedem einzelnen Fall ermittelt, kann man gezielter und effektiver reagieren.

Eine einfühlsame Kommunikation ist entscheidend, um Bedenken auszuräumen. Dazu gehört, dass man sich die Sorgen und Ängste der Mitarbeiter aktiv anhört und ihre Gefühle anerkennt. Die Mitteilung der Gründe für die Veränderung, des Nutzens für das Unternehmen und seine Mitarbeiter sowie der Schritte, die zur Umsetzung unternommen werden, kann dazu beitragen, Ängste abzubauen und Vertrauen zu schaffen. Transparenz ist der Schlüssel; die Menschen werden Veränderungen eher unterstützen, wenn sie verstehen, warum sie stattfinden und wie sie gehandhabt werden. Auch die Einbeziehung der Mitarbeiter in den Veränderungsprozess kann den Widerstand deutlich verringern. Wenn die Mitarbeiter ein Mitspracherecht bei der Planung und Umsetzung von Veränderungen haben, fühlen sie sich eher für den Prozess verantwortlich und engagieren sich. Diese Beteiligung kann verschiedene Formen annehmen, von der Einholung von Feedback bis hin zur Einbeziehung der Mitarbeiter in die Teams zur Umsetzung der Veränderungen.

Die Bereitstellung von Unterstützung und Ressourcen ist ein weiterer wichtiger Aspekt im Umgang mit Widerstand. Dazu könnten Schulungsprogramme zum Aufbau neuer Fähigkeiten, Beratungsdienste zur Unterstützung der Mitarbeiter bei der Bewältigung des Wandels oder klare Leitlinien und Ressourcen zur Anpassung an neue Prozesse oder Systeme gehören. Auch die Auseinandersetzung mit den kulturellen Aspekten des Wandels ist wichtig. Kulturelle Widerstände treten auf, wenn der Wandel als Widerspruch zu den etablierten Normen und Werten des Unternehmens empfunden wird. In solchen Fällen ist es wichtig, aufzuzeigen, wie die Veränderung mit den Grundwerten der Organisation in Einklang steht oder diese stärkt.

Die Führung spielt eine entscheidende Rolle bei der Bewältigung von Widerständen. Die Führungskräfte müssen das gewünschte Verhalten vorleben, indem sie Begeisterung für die Veränderung und die Bereitschaft zur Anpassung zeigen. Sie sollten auch sichtbar und zugänglich sein, regelmäßig über den Fortschritt der Veränderung informieren und offen für Feedback sein. Das Feiern von kleinen Erfolgen auf dem Weg dorthin kann dazu beitragen, eine Dynamik aufzubauen und die Vorteile der Veränderung zu demonstrieren. Die Anerkennung und Belohnung von Abteilungen oder Einzelpersonen, die sich gut an die Veränderung anpassen, kann andere dazu ermutigen, dem Beispiel zu folgen. Der Umgang mit Bedenken und Widerständen gegen Veränderungen erfordert eine Kombination aus Verständnis, Kommunikation, Einbeziehung, Unterstützung, kultureller Sensibilität, starker Führung und Anerkennung von Fortschritten. Durch einen proaktiven und einfühlsamen Umgang mit Widerständen können Unternehmen den Übergangsprozess erleichtern und die Wahrscheinlichkeit eines erfolgreichen Wandels erhöhen.

Ein entscheidender Schritt im Veränderungsmanagementprozess ist es, die häufigsten Bedenken und Quellen des Widerstands zu ermitteln. Widerstand gegen Veränderungen ist eine natürliche menschliche Reaktion, insbesondere am Arbeitsplatz, wo sich Veränderungen auf Routinen, Arbeitsaufgaben und das gesamte Arbeitsumfeld auswirken können. Diese Bedenken zu verstehen und ihnen proaktiv zu begegnen, kann die Effektivität und den reibungslosen Übergang von Veränderungsinitiativen erheblich verbessern.

1. Furcht vor dem Unbekannten: Eine der häufigsten Ursachen für Widerstand ist die Angst vor dem Unbekannten. Veränderungen können den Status quo stören, was zu Unsicherheit über die Zukunft führt. Die Mitarbeiter machen sich möglicherweise Sorgen darüber, wie sich die Veränderung auf ihre Rolle, die Sicherheit ihres Arbeitsplatzes und ihre täglichen Routinen auswirken wird.

2. Verlust der Kontrolle: Veränderungen gehen oft mit einer Verschiebung von Prozessen, Rollen und Strukturen einher. Dies kann bei Mitarbeitern, die an bestimmte Arbeitsweisen gewöhnt waren, zu einem Gefühl des Kontrollverlusts führen. Das Gefühl, keinen Einfluss auf die Veränderung nehmen zu können, kann den Widerstand noch verstärken.

3. Bedenken hinsichtlich der Kompetenz: Der Wandel kann neue Fähigkeiten oder Kenntnisse erfordern, was zu Bedenken hinsichtlich der Kompetenz führt. Die Mitarbeiter könnten sich Sorgen machen, dass sie nicht über die notwendigen Fähigkeiten verfügen, um sich an die neue Arbeitsweise anzupassen, oder sie könnten befürchten, dass die Lernkurve zu steil sein wird.

4. Auswirkungen auf die Arbeitsbelastung: Die Übergangszeit während des Wandels kann oft zu einer erhöhten Arbeitsbelastung führen. Die Mitarbeiter könnten sich dem Wandel widersetzen, weil sie sich Sorgen über zusätzliche Verantwortlichkeiten oder den Aufwand machen, der für die Anpassung an neue Systeme oder Prozesse erforderlich ist.

5. Schlechte Erfahrungen mit früheren Veränderungen: Wenn frühere Veränderungsinitiativen schlecht gehandhabt wurden, kann dies zu Skepsis und Widerstand gegenüber zukünftigen Veränderungen führen. Die Mitarbeiter könnten aufgrund ihrer früheren Erfahrungen an der Wirksamkeit der neuen Veränderung zweifeln.

6. Mangelndes Vertrauen in die Führung: Widerstand kann auf mangelndes Vertrauen in die Führung oder die Motive für die Veränderung zurückzuführen sein. Wenn die Mitarbeiter das Gefühl haben, dass die Veränderung nicht in ihrem Interesse liegt oder aus den falschen Gründen durchgeführt wird, ist die Wahrscheinlichkeit größer, dass sie Widerstand leisten.

7. Kulturelle Unausgewogenheit: Manchmal kann es vorkommen, dass die vorgeschlagene Änderung nicht mit der bestehenden Organisationskultur übereinstimmt. Wenn die

Mitarbeiter das Gefühl haben, dass die Veränderung im Widerspruch zu den Grundwerten und Normen der Organisation steht, leisten sie möglicherweise Widerstand.

8. Soziale Dynamiken: Widerstand kann auch durch soziale Faktoren am Arbeitsplatz beeinflusst werden. Wenn wichtige Einflussnehmer oder Gruppen innerhalb der Organisation sich gegen Veränderungen sträuben, kann sich ihre Haltung auf andere auswirken und eine breitere Kultur des Widerstands schaffen.

Das Verständnis dieser allgemeinen Bedenken und Quellen des Widerstands ist entscheidend für die Entwicklung von Strategien, um sie wirksam anzugehen. Dieses Verständnis ermöglicht es den Verantwortlichen für Veränderungen, sich in die Mitarbeiter einzufühlen, ihre Kommunikations- und Unterstützungsstrategien anzupassen und die Mitarbeiter in den Veränderungsprozess einzubeziehen, wodurch der Widerstand verringert und eine positivere Einstellung zum Wandel gefördert wird.

Ein entscheidender Aspekt bei der Bewältigung des Wandels in einer Organisation ist der effektive Umgang mit den Befürchtungen des Einzelnen. Der Umgang mit diesen Bedenken erfordert einen durchdachten und einfühlsamen Ansatz, der auf Verständnis, Kommunikation und Einbeziehung ausgerichtet ist. Ein erfolgreicher Umgang mit den Befürchtungen erleichtert den Mitarbeitern nicht nur den Übergang, sondern fördert auch eine Kultur des Vertrauens und der Offenheit. Verständnis und Einfühlungsvermögen für die Sorgen der Mitarbeiter sind der erste Schritt. Die Verantwortlichen für den Wandel müssen erkennen, dass Befürchtungen und Widerstand natürliche Reaktionen sind. Ein aktives Zuhören bei den Bedenken der Mitarbeiter und die Anerkennung ihrer Gefühle können viel dazu beitragen, Vertrauen aufzubauen. Dieses Verständnis schafft eine Grundlage für einen offeneren und ehrlicheren Dialog.

Eine klare und transparente Kommunikation ist unerlässlich. Die Bereitstellung möglichst vieler Informationen über die Veränderung, einschließlich der Gründe für die Veränderung, der angestrebten Vorteile und der Art und Weise der Umsetzung, kann dazu beitragen, Ängste vor dem Unbekannten abzubauen. Es ist auch wichtig, die Veränderung so zu kommunizieren, dass sie bei den Mitarbeitern ankommt, indem man sie mit ihren Aufgaben in Verbindung bringt und zeigt, wie sie mit ihren Interessen und den Zielen des Unternehmens in Einklang steht. Die Einbindung der Mitarbeiter in den Veränderungsprozess kann den Widerstand deutlich verringern. Wenn die Mitarbeiter ein Mitspracherecht bei der Umsetzung des Wandels haben, fühlen sie sich eher in der Lage, den Prozess zu kontrollieren und zu gestalten. Diese Beteiligung kann von der Einbringung von Ideen in der Planungsphase bis hin zur Teilnahme an Umsetzungsteams oder Feedbackgruppen reichen.

Das Angebot von Unterstützung und Ressourcen ist eine weitere Schlüsselstrategie. Dazu könnten Schulungs- und Entwicklungsmöglichkeiten gehören, um die für die Zeit nach der Veränderung erforderlichen Fähigkeiten aufzubauen, Beratungsdienste, die den Mitarbeitern helfen, den Wandel zu bewältigen, oder Mentorenprogramme, die sie durch den Übergang begleiten. Die Förderung einer positiven Darstellung der Veränderung kann ebenfalls hilfreich sein. Das Hervorheben von Erfolgsgeschichten, das Feiern von Meilensteinen und die Anerkennung von Mitarbeitern, die sich gut an die Veränderung angepasst haben, können eine positivere Wahrnehmung der Veränderung und ihrer Vorteile schaffen.

Die Führung spielt eine entscheidende Rolle bei der Bewältigung von Befürchtungen. Die Führungskräfte sollten das gewünschte Verhalten vorleben, indem sie Begeisterung für den Wandel und die Bereitschaft zur Anpassung zeigen. Sie sollten auch ansprechbar sein und den Mitarbeitern regelmäßig Gelegenheit bieten, ihre Bedenken mitzuteilen und Fragen zu stellen. Es ist wichtig, Feedback-Mechanismen einzurichten, bei denen die Mitarbeiter ihre Bedenken äußern und Antworten erhalten können. Regelmäßige Umfragen, Bürgerversammlungen und Vorschlagskästen können wirksame Instrumente sein, um Feedback einzuholen und zu zeigen, dass die Anliegen der Mitarbeiter gehört und berücksichtigt werden. Ein durchdachter, einfühlsamer und integrativer Umgang mit Befürchtungen ist für den Erfolg jeder Veränderungsinitiative entscheidend. Indem sie die Bedenken der Mitarbeiter verstehen, kommunizieren, einbeziehen, unterstützen und auf sie reagieren, können Unternehmen die komplexen Veränderungen reibungsloser und effektiver bewältigen.

Der Aufbau von Vertrauen und Transparenz ist von entscheidender Bedeutung, wenn es darum geht, den Widerstand gegen Veränderungen innerhalb einer Organisation zu verringern. Vertrauen ist die Grundlage jeder erfolgreichen Veränderungsinitiative, da es bei den Mitarbeitern ein Gefühl der Sicherheit und Offenheit fördert und sie so für Veränderungen empfänglicher macht. Transparenz wiederum sorgt dafür, dass der Veränderungsprozess als fair, ehrlich und integrativ angesehen wird. Zusammen schaffen Vertrauen und Transparenz ein Umfeld, das ein erfolgreiches Veränderungsmanagement begünstigt.

Um Vertrauen aufzubauen, müssen Führungskräfte zunächst vertrauenswürdig sein. Dazu gehört, dass sie stets Integrität, Verlässlichkeit und Fairness an den Tag legen. Führungskräfte sollten ehrlich sein, was die Gründe für die Veränderung, die erwarteten Ergebnisse und die möglichen Herausforderungen angeht. Das Eingestehen von Unsicherheiten und ein offener Umgang mit dem, was bekannt ist und was nicht, trägt zur Glaubwürdigkeit bei. Wirksame und offene Kommunikation ist der Schlüssel zur Transparenz. Wenn die Mitarbeiter über den Veränderungsprozess auf dem Laufenden gehalten werden, lassen sich Gerüchte und Fehlinformationen vermeiden, die den Widerstand schüren können. Regelmäßige Informationen über den Fortschritt der Veränderung, die nächsten Schritte und die Auswirkungen auf das Unternehmen sind von entscheidender Bedeutung. Die Kommunikation sollte in beide Richtungen erfolgen, wobei die Führungskräfte aktiv um Feedback bitten und ein offenes Ohr für die Bedenken und Vorschläge der Mitarbeiter haben.

Die Einbindung der Mitarbeiter in den Veränderungsprozess trägt auch dazu bei, Vertrauen und Transparenz zu schaffen. Wenn die Mitarbeiter eine Rolle bei der Gestaltung des Wandels spielen, ist die Wahrscheinlichkeit größer, dass sie dem Prozess vertrauen und die Initiative unterstützen. Dies könnte bedeuten, dass die Mitarbeiter in Planungsausschüsse, Fokusgruppen oder Feedback-Sitzungen einbezogen werden. Das gibt ihnen das Gefühl, dass sie für die Veränderung verantwortlich sind und die Kontrolle darüber haben, was den Widerstand deutlich verringern kann. Um Vertrauen aufzubauen, ist es wichtig, die emotionalen Auswirkungen von Veränderungen anzuerkennen und zu thematisieren. Veränderungen können beunruhigend sein, und die Führungskräfte müssen die Emotionen der Mitarbeiter erkennen und nachempfinden können. Die Bereitstellung von Unterstützungsangeboten wie Beratungsdiensten oder Workshops zur Stressbewältigung zeigt, dass sich das Unternehmen um das Wohlbefinden seiner Mitarbeiter kümmert. Ein weiterer wichtiger Aspekt für den Aufbau von Vertrauen ist die Konsistenz von Worten und Taten. Die Führungskräfte sollten ihre Botschaften über den Wandel mit ihren Handlungen in Einklang bringen. Jede Diskrepanz zwischen dem, was die Führungskräfte sagen, und dem, was sie tun, kann das Vertrauen schnell untergraben.

Die Anerkennung und Belohnung von Mitarbeitern, die den Wandel positiv aufnehmen und zu ihm beitragen, fördert auch das Vertrauen und die Transparenz. Es zeigt, dass die Organisation Anpassungsfähigkeit schätzt und sich verpflichtet, diejenigen anzuerkennen und zu belohnen, die ihre Ziele unterstützen. Es ist wichtig, Geduld zu zeigen und zu verstehen, dass es Zeit braucht, Vertrauen und Transparenz aufzubauen. Die Führungskräfte sollten diese Werte durch ihr Handeln und ihre Kommunikation immer wieder bekräftigen und so eine Kultur schaffen, die einen offenen und ehrlichen Dialog schätzt.

Der Aufbau von Vertrauen und Transparenz zur Verringerung des Widerstands erfordert eine konsequente und ehrliche Kommunikation, die Einbeziehung der Mitarbeiter, die Anerkennung der emotionalen Aspekte des Wandels, Konsistenz in Worten und Handlungen, Anerkennung und Belohnung für unterstützendes Verhalten sowie Geduld. Durch die Kultivierung dieser Elemente können Unternehmen ein aufnahmefähigeres

Umfeld für Veränderungen schaffen und die Wahrscheinlichkeit von Widerständen verringern.

Die Anpassung von Veränderungsstrategien an die individuellen Präferenzen bei der Interaktion mit dem Wandel ist ein Ansatz, der die Vielfalt der Reaktionen der Mitarbeiter auf Veränderungen anerkennt und respektiert. Dieser personalisierte Ansatz ist für die effektive Bewältigung des Wandels von entscheidender Bedeutung, da er auf die einzigartigen Anliegen, Motivationen und Lernstile der verschiedenen Personen innerhalb des Unternehmens eingeht. Der erste Schritt besteht darin, zu verstehen, dass jeder Mitarbeiter eine andere Perspektive und Reaktion auf Veränderungen hat. Die Mitarbeiter sind unterschiedlich anpassungsfähig, können mit Unklarheiten umgehen und nehmen die Auswirkungen der Veränderungen unterschiedlich wahr. Manche nehmen den Wandel begeistert auf, während andere eher zurückhaltend oder sogar ängstlich sind. Das Erkennen dieser Unterschiede ermöglicht es den Führungskräften, auf jeden Mitarbeiter in einer Weise einzugehen, die ihn persönlich anspricht.

Wirksame Kommunikation ist das Herzstück dieses maßgeschneiderten Ansatzes. Dabei geht es nicht nur darum, Informationen über die Veränderung zu verbreiten, sondern auch darum, sinnvolle Gespräche in beide Richtungen zu führen. Ein offenes Ohr für die Sorgen und Fragen der Mitarbeiter und eine Antwort, die auf ihre spezifischen Befürchtungen eingeht, kann einen erheblichen Unterschied in der Wahrnehmung der Veränderung ausmachen.

Die Bereitstellung verschiedener Kommunikationskanäle und -formate trägt auch dazu bei, dass unterschiedliche Präferenzen berücksichtigt werden. Während einige Mitarbeiter ausführliche schriftliche Mitteilungen bevorzugen, profitieren andere vielleicht mehr von interaktiven Veranstaltungen wie Workshops oder Frage- und Antwortforen. Durch das Angebot verschiedener Möglichkeiten, Informationen über die Veränderung zu erhalten und zu verarbeiten, wird sichergestellt, dass mehr Mitarbeiter auf die Art und Weise einbezogen werden, die ihnen am besten entspricht. Führungskräfte und Manager sollten auch darin geschult werden, diese individuellen Unterschiede zu erkennen und sich darauf einzustellen. Sie spielen eine entscheidende Rolle bei den täglichen Aspekten des Wandels und sind oft die erste Anlaufstelle für die Fragen und Anliegen der Mitarbeiter. Es ist wichtig, sie mit den Fähigkeiten auszustatten, mit diesen Interaktionen einfühlsam und effektiv umzugehen.

Die Einbeziehung von Flexibilität in den Veränderungsprozess ermöglicht Anpassungen auf der Grundlage von Mitarbeiterfeedback und -präferenzen. Dies könnte bedeuten, dass Veränderungen schrittweise eingeführt werden, dass bei Bedarf zusätzliche Unterstützung angeboten wird oder dass sogar bestimmte Aspekte des Veränderungsplans als Reaktion auf den Input der Mitarbeiter überarbeitet werden.

Ein weiterer wichtiger Aspekt ist die Bereitstellung von Unterstützung und Ressourcen, die auf die individuellen Bedürfnisse zugeschnitten sind. Einige Mitarbeiter könnten von zusätzlichen Schulungen oder Mentoren profitieren, während andere vielleicht mehr Zeit brauchen, um sich an neue Systeme oder Prozesse zu gewöhnen. Die Bereitstellung dieser Ressourcen zeigt, dass man sich verpflichtet fühlt, jedem Mitarbeiter bei der Bewältigung der Veränderungen zu helfen. Die Anerkennung und Würdigung der individuellen Beiträge zu den Veränderungsbemühungen kann eine positive Einstellung zur Veränderung fördern. Die Anerkennung der Bemühungen derjenigen, die sich gut anpassen, insbesondere derjenigen, die sich anfangs wehrten, kann andere ermutigen, ihrem Beispiel zu folgen.

Um Veränderungsstrategien auf individuelle Präferenzen abzustimmen, muss man die einzigartige Reaktion jedes Mitarbeiters auf Veränderungen verstehen, effektiv und in verschiedenen Formaten kommunizieren, Führungskräfte schulen, Flexibilität einbeziehen, persönliche Unterstützung bieten und individuelle Beiträge anerkennen. Dieser personalisierte Ansatz kann zu einem erfolgreicheren und reibungsloseren Veränderungsprozess mit einem höheren Maß an

Engagement und Unterstützung der Mitarbeiter führen. Ein grundlegender Aspekt eines effektiven Veränderungsmanagements ist die Erkenntnis, dass Menschen unterschiedlich auf Veränderungen reagieren. In jedem Unternehmen reagieren die Mitarbeiter aufgrund ihrer persönlichen Erfahrungen, Einstellungen und Überzeugungen unterschiedlich auf Veränderungen. Diese unterschiedlichen Reaktionen sind ganz natürlich und sollten bei der Umsetzung von Veränderungen antizipiert und respektiert werden.

Einige Mitarbeiter sehen den Wandel als eine spannende Gelegenheit für Wachstum und Lernen, während andere ihn als Bedrohung für ihre Bequemlichkeit und Stabilität empfinden. Diese Unterschiede können durch verschiedene Faktoren beeinflusst werden, z. B. frühere Erfahrungen mit Veränderungen, persönliche Belastbarkeit, Angst vor dem Unbekannten, Bedenken hinsichtlich der Kompetenz in einem neuen System oder sogar Unterschiede im Verständnis der Gründe für die Veränderung. Die Anpassung der Kommunikation und Unterstützung an die individuellen Präferenzen ist von entscheidender Bedeutung für die Bewältigung dieser unterschiedlichen Reaktionen. Ein pauschaler Kommunikationsansatz kann zu Missverständnissen und erhöhtem Widerstand führen. Stattdessen kann die Bereitstellung von Informationen in verschiedenen Formaten und über verschiedene Kanäle dazu beitragen, den unterschiedlichen Bedürfnissen gerecht zu werden. So bevorzugen einige Mitarbeiter vielleicht detaillierte schriftliche Mitteilungen wie E-Mails oder Newsletter, während andere besser auf persönliche Treffen oder interaktive Sitzungen reagieren.

Eine auf die individuellen Bedürfnisse zugeschnittene Unterstützung kann den Übergang erheblich erleichtern. Dies kann in Form von zusätzlichen Schulungen für diejenigen geschehen, die neue Fähigkeiten entwickeln müssen, in Form von Einzelgesprächen für Mitarbeiter, die mehr direkte Unterstützung benötigen, oder in Form des Zugangs zu Beratungsdiensten für diejenigen, die die Veränderung als besonders belastend empfinden. Führungskräfte und Manager spielen eine

Schlüsselrolle, wenn es darum geht, diese unterschiedlichen Reaktionen zu erkennen und darauf zu reagieren. Wenn Führungskräfte darin geschult werden, die unterschiedlichen Reaktionen auf Veränderungen zu erkennen und zu verstehen, können sie die richtige Unterstützung anbieten. Sie können dann als Vermittler fungieren und bei Bedarf Beruhigung, Klarheit und Anleitung bieten.

Auch die Förderung eines offenen Dialogs ist wichtig. Die Schaffung eines sicheren Raums, in dem sich die Mitarbeiter wohl fühlen, wenn sie ihre Bedenken und Fragen zu den Veränderungen äußern, kann zu einer effektiveren Bewältigung der individuellen Reaktionen führen. Dies hilft auch bei der Identifizierung gemeinsamer Anliegen, die auf organisatorischer Ebene behandelt werden müssen. Wenn man die Vielfalt der Reaktionen auf Veränderungen erkennt und die Kommunikation und Unterstützung entsprechend anpasst, geht es darum, die individuellen Erfahrungen und Bedürfnisse der Mitarbeiter anzuerkennen und zu würdigen. Auf diese Weise können Unternehmen ein integrativeres und unterstützenderes Umfeld schaffen, das reibungslosere Übergänge und eine erfolgreichere Umsetzung von Veränderungen ermöglicht.

Die Entwicklung integrativer Veränderungsstrategien, die bei allen Beteiligten auf Resonanz stoßen, ist ein wesentlicher Bestandteil einer erfolgreichen organisatorischen Umgestaltung. Eine integrative Strategie stellt sicher, dass die verschiedenen Perspektiven, Bedürfnisse und Anliegen aller Interessengruppen berücksichtigt und angesprochen werden. Dieser Ansatz steigert nicht nur die Effektivität der Veränderungsinitiative, sondern schafft auch ein Gefühl der Eigenverantwortung und des Engagements bei den Beteiligten. Um eine integrative Veränderungsstrategie zu entwickeln, sollten Sie zunächst alle Interessengruppen ermitteln, die von der Veränderung betroffen sein werden. Dazu gehören die Mitarbeiter aller Ebenen, das Management, die Aktionäre, die Kunden, die Zulieferer und möglicherweise sogar die breitere Öffentlichkeit. Es ist wichtig, die spezifischen Auswirkungen der Veränderung auf jede dieser Gruppen zu verstehen. Sobald die Interessengruppen identifiziert sind, sollten Sie mit ihnen in Kontakt treten, um Erkenntnisse und Perspektiven zu sammeln. Dies kann durch Umfragen, Interviews, Fokusgruppen oder Town Hall Meetings geschehen. Die aktive Einbindung der Betroffenen in diese Diskussionen hilft dabei, ihre Bedenken, Erwartungen und Vorschläge in Bezug auf die Veränderung zu ermitteln. Außerdem bietet sich so die Gelegenheit, die Gründe für die Veränderung und die angestrebten Vorteile zu vermitteln.

Kommunikation ist ein Eckpfeiler einer integrativen Strategie. Eine auf die Bedürfnisse und Präferenzen der verschiedenen Interessengruppen zugeschnittene Kommunikation stellt sicher, dass die Botschaft verstanden und akzeptiert wird. So kann die Art und Weise, wie Sie Ihren Mitarbeitern den Wandel vermitteln, eine andere sein als die, wie Sie ihn den Aktionären oder Kunden mitteilen. Es ist wichtig, bei der gesamten Kommunikation klar, konsequent und transparent zu sein. Genauso wichtig ist es, auf das Feedback und die Bedenken der Stakeholder einzugehen. Wenn Sie zeigen, dass ihr Beitrag geschätzt wird und, wenn möglich, in den Veränderungsplan einfließt, kann dies die Akzeptanz deutlich erhöhen und den Widerstand verringern.

Schulung und Unterstützung sind ebenfalls wichtige Bestandteile einer integrativen Veränderungsstrategie. Verschiedene Interessengruppen benötigen möglicherweise unterschiedliche Arten von Unterstützung, um sich an den Wandel anzupassen. Für die Mitarbeiter könnte dies ein Qualifikationstraining oder ein Mentorenprogramm sein. Für Kunden kann es sich um Benutzerhandbücher oder Unterstützung durch den Kundendienst handeln, um sich mit neuen Produkten oder Dienstleistungen zurechtzufinden. Das Engagement der Führungskräfte auf allen Ebenen ist für die Umsetzung einer integrativen Veränderungsstrategie unerlässlich. Führungskräfte und Manager sollten sichtbar und zugänglich sein und als Verfechter des Wandels fungieren. Sie sollten die von ihnen angestrebte Veränderung verkörpern und während des gesamten Prozesses Anleitung und Unterstützung bieten. Die Überwachung und Bewertung des Fortschritts der Veränderungsinitiative ist von entscheidender Bedeutung, um sicherzustellen, dass sie integrativ bleibt. Regelmäßige Besprechungen mit den Interessengruppen können Aufschluss darüber geben, wie die Veränderung angenommen wird und ob Anpassungen erforderlich sind. Das Feiern von Meilensteinen und Erfolgen auf dem Weg dorthin kann eine positive Botschaft verstärken und die Vorteile der Veränderung aufzeigen. Die Anerkennung der Beiträge der verschiedenen Stakeholder-Gruppen zum Erreichen dieser Meilensteine kann ihr Engagement und ihren Einsatz für die Veränderung weiter verstärken.

Bei der Entwicklung integrativer Veränderungsstrategien, die bei allen Beteiligten auf Resonanz stoßen, geht es darum, ihre unterschiedlichen Perspektiven zu verstehen und zu schätzen, sie auf sinnvolle Weise einzubeziehen, effektiv zu kommunizieren, maßgeschneiderte Unterstützung zu bieten und den Ansatz kontinuierlich zu überwachen und anzupassen. Durch die Anwendung dieser Praktiken können Organisationen einen erfolgreicheren und nachhaltigeren Veränderungsprozess gewährleisten, der von allen Beteiligten unterstützt und angenommen wird.

Einfühlsame und anpassungsfähige Führung wird zunehmend als entscheidende Komponente im Bereich der Veränderungsführung anerkannt. Die Wirksamkeit einer Veränderungsinitiative hängt oft von der Fähigkeit der Führungskraft ab, die Emotionen, Sorgen und Bedürfnisse der von der Veränderung Betroffenen zu verstehen und darauf einzugehen. Empathie in der Führung von Veränderungsprozessen beinhaltet die Fähigkeit, sich in die Lage anderer hineinzuversetzen, ihre Perspektiven und Gefühle in Bezug auf den Wandel zu verstehen. Es geht darum, zu erkennen, dass Veränderungen verunsichernd sein können und dass verschiedene Menschen aufgrund ihrer Erfahrungen, Ängste und persönlichen Herausforderungen unterschiedlich darauf reagieren können.

Einfühlsame Führungskräfte achten auf diese unterschiedlichen emotionalen Reaktionen und passen ihre Vorgehensweise entsprechend an. Sie erkennen die Bedenken ihrer Teammitglieder an, bestätigen ihre Gefühle und bieten bei Bedarf Unterstützung an. Das bedeutet nicht, dass sie immer mit ihren Ansichten übereinstimmen, sondern dass sie sie verstehen und bei der Entscheidungsfindung berücksichtigen. Empathie spielt auch eine entscheidende Rolle beim Aufbau von Vertrauen. Wenn Mitarbeiter das Gefühl haben, dass ihre Führungskräfte ihre Anliegen verstehen und sich um sie kümmern, werden sie ihnen eher vertrauen. Dieses Vertrauen ist in Zeiten des Wandels von entscheidender Bedeutung, da es dazu beitragen kann, Widerstände abzuschwächen und einen kooperativen und positiven Ansatz für den Wandel zu fördern. Eine einfühlsame Führung trägt dazu bei, die Moral und das Engagement aufrechtzuerhalten. Veränderungen können störend sein, und ohne einfühlsame Führung können sie zu mangelndem Engagement und sinkender Produktivität führen. Indem sie Empathie zeigen, können Führungskräfte ihre Teams auch in schwierigen Zeiten motiviert und engagiert halten. Empathie erstreckt sich auch darauf, wie Veränderungen kommuniziert werden. Einfühlsame Führungskräfte kommunizieren Veränderungen auf eine Art und Weise, die klar und ehrlich ist und die möglichen Auswirkungen auf die Mitarbeiter berücksichtigt. Sie stellen sicher, dass die Kommunikation in beide Richtungen geht und bieten Möglichkeiten für Feedback und Diskussionen.

Anpassungsfähigkeit ist die andere Seite der Medaille bei der effektiven Führung von Veränderungen. Sie bezieht sich auf die Fähigkeit der Führungskraft, Strategien, Pläne und Verhaltensweisen als Reaktion auf veränderte Umstände und Feedback anzupassen. Anpassungsfähige Führungskräfte sind offen für neue Ideen und andere Wege, Dinge zu tun. Sie sind sich bewusst, dass Veränderungen nicht immer wie geplant verlaufen und sind bereit, bei Bedarf Kurskorrekturen vorzunehmen. Diese Flexibilität ermöglicht ein effektiveres Management des Veränderungsprozesses und erhöht die Wahrscheinlichkeit, dass er erfolgreich verläuft.

Eine anpassungsfähige Führungskraft erkennt auch die Notwendigkeit, sich persönlich weiterzuentwickeln. Sie sind offen dafür, aus Erfahrungen zu lernen, und bereit, ihren Führungsstil an die Bedürfnisse ihres Teams und die

Anforderungen der jeweiligen Situation anzupassen. Einfühlungsvermögen und Anpassungsfähigkeit sind in der heutigen schnelllebigen und sich ständig verändernden Geschäftswelt unerlässlich. Einfühlungsvermögen ermöglicht es Führungskräften, mit ihren Teams auf einer tieferen Ebene in Kontakt zu treten, Vertrauen aufzubauen und den Übergang zu erleichtern, während Anpassungsfähigkeit sicherstellt, dass sie die unvorhersehbaren Veränderungen effektiv bewältigen können. Zusammen ergeben diese Qualitäten einen Führungsansatz, der reaktionsschnell, rücksichtsvoll und effektiv ist, um Organisationen durch den Wandel zu führen.

Der Umgang mit den emotionalen Aspekten des Wandels, sowohl für sich selbst als auch für andere, ist eine entscheidende Fähigkeit für ein effektives Veränderungsmanagement. Veränderungen, selbst wenn sie positiv sind, können ein breites Spektrum an Emotionen hervorrufen, von Aufregung und Vorfreude bis hin zu Angst und Besorgnis. Das Verständnis und die Bewältigung dieser emotionalen Reaktionen sind entscheidend für einen reibungslosen Übergang und das Wohlbefinden aller Beteiligten.

Für Sie selbst: Selbsterkenntnis und Widerstandsfähigkeit

- Selbsterkenntnis: Als Führungskraft ist es entscheidend, die eigenen emotionalen Reaktionen auf Veränderungen zu erkennen. Durch Selbsterkenntnis können Sie verstehen, wie sich Ihre Reaktionen und Verhaltensweisen auf Ihr Umfeld auswirken könnten. Dazu gehört, dass Sie Ihre Gefühle in Bezug auf die Veränderung und die Vorurteile oder Erfahrungen, die diese Gefühle beeinflussen, reflektieren.

- Das Gleichgewicht bewahren: Es ist wichtig, ein Gleichgewicht zwischen Optimismus und Realismus zu wahren. Ein positiver Ausblick kann zwar motivierend sein, aber eine realistische Einschätzung der Herausforderungen, die der Wandel mit sich bringt, ist notwendig, damit Sie sich und Ihr Team auf diese vorbereiten können.

- Widerstandsfähigkeit: Der Aufbau von Resilienz ist der Schlüssel zur effektiven Bewältigung von Veränderungen. Dazu gehört die Entwicklung von Strategien zur Stressbewältigung, wie Achtsamkeit, Bewegung oder die Suche nach Unterstützung durch Gleichaltrige oder Mentoren. Resilienz ermöglicht es Ihnen, auch bei Rückschlägen oder Unsicherheiten konzentriert und effektiv zu bleiben.

- Kontinuierliches Lernen: Nehmen Sie die Lernmöglichkeiten wahr, die der Wandel mit sich bringt. Wenn Sie den Wandel als Chance sehen, sich persönlich und beruflich weiterzuentwickeln, kann dies dazu beitragen, dass Sie nicht mehr ängstlich, sondern begeistert sind.

Für andere: Einfühlungsvermögen und Unterstützung

- Einfühlungsvermögen: Es ist von entscheidender Bedeutung, zu verstehen und nachzuempfinden, wie sich die anderen angesichts der Veränderung fühlen. Das bedeutet, dass man sich ihre Sorgen aktiv anhört, ihre Gefühle bestätigt und anerkennt, dass ihre Emotionen eine natürliche Reaktion auf den Wandel sind.

- Effektive Kommunikation: Eine transparente und konsequente Kommunikation kann dazu beitragen, Ängste und Unsicherheiten abzubauen. Es ist wichtig, dass alle Beteiligten über den Veränderungsprozess und die erwarteten Ergebnisse informiert sind und wissen, wie sie während des Übergangs unterstützt werden.

- Ermutigung zum offenen Dialog: Schaffen Sie ein Umfeld, in dem sich die Mitarbeiter sicher fühlen, um ihre Bedenken zu äußern und Fragen zu stellen. Die Förderung eines offenen Dialogs hilft dabei, Probleme anzugehen, bevor sie eskalieren, und zeigt, dass Sie ihren Beitrag und ihr Wohlbefinden schätzen.

- Unterstützung anbieten: Bieten Sie Unterstützung an, die auf die Bedürfnisse Ihres Teams zugeschnitten ist. Dazu könnten Schulungen zum Aufbau neuer Fähigkeiten, Workshops zur Bewältigung des Wandels oder Einzelsitzungen für diejenigen gehören, die zusätzliche Unterstützung benötigen. Die Anerkennung und Würdigung der Bemühungen Ihres Teams bei der Anpassung an den Wandel kann ebenfalls ein starker Motivator sein.

- Mit gutem Beispiel vorangehen: Zeigen Sie Anpassungsfähigkeit und Belastbarkeit in Ihrem eigenen Handeln. Wenn Sie mit gutem Beispiel vorangehen, können Sie Ihr Team inspirieren und einen positiven Ton für den Veränderungsprozess anschlagen.

Die Bewältigung der emotionalen Aspekte des Wandels erfordert eine Mischung aus Selbsterkenntnis, Einfühlungsvermögen, Kommunikation, Unterstützung und Widerstandsfähigkeit. Indem Sie Ihre eigenen Emotionen effektiv managen und Ihr Team bei der Bewältigung der Emotionen unterstützen, können Sie eine positivere und produktivere Veränderungserfahrung für alle Beteiligten fördern.

Die Demonstration von Anpassungsfähigkeit und Flexibilität angesichts der Herausforderungen des Wandels ist eine entscheidende Führungsqualifikation in der modernen Geschäftswelt. Anpassungsfähigkeit beinhaltet die Fähigkeit einer Führungskraft, ihr Denken, ihre Strategien und ihr Verhalten als Reaktion auf neue Informationen oder veränderte Umstände anzupassen. Flexibilität, eine verwandte Eigenschaft, bezieht sich auf die Bereitschaft, Pläne und Entscheidungen zu ändern, wenn sich die Situation weiterentwickelt. Zusammen ermöglichen diese Eigenschaften es Führungskräften, die Komplexität des Wandels effektiv zu bewältigen und ihre Teams durch Zeiten der Unsicherheit zu führen.

Führungspersönlichkeiten, die Anpassungsfähigkeit verkörpern, sehen Veränderungen nicht als Bedrohung, sondern als Chance für Wachstum und Innovation. Sie haben eine positive Einstellung zum Wandel, selbst in schwierigen Situationen, und sind offen für neue Ideen und Arbeitsweisen. Ihre Fähigkeit, neue Informationen schnell aufzunehmen und sie bei der Entscheidungsfindung wirksam einzusetzen, ist ein Kennzeichen für Lernfähigkeit, eine wesentliche Komponente der Anpassungsfähigkeit. Anpassungsfähige Führungskräfte scheuen sich nicht, zu experimentieren und zu innovieren. Sie wissen, dass das Ausprobieren neuer Ansätze und das Eingehen kalkulierter Risiken zur Bewältigung des Wandels dazugehören. Diese Offenheit für Experimente geht häufig mit der Bereitschaft einher, aus Fehlern zu lernen und diese Erfahrungen zur Verfeinerung künftiger Strategien zu nutzen.

Flexibilität in der Führung bedeutet auch, bei der Entscheidungsfindung reaktionsfähig zu sein. Flexible Führungskräfte treffen fundierte Entscheidungen auf der Grundlage aktueller Situationen und sind bereit, ihren Ansatz bei Bedarf zu ändern. Sie erkennen, dass unterschiedliche Situationen und Teamdynamiken unterschiedliche Führungsstile erfordern können, und sind in der Lage, ihre Vorgehensweise entsprechend anzupassen. Der Umgang mit Ungewissheit ist ein weiterer wichtiger Aspekt der Flexibilität. Führungskräfte, die sich in diesem Bereich auszeichnen, können ihren Fokus und ihre Gelassenheit bewahren und ihren Teams Stabilität und Zuversicht vermitteln, selbst wenn die Ergebnisse unklar sind.

In der Praxis ist eine effektive Kommunikation der Schlüssel zu Anpassungsfähigkeit und Flexibilität. Führungskräfte müssen alle Änderungen in der Ausrichtung oder Strategie klar und effektiv kommunizieren und sicherstellen, dass jeder seine Rolle im neuen Plan versteht. Sie ermutigen ihr Team zu Beiträgen und schaffen ein kollaboratives Umfeld, in dem unterschiedliche Perspektiven geschätzt werden. Während sie anpassungsfähig und flexibel sind, müssen die Führungskräfte auch die Konsistenz der Grundwerte und Ziele wahren. Dieses Gleichgewicht stellt sicher, dass Änderungen und Anpassungen mit dem allgemeinen Auftrag und den Zielen der Organisation übereinstimmen und einen stabilen Kurs inmitten des fließenden Wandels bieten.

Anpassungsfähigkeit und Flexibilität in der Führung bedeutet, Veränderungen anzunehmen, schnell zu lernen, Innovationen zu fördern, reaktionsschnelle Entscheidungen zu treffen, den Führungsstil an die jeweilige Situation anzupassen, mit Unsicherheiten umzugehen und ein Gleichgewicht zwischen Beständigkeit und Anpassung zu wahren. Diese Qualitäten in Verbindung mit einer klaren Kommunikation und einem kooperativen Teamansatz ermöglichen es Führungskräften, die Herausforderungen des Wandels erfolgreich zu bewältigen und ihre Organisationen für anhaltenden Erfolg und Wachstum zu positionieren.

Kapitel 3: Der Werkzeugkasten des Veränderungsleiters

Wir gehen nun auf die wesentlichen Fähigkeiten und Kompetenzen ein, die Führungskräfte entwickeln müssen, um den organisatorischen Wandel erfolgreich voranzutreiben und zu bewältigen. Diese Fähigkeiten ermöglichen es Führungskräften nicht nur, Veränderungen einzuleiten und umzusetzen, sondern auch ihre Teams zu inspirieren und effektiv durch den Transformationsprozess zu führen.

Eine grundlegende Fähigkeit für jeden Leiter von Veränderungsprozessen ist ein tiefes Verständnis der Grundsätze des Veränderungsmanagements. Dazu gehört die Kenntnis verschiedener Change-Management-Modelle und - Rahmenwerke, das Verständnis für die Anwendung dieser Modelle in unterschiedlichen Kontexten und die Fähigkeit, potenzielle Herausforderungen, die während des Veränderungsprozesses auftreten können, vorherzusehen und zu entschärfen. Change Leader müssen strategisch denken und planen können. Dazu gehört die Fähigkeit, sich ein Bild vom zukünftigen Zustand der Organisation zu machen, klare Ziele für die Veränderungsinitiative zu setzen und einen strategischen Plan zur Erreichung dieser Ziele zu entwickeln. Außerdem müssen sie in der Lage sein, kritisch über die potenziellen Auswirkungen der Veränderung nachzudenken und für verschiedene Szenarien zu planen.

Eine der wichtigsten Fähigkeiten bei der Führung von Veränderungsprozessen ist die effektive Kommunikation. Führungskräfte müssen in der Lage sein, den Beteiligten auf allen Ebenen des Unternehmens die Vision, die Ziele und die Vorteile der Veränderung klar und überzeugend zu vermitteln. Dazu gehört nicht nur die mündliche und schriftliche Kommunikation, sondern auch die Fähigkeit, aktiv und einfühlsam auf Feedback und Bedenken zu hören. Emotionale Intelligenz ist entscheidend für den Umgang mit der menschlichen Seite des Wandels. Dazu gehört die Fähigkeit, die eigenen Emotionen sowie die Emotionen anderer zu verstehen und zu steuern. Führungskräfte, die über eine hohe emotionale Intelligenz verfügen, können starke Beziehungen aufbauen, schwierige Gespräche führen und ein positives Arbeitsumfeld fördern, selbst in Zeiten der Unsicherheit.

Erfolgreicher Wandel erfordert gemeinsame Anstrengungen. Führungskräfte, die Veränderungen herbeiführen wollen, müssen in der Lage sein, Teams aufzubauen und zu leiten. Dazu gehört die Auswahl der richtigen Mitarbeiter für Veränderungsinitiativen, die Förderung von Teamwork und Zusammenarbeit sowie die Motivation und Anleitung der Teammitglieder im Hinblick auf das gemeinsame Ziel einer erfolgreichen Umsetzung der Veränderungen. Veränderungen sind oft mit der Bewältigung komplexer und unerwarteter Herausforderungen verbunden. Führungskräfte brauchen starke Problemlösungs- und Entscheidungsfähigkeiten, um Probleme zu erkennen, Informationen zu analysieren und fundierte Entscheidungen zu treffen, die die Veränderungsinitiative auf Kurs halten.

Da Veränderungen oft unvorhersehbar sind, müssen Führungskräfte anpassungsfähig und flexibel sein. Sie sollten offen für neue Ideen sein, bereit sein, Pläne bei Bedarf anzupassen, und in der Lage sein, schnell auf veränderte Umstände zu reagieren. Resilienz und Ausdauer sind Schlüsselkompetenzen für Führungskräfte im Wandel. Veränderungsinitiativen können eine Herausforderung darstellen und Rückschläge mit sich bringen. Führungskräfte brauchen die nötige Widerstandsfähigkeit, um diese Herausforderungen zu meistern, und die Ausdauer, um den Wandel auch angesichts widriger Umstände weiter voranzutreiben.

Kapitel 3 befasst sich mit den entscheidenden Fähigkeiten und Kompetenzen, die Führungskräfte im Wandel entwickeln müssen, um den Wandel effektiv zu leiten und zu bewältigen. Dazu gehören das Verständnis der Grundsätze des Veränderungsmanagements, strategisches Denken, effektive Kommunikation, emotionale Intelligenz, Teambildung, Problemlösung, Anpassungsfähigkeit und Belastbarkeit. Durch die Entwicklung dieser Fähigkeiten werden Führungskräfte in die Lage versetzt, die Komplexität des Wandels erfolgreich zu bewältigen und ihre Organisationen durch Transformationsprozesse zu führen.

Die Entwicklung von Kompetenzen wie Kommunikation, Anpassungsfähigkeit und Belastbarkeit ist für Führungskräfte im Wandel unerlässlich, um ihre Organisationen effektiv durch die Komplexität des Wandels zu führen. Bei diesen Kompetenzen handelt es sich nicht nur um zu erlernende Fähigkeiten, sondern um Qualitäten, die im Laufe der Zeit entwickelt und verfeinert werden müssen und die das Rückgrat einer effektiven Führung im Wandel bilden. Kommunikation ist ein Eckpfeiler der Führung im Wandel. Dabei geht es um mehr als nur um die Weitergabe von Informationen; es geht darum, einen sinnvollen Dialog zu führen, aktiv auf Feedback zu hören und die Vision und die Schritte des Wandels so zu formulieren, dass sie bei den verschiedenen Interessengruppen Anklang finden. Zu einer effektiven Kommunikation gehört auch die Fähigkeit, sich in die Sichtweisen und Anliegen anderer einzufühlen und sicherzustellen, dass alle Stimmen während des gesamten Veränderungsprozesses gehört und anerkannt werden.

Anpassungsfähigkeit ist eine weitere entscheidende Kompetenz für Führungskräfte im Wandel. In der fließenden Landschaft des organisatorischen Wandels können sich Pläne verschieben und unerwartete Herausforderungen auftreten. Führungskräfte, die anpassungsfähig sind, lassen sich von diesen Veränderungen nicht aus der Bahn werfen, sondern betrachten sie als integralen Bestandteil des Veränderungsprozesses. Sie sind in der Lage, spontan zu denken, Strategien bei Bedarf anzupassen und innovative Lösungen für neue Probleme zu finden. Resilienz ist die Fähigkeit, Herausforderungen und Rückschlägen standzuhalten und sich von ihnen zu erholen. Für Führungskräfte, die Veränderungen vorantreiben, bedeutet Resilienz, dass sie selbst bei Hindernissen und Widerständen den Fokus und die positive Einstellung beibehalten. Sie erfordert ein gewisses Maß an Hartnäckigkeit und Entschlossenheit, um den Wandel bis zu seinem erfolgreichen Abschluss durchzuziehen. Resiliente Führungskräfte fördern diese Eigenschaft auch in ihren Teams und schaffen eine Kultur, in der Herausforderungen als Chancen für Wachstum und Lernen gesehen werden.

Die Entwicklung dieser Kompetenzen erfordert eine Kombination aus persönlicher Entwicklung und praktischer Erfahrung. Dies erfordert von Führungskräften, die sich mit Veränderungen auseinandersetzen, ständig nach Feedback und Wachstumsmöglichkeiten suchen und ihr Wissen in realen Veränderungsszenarien anwenden. Durch die Entwicklung starker Kompetenzen in den Bereichen Kommunikation, Anpassungsfähigkeit und Widerstandsfähigkeit sind Führungskräfte besser gerüstet, um ihre Organisationen durch die Unwägbarkeiten des Wandels und in eine erfolgreiche Zukunft zu führen.

Das Lernen von Beispielen erfolgreicher Führungspersönlichkeiten und deren Fähigkeiten ist ein unschätzbarer Bestandteil der Entwicklung zu einer effektiven Führungspersönlichkeit im Wandel. Durch die Untersuchung der Qualitäten, Strategien und Verhaltensweisen derjenigen, die komplexe Veränderungsinitiativen erfolgreich durchgeführt haben, können aufstrebende Führungskräfte Einblicke und Inspirationen für ihre eigene Führungslaufbahn gewinnen. Erfolgreiche Führungspersönlichkeiten verfügen häufig über eine Reihe von Fähigkeiten und Eigenschaften, die sie in die Lage versetzen, den Wandel effektiv zu gestalten und voranzutreiben. Dazu gehören visionäres Denken, die Fähigkeit, effektiv zu kommunizieren, emotionale Intelligenz, Widerstandsfähigkeit und Anpassungsfähigkeit. Visionäres Denken ist eine Schlüsseleigenschaft erfolgreicher Change Leader. Sie sind in der Lage, über den aktuellen Zustand hinauszublicken und sich eine Zukunft vorzustellen, die anders und vorteilhafter für die Organisation ist. Diese Vision trägt dazu bei, die Richtung des

Wandels vorzugeben, und dient als Quelle der Inspiration und Motivation für andere.

Effektive Kommunikation ist ein weiteres Merkmal erfolgreicher Führungsarbeit. Diese Führungskräfte verstehen es, die Vision und die Gründe für den Wandel klar, überzeugend und nachvollziehbar zu vermitteln. Sie sind auch geschickte Zuhörer, die in der Lage sind, die Bedenken und das Feedback der verschiedenen Interessengruppen zu verstehen und darauf einzugehen. Emotionale Intelligenz ist entscheidend, wenn es darum geht, die menschliche Seite des Wandels zu bewältigen. Erfolgreiche Change Leader sind einfühlsam und verstehen die emotionalen Auswirkungen des Wandels auf die Mitarbeiter. Sie sind geschickt darin, Beziehungen aufzubauen, Konflikte zu bewältigen und ein Umfeld des Vertrauens und der Offenheit zu schaffen.

Resilienz ist eine Eigenschaft, die es Führungskräften ermöglicht, den Herausforderungen und Rückschlägen zu widerstehen, die häufig mit Veränderungsinitiativen einhergehen. Resiliente Führungspersönlichkeiten bewahren sich eine positive und zukunftsorientierte Einstellung, selbst wenn sie mit Widrigkeiten konfrontiert werden. Sie sind in der Lage, aus Misserfolgen und Rückschlägen zu lernen und diese Erfahrungen zu nutzen, um ihren Ansatz für den Wandel zu stärken. Anpassungsfähigkeit ist ebenfalls wichtig. Die Landschaft des Wandels kann unvorhersehbar sein, und erfolgreiche Führungskräfte sind diejenigen, die ihre Strategien und Pläne als Reaktion auf neue Informationen und veränderte Umstände anpassen können. Sie sind in ihrem Denken flexibel und offen für neue Ideen und Ansätze.

Durch das Studium von Beispielen erfolgreicher Führungspersönlichkeiten können angehende Führungskräfte lernen, wie diese Fähigkeiten und Eigenschaften in realen Situationen angewendet werden. Dies kann die Analyse von Fallstudien, die Suche nach einem Mentor von erfahrenen Führungskräften oder die Teilnahme an Entwicklungsprogrammen für Führungskräfte beinhalten. Das

Lernen von diesen Beispielen bietet nicht nur eine Vorlage für effektive Führungsarbeit, sondern auch die Inspiration und das Selbstvertrauen, diese Fähigkeiten in ihrem eigenen Umfeld anzuwenden. Die Nutzung von Instrumenten und Werkzeugen für Veränderungsinitiativen ist entscheidend für die reibungslose Durchführung und den Erfolg jeglicher Umgestaltungsbemühungen innerhalb einer Organisation. Diese Instrumente und Hilfsmittel sind sehr unterschiedlich und reichen von Projektmanagement-Software bis hin zu Kommunikationsplattformen und sind für die Planung, Umsetzung, Überwachung und effektive Kommunikation von Veränderungen unerlässlich.

Ein wichtiges Instrument für das Änderungsmanagement ist Projektmanagement-Software. Diese Tools helfen bei der Organisation, Verfolgung und Planung aller Aspekte der Veränderungsinitiative. Sie bieten einen klaren Überblick über Aufgaben, Fristen und Fortschritte und stellen sicher, dass jedes Element des Veränderungsplans auf dem richtigen Weg ist. Funktionen wie Aufgabenzuweisungen, Zeitpläne und Fortschrittsberichte sind von unschätzbarem Wert, um die Teammitglieder auf dem Laufenden zu halten. Kommunikationsplattformen sind ein weiteres wichtiges Instrument für das Änderungsmanagement. Eine effektive Kommunikation ist entscheidend für den Erfolg jeder Veränderungsinitiative, und Plattformen wie interne Messaging-Apps, E-Mail und Kollaborationstools wie Slack oder Microsoft Teams können dies erleichtern. Diese Plattformen ermöglichen die rasche Verbreitung von Informationen, Diskussionen in Echtzeit und die Möglichkeit, alle Mitglieder des Unternehmens problemlos zu erreichen.

Auch Datenanalysetools spielen bei Veränderungsinitiativen eine wichtige Rolle. Sie geben Aufschluss darüber, wie sich die Veränderung auf die verschiedenen Bereiche des Unternehmens auswirkt, und ermöglichen es den Führungskräften, datengestützte Entscheidungen zu treffen. Diese Tools können dabei helfen, Trends zu erkennen, die Leistung an den Zielen zu messen und Feedback über die Wirksamkeit der Veränderungsbemühungen zu erhalten. Rahmenwerke und Methoden für das Veränderungsmanagement sind zwar keine Werkzeuge im herkömmlichen Sinne, aber sie dienen als Richtschnur für das Vorgehen bei Veränderungen. Rahmenwerke wie ADKAR, Kotter's 8-Step Change Model oder Lewin's Change Management Model bieten strukturierte Methoden zur Planung und Umsetzung von Veränderungen. Diese Rahmenwerke können auf die spezifischen Bedürfnisse der Organisation und die Art der Veränderung zugeschnitten werden.

Schulungs- und Entwicklungsinstrumente sind ebenfalls von entscheidender Bedeutung, vor allem wenn der Wandel neue Fähigkeiten oder Kenntnisse erfordert. Online-Lernplattformen, Workshops und Seminare können genutzt werden, um den Mitarbeitern die Fähigkeiten zu vermitteln, die für die Anpassung an neue Systeme, Prozesse oder Arbeitsweisen erforderlich sind. Umfragen und Feedback-Tools sind von entscheidender Bedeutung, um die Gefühle und Reaktionen der Mitarbeiter auf den Wandel zu erfassen. Regelmäßige Umfragen können wertvolle Erkenntnisse darüber liefern, wie die Veränderung wahrgenommen wird, wo es Widerstände gibt und wie engagiert die Mitarbeiter insgesamt sind.

Tools zur Leistungsverfolgung und Berichterstattung helfen bei der Überwachung der Auswirkungen der Veränderung. Mit diesen Instrumenten lassen sich wichtige Leistungsindikatoren verfolgen, Berichte über den Fortschritt erstellen und Bereiche ermitteln, in denen Anpassungen erforderlich sind. Die Nutzung einer Reihe von Instrumenten und Werkzeugen ist für die effektive Verwaltung von Veränderungsinitiativen unerlässlich. Diese Instrumente unterstützen verschiedene Aspekte des Veränderungsmanagements, von der Planung und Kommunikation bis hin zur Umsetzung und Überwachung, und sind von unschätzbarem Wert, um den Erfolg von Veränderungsbemühungen sicherzustellen.

Die effektive Integration von Technologie und Ressourcen ist eine wichtige Strategie zur Verbesserung von Veränderungsprozessen in Unternehmen. Der durchdachte Einsatz von Technologie und die strategische Nutzung von Ressourcen können Veränderungsinitiativen erheblich rationalisieren und sie effizienter, wirkungsvoller und anpassungsfähiger an die Bedürfnisse der Organisation machen. Die Integration von Technologie in das Änderungsmanagement kann je nach Art und Umfang der Änderung verschiedene Formen annehmen. Fortschrittliche Softwarelösungen, wie z. B. Projektmanagement-Tools, können bei der Planung und Verfolgung des Fortschritts von Änderungsinitiativen hilfreich sein. Diese Tools bieten Echtzeittransparenz über den Status verschiedener Aufgaben und Meilensteine und erleichtern so eine bessere Koordination und Entscheidungsfindung.

Kommunikationstechnologien spielen eine entscheidende Rolle, wenn es darum geht, alle Beteiligten während des gesamten Veränderungsprozesses auf dem Laufenden zu halten und einzubinden. Plattformen wie Intranets, E-Mail, soziale Medien und kollaborative Tools wie Microsoft Teams oder Slack ermöglichen eine konsistente und transparente Kommunikation. Außerdem bieten sie Foren für Feedback und Diskussionen, in denen die Mitarbeiter ihre Bedenken und Vorschläge äußern können. Datenanalyse- und Business-Intelligence-Tools werden im Change Management immer wichtiger. Sie geben Aufschluss darüber, wie sich die Veränderung auf das Unternehmen auswirkt, und ermöglichen es den Führungskräften, fundierte, datengestützte Entscheidungen zu treffen. Diese Tools können die Leistung der Mitarbeiter, das Kundenfeedback und die betriebliche Effizienz analysieren und so ein klares Bild von der Wirksamkeit der Veränderung vermitteln. Die Einbindung digitaler Lern- und Entwicklungsressourcen ist von entscheidender Bedeutung, vor allem, wenn Veränderungsinitiativen neue Fähigkeiten oder Kenntnisse erfordern. E-Learning-Plattformen, virtuelle Schulungssitzungen und Online-Workshops können den Mitarbeitern die notwendigen Schulungen bieten, ohne dass die Zwänge der traditionellen, persönlichen Methoden bestehen. Tools für das Ressourcenmanagement sind ebenfalls von entscheidender Bedeutung, wenn es darum geht, die Zuweisung und Nutzung von Ressourcen während Veränderungsinitiativen zu optimieren. Sie stellen sicher, dass personelle, finanzielle und materielle Ressourcen effizient und effektiv eingesetzt werden, um Verschwendung zu vermeiden und den Wert des Veränderungsvorhabens zu steigern.

Neben der technologischen Integration ist auch die Abstimmung und Nutzung anderer organisatorischer Ressourcen von entscheidender Bedeutung. Dazu gehört, dass die Praktiken des Personalwesens, z. B. Einstellung, Schulung und Leistungsmanagement, auf die Veränderungsziele abgestimmt werden. Außerdem muss sichergestellt werden, dass die finanziellen Ressourcen effektiv zur Unterstützung der verschiedenen Aspekte der Veränderungsinitiative eingesetzt werden. Die Integration von Technologie und Ressourcen sollte von einer klaren Strategie geleitet werden, die auf die Gesamtziele der Veränderungsinitiative abgestimmt ist. Diese Strategie sollte die aktuellen technologischen Fähigkeiten der Organisation, die Bereitschaft und die Fähigkeiten der Mitarbeiter, neue Technologien zu übernehmen, sowie die langfristige Nachhaltigkeit der implementierten technologischen Lösungen berücksichtigen.

Die Integration von Technologie und Ressourcen zur Verbesserung von Veränderungsprozessen umfasst den strategischen Einsatz von Projektmanagement-Tools, Kommunikationstechnologien, Datenanalysen, digitalen Lernressourcen und Tools für das Ressourcenmanagement. Durch diese Integration wird nicht nur der Veränderungsprozess rationalisiert, sondern auch sichergestellt, dass er effektiv ist, den Bedürfnissen der Organisation entspricht und langfristig Bestand hat. Die Erkundung des Spektrums an Instrumenten und Werkzeugen, die für das Veränderungsmanagement zur Verfügung stehen, ist für jede Organisation, die die Komplexität des organisatorischen Wandels bewältigen will, unerlässlich. Diese Werkzeuge und Instrumente bieten die notwendige Unterstützung für die Planung, Umsetzung, Überwachung und Bewertung von Veränderungsinitiativen. Wenn man versteht, welche Instrumente zur Verfügung stehen und wie man sie effektiv einsetzt, kann man den Erfolg von Veränderungsinitiativen erheblich steigern.

1. Projektmanagement-Tools: Diese sind für die Organisation, Verfolgung und Verwaltung der verschiedenen Elemente einer Veränderungsinitiative entscheidend. Tools wie Asana, Trello oder Microsoft Project können dabei helfen, Zeitpläne zu verwalten, Aufgaben zuzuweisen und den Fortschritt zu verfolgen. Sie bieten einen Überblick über das Projekt und erleichtern die Zusammenarbeit zwischen den Teammitgliedern.

2. Kommunikationsplattformen: Effektive Kommunikation ist der Schlüssel zu Veränderungen, und Plattformen wie Slack, Microsoft Teams oder Yammer bieten robuste Lösungen, um alle Beteiligten auf dem Laufenden zu halten und miteinander zu verbinden. Diese Tools unterstützen Messaging in Echtzeit, Dateifreigabe und Zusammenarbeit und erleichtern so die Verbreitung von Informationen und das Einholen von Feedback.

3. Datenanalyse- und Berichtstools: Mit Tools wie Google Analytics, Tableau oder Power BI können große Datenmengen analysiert werden, um Einblicke in die Auswirkungen von Veränderungsinitiativen zu gewinnen. Sie können wichtige Leistungsindikatoren verfolgen, Fortschritte überwachen und datengestützte Entscheidungen treffen.

4. Mitarbeiter-Feedback und Umfrage-Tools: Das Einholen von Feedback ist entscheidend, um die Auswirkungen von Veränderungen auf die Mitarbeiter zu verstehen. Tools wie SurveyMonkey, Google Forms oder Qualtrics ermöglichen es Unternehmen, Umfragen durchzuführen, Feedback zu sammeln und die Stimmung der Mitarbeiter zu erfassen, was für die Anpassung von Veränderungsstrategien von unschätzbarem Wert ist.

5. Software für das Änderungsmanagement: Spezielle Software für das Veränderungsmanagement wie das ADKAR-Modell

von Prosci, ChangeScout oder The Change Compass können strukturierte Methoden und Rahmen für den Veränderungsprozess bieten. Diese Tools enthalten häufig Funktionen für die Planung, Durchführung und Überwachung von Veränderungen sowie Ressourcen für Schulungen und Support.

6. Lernmanagementsysteme (LMS): Wenn Veränderungen neue Fähigkeiten oder Kompetenzen erfordern, kann ein LMS wie Moodle, Cornerstone oder LinkedIn Learning die erforderlichen Schulungs- und Entwicklungsprogramme bereitstellen. Diese Plattformen können eine Vielzahl von Lernmaterialien bereitstellen und den Fortschritt der Mitarbeiter verfolgen.

7. Tools für Zusammenarbeit und Ideenfindung: Für das Brainstorming und die gemeinschaftliche Ideenfindung bieten Tools wie Miro, MindMeister oder Microsoft Whiteboard digitale Räume, in denen Teams kreativ zusammenarbeiten können. Diese Tools sind besonders in den Planungsphasen des Änderungsmanagements nützlich.

8. Systeme zur Verwaltung von Dokumenten und Ressourcen: Während des Wandels ist es wichtig, dass alle Dokumente, Ressourcen und Richtlinien zugänglich sind. Systeme wie SharePoint oder Google Drive können Dokumente speichern und organisieren und gewährleisten, dass jeder auf die neuesten Informationen zugreifen kann.

9. HR-Management-Systeme: Tools wie SAP SuccessFactors oder Workday können dabei helfen, das Personalwesen mit den Veränderungsinitiativen in Einklang zu bringen. Sie verwalten Personaldaten, verfolgen die Entwicklung der Mitarbeiter und können für Kommunikations- und Engagementstrategien im Zusammenhang mit Veränderungen genutzt werden.

10. Finanzmanagement-Tools: Tools wie QuickBooks oder Oracle Financials können zur Verwaltung der finanziellen

Aspekte von Veränderungsinitiativen, zur Verfolgung von Ausgaben, zur Budgetierung und zur Gewährleistung einer effizienten Ressourcenzuweisung eingesetzt werden.

Die Landschaft der Veränderungsmanagement-Tools ist vielfältig und reichhaltig und bietet Lösungen für jeden Aspekt des Veränderungsprozesses. Vom Projektmanagement bis hin zu Kommunikation, Schulung, Feedbackerfassung und mehr können diese Tools die Fähigkeit einer Organisation, Veränderungen effektiv umzusetzen, erheblich verbessern. Die Wahl der richtigen Kombination von Tools, die auf die spezifischen Bedürfnisse und Veränderungsziele des Unternehmens abgestimmt sind, ist der Schlüssel zu einer erfolgreichen Change-Management-Strategie.

Die Auswahl der richtigen Tools auf der Grundlage der spezifischen Anforderungen von Veränderungsinitiativen ist ein entscheidender Schritt, um die Effektivität und Effizienz des Veränderungsmanagementprozesses zu gewährleisten. Jede Veränderungsinitiative hat einzigartige Anforderungen, und die gewählten Tools sollten auf die spezifischen Ziele, den Umfang und den Kontext des Projekts abgestimmt sein. Der erste Schritt bei der Auswahl der geeigneten Instrumente ist das Verstehen des Umfangs und der Ziele der Veränderungsinitiative. Dazu müssen die Ziele der Veränderung, die beteiligten Prozesse und die betroffenen Akteure ermittelt werden. Eine groß angelegte digitale Transformation erfordert beispielsweise andere Tools als eine Veränderung der Organisationsstruktur oder -kultur.

Eine Bewertung der bestehenden Infrastruktur und der Fähigkeiten des Unternehmens ist ebenfalls von entscheidender Bedeutung. Bei dieser Bewertung sollten die aktuellen technologischen Plattformen, das Qualifikationsniveau der Mitarbeiter und etwaige Lücken berücksichtigt werden, die durch die neuen Tools geschlossen werden müssen. Die Auswahl von Tools, die mit den bestehenden Systemen kompatibel sind und an die sich die Mitarbeiter leicht anpassen können, erleichtert die reibungslose Integration und erhöht die Akzeptanz.

Die Berücksichtigung des Kommunikationsbedarfs der Initiative ist entscheidend. Eine wirksame Kommunikation ist der Schlüssel zum Erfolg jeder Veränderungsinitiative. Daher ist es wichtig, Tools zu wählen, die die Transparenz erhöhen, Aktualisierungen in Echtzeit ermöglichen und Feedback in beide Richtungen erlauben. Die Tools sollten sich an eine vielfältige Belegschaft richten und über verschiedene Geräte und Standorte zugänglich sein. Eine Analyse der mit der Veränderung verbundenen Schulungs- und Entwicklungsanforderungen kann die Auswahl von Lernmanagementsystemen oder Schulungsplattformen leiten. Wenn die Änderung erfordert, dass die Mitarbeiter neue Fähigkeiten oder Kenntnisse entwickeln, sollten die gewählten Tools effektives Lernen und Wissenserhalt unterstützen.

Der Bedarf an Datenanalyse und Berichterstattung beeinflusst die Wahl der Datenanalysetools. Wenn die Veränderungsinitiative eine sorgfältige Überwachung der wichtigsten Leistungsindikatoren und Ergebnisse erfordert, werden Tools benötigt, die umfassende Analysen und anpassbare Berichtsfunktionen bieten. Das Budget ist ein weiterer wichtiger Aspekt. Es ist zwar wichtig, effektive Tools zu wählen, aber sie müssen auch kosteneffizient sein. Das Abwägen der Kosten mit den erwarteten Vorteilen und dem ROI der Tools ist ein wichtiger Teil des Auswahlprozesses.

Die Einbeziehung eines Querschnitts von Interessengruppen in den Tool-Auswahlprozess kann wertvolle Erkenntnisse liefern. Dazu können IT-Fachleute, Projektmanager, Mitarbeiter, die die Tools verwenden werden, und leitende Angestellte gehören. Ihr Beitrag kann sicherstellen, dass die ausgewählten Tools den praktischen und strategischen Anforderungen des Unternehmens entsprechen. Die Auswahl der richtigen Tools für Veränderungsinitiativen erfordert ein gründliches Verständnis der Projektziele und -anforderungen, eine Bewertung der vorhandenen Fähigkeiten, die Berücksichtigung des Kommunikations- und Schulungsbedarfs, der Anforderungen an die Datenanalyse, der Budgetbeschränkungen und des Inputs der Interessengruppen. Durch die sorgfältige Bewertung dieser Faktoren können Unternehmen die Tools auswählen, die ihre

Change-Management-Bemühungen effektiv unterstützen und verbessern.

Ein ausgewogenes Verhältnis zwischen technischem Fachwissen und menschlicher Führung ist im Bereich des Veränderungsmanagements unerlässlich. Dieses Gleichgewicht stellt sicher, dass zwar die technischen Aspekte einer Veränderungsinitiative effizient gehandhabt werden, das menschliche Element, das für den Erfolg jeder organisatorischen Veränderung entscheidend ist, jedoch nicht übersehen wird.

Technisches Fachwissen ist unbestreitbar wichtig für die Bewältigung der operativen und strategischen Aspekte des Wandels. Dazu gehört das Verständnis für die technischen Aspekte der Veränderung, z. B. neue Systeme, Prozesse oder Strukturen, die eingeführt werden. Führungskräfte mit ausgeprägten technischen Kenntnissen können sicherstellen, dass die Veränderung machbar ist, mit den Unternehmenszielen übereinstimmt und effizient durchgeführt wird. Sie sind in der Lage, sich mit den logistischen und praktischen Aspekten der Veränderung zu befassen, technische Probleme zu lösen und fundierte Entscheidungen auf der Grundlage von Daten und sachlichen Analysen zu treffen.

Wenn man sich ausschließlich auf die technischen Aspekte konzentriert, kann es passieren, dass die menschliche Seite des Wandels nicht erkannt und berücksichtigt wird. An dieser Stelle spielt die menschenorientierte Führung eine entscheidende Rolle. Menschenorientierte Führungskräfte konzentrieren sich auf die Bedürfnisse, Emotionen und Motivationen der Menschen, die an der Veränderung beteiligt sind. Sie verfügen über ein hohes Maß an Kommunikation, Einfühlungsvermögen und emotionaler Intelligenz. Diese Führungskräfte wissen, dass Veränderungen nur dann erfolgreich sein können, wenn sie von den Menschen, die sie betreffen, angenommen werden. Zu einer menschenzentrierten Führung gehört es, die Anliegen der Mitarbeiter aktiv anzuhören, sie in den Veränderungsprozess einzubeziehen und ihnen die Unterstützung zu geben, die sie brauchen, um den Übergang zu bewältigen. Dieser Ansatz trägt dazu bei, Vertrauen und Akzeptanz für den Wandel zu schaffen, die für seine erfolgreiche Umsetzung unerlässlich sind.

Um ein Gleichgewicht zwischen technischem Fachwissen und menschenorientierter Führung zu schaffen, ist es wichtig, dass Führungskräfte Folgendes tun:

- Einfühlungsvermögen entwickeln und zeigen: Verstehen und berücksichtigen Sie die Gefühle und Perspektiven der von der Veränderung betroffenen Mitarbeiter.

- Wirksam kommunizieren: Vermitteln Sie klar und deutlich die technischen Aspekte der Veränderung und gehen Sie dabei auch auf die Auswirkungen auf die Menschen ein.

- Ermutigen Sie zur Beteiligung: Beziehen Sie die Mitarbeiter in den Planungs- und Umsetzungsprozess ein und schätzen Sie ihre Beiträge und ihr Feedback.

- Unterstützung und Schulung anbieten: Helfen Sie den Mitarbeitern, die für die Anpassung an den Wandel erforderlichen Fähigkeiten und Kenntnisse zu erwerben.

- Fördern Sie eine positive Kultur: Schaffen Sie ein Umfeld, in dem sich die Mitarbeiter wertgeschätzt, respektiert und in der Übergangsphase unterstützt fühlen.

- Mit gutem Beispiel vorangehen: In ihrem Handeln und ihrer Entscheidungsfindung sollten sie ein Gleichgewicht zwischen fachlichen und menschlichen Fähigkeiten demonstrieren.

Um ein Gleichgewicht zwischen technischem Fachwissen und personenzentrierter Führung zu erreichen, müssen Führungskräfte nicht nur die technischen Aspekte des Wandels beherrschen, sondern auch ein Gespür für die damit verbundenen menschlichen Aspekte haben. Durch dieses Gleichgewicht können Führungskräfte sicherstellen, dass Veränderungsinitiativen nicht nur technisch fundiert sind, sondern auch innerhalb des Unternehmens breite Akzeptanz und Unterstützung finden.

Die Erkenntnis, dass sowohl fachliche als auch menschliche Fähigkeiten wichtig sind, ist entscheidend für eine effektive Führung, insbesondere in Zeiten des organisatorischen Wandels. Dieser doppelte Fokus stellt sicher, dass einerseits die praktischen, operativen Aspekte des Wandels kompetent gehandhabt werden, andererseits aber auch die emotionalen und psychologischen Bedürfnisse der beteiligten Personen berücksichtigt und gefördert werden.

Technische Fähigkeiten sind die harten Fähigkeiten, die für bestimmte Aufgaben oder Branchenanforderungen erforderlich sind. Dazu gehört die Beherrschung bestimmter Werkzeuge, Methoden, Prozesse oder Systeme, die für die durchzuführende Veränderung relevant sind. Führungskräfte mit ausgeprägten technischen Fähigkeiten können sicherstellen, dass die Veränderungsinitiative auf einem soliden Verständnis der praktischen Gegebenheiten und technischen Anforderungen beruht. Diese Fähigkeiten sind unerlässlich, um Strategien zu entwickeln, Probleme zu lösen, fundierte Entscheidungen zu treffen und die operativen Aspekte der Veränderung effektiv zu verwalten. Technische Fähigkeiten allein reichen für ein erfolgreiches Veränderungsmanagement nicht aus.

Menschliche Fähigkeiten, oft auch als Soft Skills bezeichnet, spielen eine entscheidende Rolle bei der menschlichen Seite des Veränderungsmanagements. Diese Fähigkeiten umfassen die Fähigkeit, effektiv zu kommunizieren, sich in andere hineinzuversetzen, Beziehungen zu pflegen und ein Team zu inspirieren und zu motivieren. Sie sind von entscheidender Bedeutung, wenn es darum geht, die Sorgen und Emotionen der Mitarbeiter zu verstehen und darauf einzugehen, Vertrauen aufzubauen, die Zusammenarbeit zu fördern und ein positives Arbeitsumfeld zu schaffen. Menschenkenntnis ermöglicht es Führungskräften, mit ihren Teams auf einer tieferen Ebene in Kontakt zu treten, ihre Perspektiven zu verstehen und sie in den Veränderungsprozess einzubeziehen. Diese Verbindung ist entscheidend für die Überwindung von Widerständen gegen den Wandel, die Aufrechterhaltung der Arbeitsmoral und die Gewährleistung, dass sich die Mitarbeiter während des Übergangs wertgeschätzt und unterstützt fühlen.

Die besten Führungskräfte sind diejenigen, die technische und menschliche Fähigkeiten nahtlos miteinander verbinden können. Sie sind in der Lage, die technischen Aspekte der Veränderung zu verstehen und sie auf eine Weise zu vermitteln, die für ihr Team zugänglich ist und bei ihm ankommt. Sie sind in der Lage, ein Gleichgewicht zwischen der Erfüllung technischer Anforderungen und der Berücksichtigung menschlicher Belange herzustellen, da sie wissen, dass beide Aspekte für den Erfolg der Veränderungsinitiative entscheidend sind.

In der Praxis kann dieses Gleichgewicht darin bestehen, komplexe technische Informationen in klare, verständliche Botschaften zu übersetzen, Teammitglieder in Entscheidungsprozesse einzubeziehen, Schulungs- und Entwicklungsmöglichkeiten zu bieten, um Qualifikationslücken zu schließen, und den Bedenken und dem Feedback des Teams aktiv zuzuhören und darauf einzugehen. Die Anerkennung der Bedeutung sowohl technischer als auch menschlicher Fähigkeiten beinhaltet die Einsicht, dass effektives Veränderungsmanagement eine Mischung aus operativem Können und emotionaler Intelligenz erfordert. Führungskräfte, die diese Fähigkeiten kombinieren können, sind besser gerüstet, um erfolgreiche Veränderungsinitiativen voranzutreiben, da sie die praktischen Aspekte der Veränderung managen und gleichzeitig sicherstellen können, dass ihre Teams während des gesamten Prozesses engagiert, unterstützt und motiviert sind.

Ein Gleichgewicht zwischen fachlicher Kompetenz und zwischenmenschlicher Effektivität zu finden, ist eine zentrale Herausforderung für Führungskräfte, insbesondere in einem sich wandelnden Umfeld. Dieses Gleichgewicht ist von entscheidender Bedeutung, da es Führungskräften ermöglicht, die praktischen Aspekte ihrer Aufgaben zu bewältigen und gleichzeitig positive, produktive Beziehungen zu ihren Teams und Stakeholdern zu pflegen.

Technische Kompetenz umfasst ein umfassendes Verständnis der spezifischen Fähigkeiten, Prozesse und Kenntnisse, die für eine bestimmte Rolle oder Branche erforderlich sind. Dazu gehört die Fähigkeit, die für die Aufgabe relevanten Tools und Technologien zu nutzen, bewährte Verfahren zu verstehen und umzusetzen und sich über Branchentrends auf dem Laufenden zu halten. Technische Kompetenz stellt sicher, dass eine Führungskraft die operativen und strategischen Aspekte ihrer Rolle beherrscht, was insbesondere in Zeiten des Wandels, in denen neue Systeme oder Prozesse eingeführt werden könnten, von entscheidender Bedeutung ist.

Zwischenmenschliche Effektivität hingegen umfasst die Fähigkeit, effektiv zu kommunizieren, zusammenzuarbeiten und Menschen zu führen. Dazu gehören Fähigkeiten wie Einfühlungsvermögen, aktives Zuhören, Konfliktlösung, Motivation und Teambildung. Zwischenmenschliche Effektivität ist wichtig, um ein positives Arbeitsumfeld zu schaffen, die Teamdynamik zu steuern und Mitarbeiter durch die Herausforderungen des Wandels zu führen. Sie hilft dabei, Vertrauen aufzubauen, Konflikte zu lösen und sicherzustellen, dass sich die Teammitglieder wertgeschätzt und unterstützt fühlen.

Das Gleichgewicht zwischen diesen beiden Bereichen muss bewusst angestrebt werden. Führungskräfte müssen sich nicht nur darauf konzentrieren, ihre fachlichen Fähigkeiten zu erhalten, sondern auch ihre zwischenmenschlichen Fähigkeiten kontinuierlich weiterentwickeln. Dies kann erreicht werden durch:

- Selbsterkenntnis: Es ist von entscheidender Bedeutung, die eigenen Stärken und Schwächen sowohl im fachlichen als auch im zwischenmenschlichen Bereich zu kennen. Diese Selbsterkenntnis ermöglicht es Führungskräften, verbesserungswürdige Bereiche zu erkennen und bei Bedarf Schulungen oder Mentoring in Anspruch zu nehmen.

- Kontinuierliches Lernen: Es ist wichtig, in seinem Fachgebiet auf dem Laufenden zu bleiben und sowohl die fachlichen als auch die sozialen Kompetenzen kontinuierlich weiterzuentwickeln. Dies kann durch formale Weiterbildung, Workshops, Lektüre oder die Einbindung in berufliche Netzwerke geschehen.

- Anpassen des Kommunikationsstils: Effektive Führungskräfte passen ihre Kommunikation an das jeweilige Publikum und den Kontext an. Das kann bedeuten, dass sie technische Details in verständlicher Sprache für nicht fachkundige Teammitglieder erklären oder sich mehr auf das "Warum" hinter Veränderungen konzentrieren, um die Akzeptanz zu fördern.

- Delegation: Die Führungskräfte sollten erkennen, welche Aufgaben ihr spezifisches Fachwissen erfordern und welche an andere delegiert werden können. Durch die Delegation von Aufgaben gewinnen die Führungskräfte nicht nur Zeit, um sich auf ihre Kernkompetenzen zu konzentrieren, sondern sie unterstützen auch die Teammitglieder bei der Entwicklung ihrer Fähigkeiten.

- Feedback-Mechanismen: Die Einrichtung regelmäßiger Feedback-Kanäle kann Führungskräften dabei helfen, zu beurteilen, wie gut sie fachliche und zwischenmenschliche Verantwortung miteinander vereinbaren. Rückmeldungen von Kollegen, Vorgesetzten und direkten Mitarbeitern können wertvolle Erkenntnisse liefern.

- Reflexion des Einflusses der Führung: Eine regelmäßige Reflexion über die Auswirkungen des eigenen Führungsstils auf das Team und das Arbeitsumfeld kann Aufschluss darüber geben, wie gut das Gleichgewicht gewahrt wird.

Ein Gleichgewicht zwischen fachlicher Kompetenz und zwischenmenschlicher Effektivität zu finden, bedeutet, die

Bedeutung beider Aspekte in der Führung zu erkennen, sich zu einer kontinuierlichen persönlichen Entwicklung in beiden Bereichen zu verpflichten und anpassungsfähig zu sein und auf die Bedürfnisse des Teams und der Organisation einzugehen. Dieses Gleichgewicht ist der Schlüssel zu effektiver Führung, insbesondere in dynamischen und sich verändernden Umgebungen.

Bei der Schaffung von Synergien zwischen technischem Fachwissen und einfühlsamer Führung geht es darum, die Präzision technischer Fähigkeiten mit dem Verständnis und dem Mitgefühl einer einfühlsamen Führung zu verknüpfen. Dieser Ansatz wird in modernen Unternehmen immer wichtiger, in denen von den Führungskräften erwartet wird, dass sie betriebliche Spitzenleistungen vorantreiben und gleichzeitig einen unterstützenden und integrativen Arbeitsplatz schaffen. Das Erreichen dieser Synergie beginnt mit der einfühlsamen Vermittlung von technischem Wissen. Es geht darum, komplexe technische Begriffe in eine Sprache zu übersetzen, die jeder verstehen kann, und dabei die unterschiedlichen Hintergründe der Teammitglieder zu berücksichtigen. Führungskräfte, die über diese Fähigkeiten verfügen, sind in der Lage, technische Konzepte so zu erklären, dass sie sowohl verständlich sind als auch die Auswirkungen berücksichtigen, die diese Konzepte auf das emotionale und berufliche Wohlbefinden des Teams haben können.

Bei der einfühlsamen Führung wird anerkannt, dass hinter jeder technischen Aufgabe oder jedem Projekt Menschen mit unterschiedlichen Fähigkeiten, Motivationen und persönlichen Herausforderungen stehen. Führungskräfte, die diese individuellen Unterschiede verstehen, können ihre Teams effektiv führen und so die Teamdynamik und die Gesamtproduktivität verbessern. Dieses Verständnis erstreckt sich auch auf die Anwendung technischer Problemlösungsfähigkeiten auf zwischenmenschliche Probleme, wobei analytische Fähigkeiten eingesetzt werden, um Muster in der Teamdynamik oder ineffiziente Arbeitsabläufe zu erkennen und zu beheben. Führungskräfte, die sowohl ihren technischen Scharfsinn als auch ihre einfühlsamen Fähigkeiten kontinuierlich weiterentwickeln, setzen ein starkes Zeichen für ihre Teams. Dieses Engagement für lebenslanges Lernen zeigt, wie wichtig es ist, ein Gleichgewicht zwischen technischem Können, emotionaler Intelligenz und Einfühlungsvermögen herzustellen.

Der Prozess der integrativen Entscheidungsfindung ist auch der Schlüssel zur Verbindung von technischer und einfühlsamer Führung. Durch die Einbeziehung der Teammitglieder in technische Entscheidungen und die Wertschätzung ihrer unterschiedlichen Perspektiven können Führungskräfte fundiertere Entscheidungen treffen und gleichzeitig ihren Teammitgliedern das Gefühl geben, respektiert und gehört zu werden. Der Führungsstil in diesem Szenario ist anpassungsfähig und wechselt je nach Situation zwischen der Konzentration auf technische Details und dem einfühlsamen Verstehen, wie z. B. die Priorisierung schneller technischer Entscheidungen in einer Krise oder die Konzentration auf Einfühlungsvermögen bei der Konfliktlösung.

Wenn sie mit technischen Herausforderungen konfrontiert werden, denken einfühlsame Führungskräfte nicht nur an das Problem, sondern auch daran, wie sich mögliche Lösungen auf ihr Team auswirken. Sie bemühen sich um Lösungen, die technisch fundiert sind und gleichzeitig das Wohlbefinden und die berufliche Entwicklung des Teams fördern. Bei der Verschmelzung von technischem Fachwissen und einfühlsamer Führung geht es darum, die Kunst zu beherrschen, ein Gleichgewicht zwischen operativem Können und einem tiefen Verständnis der Teamdynamik herzustellen. Dies setzt voraus, dass die Führungskräfte technisch versiert und emotional eingestellt sind, damit sie ihre Teams effektiv durch Herausforderungen führen und ein positives und produktives Arbeitsumfeld schaffen können. Dieser ausgewogene Ansatz ist entscheidend für das Erreichen der Unternehmensziele und die Förderung einer Kultur der Zusammenarbeit und des Respekts.

Das Navigieren an der Schnittstelle zwischen Technik und Change Leadership ist eine komplizierte Aufgabe, die von den

Führungskräften einen nuancierten Ansatz verlangt. An dieser Schnittstelle treffen die Präzision und das Wissen der technischen Expertise auf die dynamische und oft unvorhersehbare Natur der Führung einer Organisation durch den Wandel. Führungskräfte, die sich erfolgreich an dieser Schnittstelle bewegen, sind nicht nur in der Lage, die logistischen Aspekte des Wandels zu managen, sondern auch seine Auswirkungen auf die Menschen und die Unternehmenskultur.

Von den Führungskräften wird ein tiefes Verständnis der technischen Aspekte der Veränderung verlangt, unabhängig davon, ob es sich um neue Technologien, Prozesse oder Methoden handelt. Dieses technische Verständnis ist entscheidend, um fundierte Entscheidungen zu treffen, potenzielle Herausforderungen vorherzusehen und sicherzustellen, dass die operativen Aspekte der Veränderung machbar und gut geplant sind. Technisches Know-how allein reicht jedoch nicht aus. Führungskräfte müssen auch über die Fähigkeit verfügen, die menschliche Seite des Wandels zu managen. Dazu gehört es, zu verstehen, wie sich die Veränderung auf die Mitarbeiter auswirkt, auf ihre Bedenken einzugehen und sie zu motivieren, die neuen Arbeitsweisen anzunehmen. Es geht darum, die Veränderung effektiv zu kommunizieren, einen Konsens herzustellen und ein Umfeld des Vertrauens und der Unterstützung zu fördern.

Eine zentrale Herausforderung an dieser Schnittstelle ist die Balance zwischen der Konzentration auf technische Details und der Notwendigkeit von Empathie und Flexibilität. Führungskräfte müssen in der Lage sein, zwischen der Behandlung technischer Fragen und dem Eingehen auf die Anliegen und Bedürfnisse ihrer Teammitglieder zu wechseln. Dieses Gleichgewicht ist entscheidend für die Aufrechterhaltung der Moral des Teams und dafür, dass der Wandel nicht nur technisch erfolgreich ist, sondern auch von den Menschen im Unternehmen angenommen wird.

Ein weiterer wichtiger Aspekt ist die Förderung der Zusammenarbeit zwischen technischen Experten und anderen Beteiligten. Führungskräfte an dieser Schnittstelle fungieren als Brücke und stellen sicher, dass technische Teams und andere Teile der Organisation kohärent zusammenarbeiten. Dazu gehört es, die Kommunikation zwischen den Gruppen zu erleichtern, die Ziele abzustimmen und sicherzustellen, dass alle Stimmen gehört und im Veränderungsprozess berücksichtigt werden. Die erfolgreiche Bewältigung dieser Überschneidung erfordert auch Anpassungsfähigkeit. Veränderungen sind oft unvorhersehbar, und Führungskräfte müssen darauf vorbereitet sein, ihre Pläne und Strategien als Reaktion auf neue Informationen oder Herausforderungen anzupassen. Diese Anpassungsfähigkeit ermöglicht es den Führungskräften, effektiv auf die sich entwickelnde Natur von Veränderungsinitiativen zu reagieren.

Das Navigieren an der Schnittstelle zwischen Technik und Wandel erfordert von einer Führungskraft, dass sie sich mit technischen Aspekten auskennt, aber auch die menschlichen und kulturellen Elemente des Wandels beherrscht. Es geht darum, ein Gleichgewicht zwischen operativem Können und emotionaler Intelligenz herzustellen, die Zusammenarbeit zwischen verschiedenen Gruppen zu fördern und angesichts des Wandels anpassungsfähig zu sein. Führungskräfte, die diese Schnittmenge beherrschen, sind gut gerüstet, um ihre Organisationen durch komplexe Veränderungen zu führen und dabei sowohl den technischen Erfolg als auch positive menschliche Ergebnisse zu gewährleisten.

Zum Verständnis der dynamischen Beziehung zwischen technischer Führung und Führung im Wandel gehört es, zu erkennen, wie diese beiden Facetten der Führung interagieren und sich gegenseitig ergänzen, um den organisatorischen Wandel voranzutreiben. Technische Führung konzentriert sich auf die Beherrschung spezifischer Fähigkeiten, Prozesse und Kenntnisse in einem bestimmten Fachgebiet. Es geht darum, dieses Fachwissen anzuwenden, um operative Spitzenleistungen zu erzielen und die Unternehmensziele zu erreichen. Bei der Veränderungsführung hingegen geht es darum, eine Organisation und ihre Mitarbeiter durch Übergänge zu führen und dabei die menschlichen und kulturellen Aspekte des Wandels zu berücksichtigen.

Die dynamische Beziehung zwischen diesen beiden Formen der Führung ist ausschlaggebend dafür, dass der Wandel nicht nur technisch fundiert ist, sondern auch gut angenommen und in das Organisationsgefüge integriert wird. Technische Führungskräfte bringen ein tiefes Verständnis für die erforderlichen spezifischen Veränderungen mit, sei es im Bereich der Technologie, der Systeme oder der Prozesse. Sie sind in der Lage, zu erkennen, was geändert werden muss, Lösungen zu entwerfen und die Umsetzung dieser technischen Aspekte zu beaufsichtigen. Die Umsetzung dieser technischen Änderungen kann jedoch erhebliche Auswirkungen auf die Menschen im Unternehmen haben. An dieser Stelle wird die Führung von Veränderungen entscheidend. Change Leader konzentrieren sich auf die menschliche Seite dieser Umstrukturierungen. Sie sorgen dafür, dass die technischen Änderungen mit der Kultur, den Werten und den Mitarbeitern des Unternehmens in Einklang gebracht werden. Ihre Aufgabe besteht darin, die Gründe für den Wandel zu vermitteln, Bedenken und Ängste zu zerstreuen und die Mitarbeiter zu motivieren, sich zu beteiligen.

Ein Schlüsselaspekt für das Verständnis dieser Beziehung ist die Erkenntnis, dass technische Veränderungen nicht nur eine Reihe von operativen Aufgaben sind, sondern auch Veränderungen in der Art und Weise mit sich bringen, wie Menschen arbeiten, zusammenarbeiten und miteinander umgehen. Erfolgreiche Führungskräfte in diesem Bereich sind diejenigen, die sowohl mit den technischen Anforderungen des Wandels als auch mit seinen menschlichen Auswirkungen umgehen können. Sie wissen, dass technische Veränderungen nur dann wirklich effektiv und nachhaltig sind, wenn sie in die Unternehmenskultur eingebettet sind und von den Mitarbeitern angenommen werden.

Diese dynamische Beziehung unterstreicht auch die Bedeutung von Zusammenarbeit und Kommunikation. Die Führungskräfte müssen den Dialog zwischen den technischen Experten und den von den Veränderungen Betroffenen fördern. Dadurch wird sichergestellt, dass technische Lösungen mit einem Verständnis für den realen Kontext, in dem sie angewandt werden, entwickelt werden und dass alle Bedenken und Vorschläge der Mitarbeiter berücksichtigt werden. Bei der Beziehung zwischen technischer und Change Leadership geht es darum, die technischen Aspekte des Wandels mit seinen menschlichen Elementen in Einklang zu bringen. Es geht um Führungspersönlichkeiten, die in ihren technischen Bereichen versiert sind, aber auch die emotionale und kulturelle Dimension des Wandels kennen und beherrschen. Dieser ganzheitliche Ansatz ist der Schlüssel zu einem erfolgreichen und nachhaltigen Wandel in Organisationen.

Die Entwicklung von Strategien zur effektiven Führung technischer Teams durch den Wandel erfordert einen nuancierten Ansatz, der die spezifischen Bedürfnisse und die Dynamik eines technischen Teams mit den allgemeinen Zielen der Veränderungsinitiative in Einklang bringt. Technische Teams haben oft ihre eigenen Kulturen, Arbeitsweisen und Berufssprachen, die alle berücksichtigt werden müssen, wenn sie durch Übergangsphasen geführt werden.

1. Verstehen der Sichtweise des technischen Teams: Verschaffen Sie sich zunächst ein umfassendes Bild von der Arbeit und den Herausforderungen des technischen Teams und davon, wie sich die Änderung auf seine Prozesse und Arbeitsabläufe auswirken wird. Erkennen Sie den Wert ihres Fachwissens an und beziehen Sie sie frühzeitig in Diskussionen über die Änderung ein. Dieser Ansatz verschafft ihnen nicht nur Respekt, sondern stellt auch sicher, dass ihre Erkenntnisse zum Erfolg der Veränderung beitragen.

2. Klare und relevante Kommunikation: Kommunizieren Sie die Änderung so, dass sie beim technischen Team ankommt. Verwenden Sie eine Sprache und Beispiele, die für ihre Arbeit relevant sind. Legen Sie klar dar, wie die Änderung mit den technischen Zielen übereinstimmt, und erläutern Sie die Gründe für die Entscheidungen, insbesondere wenn sie sich direkt auf die Arbeit des Teams auswirken.

3. Einbindung des Teams in den Veränderungsprozess: Ermutigen Sie das Team, sich an der Planung und Umsetzung der Veränderung zu beteiligen. Die Beteiligung gibt dem

Team das Gefühl, für die Veränderung verantwortlich zu sein und die Kontrolle darüber zu haben, was den Widerstand verringern und die Akzeptanz erhöhen kann. Außerdem können so verschiedene Ideen und Lösungen zusammengetragen werden, was das Ergebnis der Veränderung verbessern kann.

4. Berücksichtigung von Schulungs- und Entwicklungsbedürfnissen: Ermitteln Sie alle Qualifikationslücken, die durch die Veränderung im Team entstehen könnten, und stellen Sie die erforderlichen Schulungen und Ressourcen bereit, um diese Lücken zu schließen. Berufliche Weiterbildungsmöglichkeiten rüsten das Team nicht nur für eine effektivere Bewältigung des Wandels, sondern zeigen auch das Engagement des Unternehmens für seine Weiterentwicklung.

5. Förderung eines kollaborativen Umfelds: Fördern Sie die Zusammenarbeit innerhalb des Teams und mit anderen Abteilungen oder Teams, die von der Veränderung betroffen sind. Dazu können funktionsübergreifende Sitzungen, gemeinsame Problemlösungssitzungen oder teambildende Maßnahmen gehören. Die Zusammenarbeit kann Silos aufbrechen und ein ganzheitlicheres Verständnis der Veränderung fördern.

6. Widerstand mit Empathie begegnen: Achten Sie auf Anzeichen von Widerstand oder Unbehagen im Team. Gehen Sie auf Bedenken mit Einfühlungsvermögen und Verständnis ein. Bieten Sie den Teammitgliedern einen Raum, in dem sie ihre Ängste oder Befürchtungen bezüglich der Veränderung äußern können, und arbeiten Sie gemeinsam an Lösungen oder Kompromissen.

7. Mit gutem Beispiel vorangehen: Zeigen Sie Anpassungsfähigkeit und Belastbarkeit in Ihrer Führung. Seien Sie offen für Feedback und bereit, Ihre Strategien bei Bedarf anzupassen. Ihr Verhalten gibt den Ton für das Team an, und wenn Sie Enthusiasmus und Vertrauen in die

Veränderung zeigen, kann dies die Teammitglieder zu einer ähnlichen Haltung inspirieren.

8. Regelmäßige Überwachung und Anpassung der Strategie: Veränderungsmanagement ist kein Prozess, bei dem man etwas festlegt und wieder vergisst. Beurteilen Sie regelmäßig, wie sich die Veränderung auf das Team auswirkt, und seien Sie darauf vorbereitet, die Strategien als Reaktion auf neue Herausforderungen oder Feedback anzupassen. Eine kontinuierliche Überwachung trägt dazu bei, dass die Veränderung auf dem richtigen Weg bleibt und effektiv verwaltet wird.

Um technische Teams durch den Wandel zu führen, ist eine Strategie erforderlich, die eine klare, sachbezogene Kommunikation, die aktive Einbeziehung des Teams, die Berücksichtigung von Schulungs- und Entwicklungsbedürfnissen, ein kollaboratives Umfeld, den einfühlsamen Umgang mit Widerständen, das Führen mit gutem Beispiel und die laufende Überwachung und Anpassung miteinander verbindet. Mit diesen Ansätzen können Führungskräfte ihre technischen Teams wirksam durch den Wandel führen und sowohl den technischen Erfolg der Initiative als auch das Wohlergehen des Teams sicherstellen.

Der Abschluss des Kapitels über die Überbrückung der Kluft zwischen technischen und auf Veränderungen ausgerichteten Rollen in Organisationen besteht darin, die erörterten Schlüsselkonzepte und -strategien zusammenzufassen und einen schlüssigen Leitfaden für die effektive Harmonisierung dieser beiden kritischen Bereiche zu erstellen.

Beim organisatorischen Wandel bewegen sich technische und auf Veränderungen ausgerichtete Rollen oft in unterschiedlichen Bereichen. Technische Rollen beruhen auf spezifischen Fähigkeiten und Kenntnissen in Bezug auf bestimmte Funktionen oder Technologien. Diese Rollen konzentrieren sich auf die praktischen Aspekte der Umsetzung von Veränderungen und stellen sicher, dass diese mit den technischen Standards und den betrieblichen Erfordernissen in Einklang stehen.

Veränderungsorientierte Rollen hingegen konzentrieren sich auf die breiteren Auswirkungen der Veränderungen auf die Organisation, ihre Kultur und ihre Mitarbeiter. Diese Rollen befassen sich damit, die Organisation durch den Übergang zu führen und sicherzustellen, dass die Veränderung verstanden, akzeptiert und in die Organisationsstruktur eingebettet wird.

Um die Kluft zwischen diesen Rollen zu überbrücken, bedarf es konzertierter Anstrengungen, um das Verständnis, die Kommunikation und die Zusammenarbeit zwischen diesen verschiedenen Bereichen zu fördern. Den Führungskräften kommt in diesem Prozess eine entscheidende Rolle zu. Sie müssen mit beiden Beinen im Leben stehen, die technischen Aspekte des Wandels verstehen, aber auch die weiterreichenden Auswirkungen einschätzen können. Effektive Kommunikation ist der Schlüssel zur Überbrückung dieser Kluft. Die Führungskräfte müssen die Gespräche zwischen den technischen und den auf den Wandel fokussierten Teams erleichtern und sicherstellen, dass jede Gruppe die Perspektive der anderen versteht und weiß, wie sich ihre Arbeit überschneidet. Diese Kommunikation sollte kontinuierlich erfolgen, mit regelmäßigen Gelegenheiten zur gemeinsamen Planung und Problemlösung.

Die Zusammenarbeit zwischen diesen Rollen sollte aktiv gefördert werden. Gemeinsame Workshops, funktionsübergreifende Teams und gemeinsame Projekte können dazu beitragen, Silos aufzubrechen und einen stärker integrierten Ansatz für den Wandel zu ermöglichen. Diese gemeinsamen Bemühungen können zu innovativeren Lösungen führen, da unterschiedliche Perspektiven und Fachkenntnisse in die Herausforderungen des Wandels eingebracht werden. Schulung und Entwicklung können ebenfalls eine Rolle bei der Überbrückung der Kluft spielen. Cross-Training-Programme, bei denen die Mitarbeiter verschiedene Aspekte des Unternehmens kennen lernen, können besonders effektiv sein. Dies führt nicht nur zu einer vielseitigeren Belegschaft, sondern fördert auch das Einfühlungsvermögen und das Verständnis für andere Bereiche.

Die Verantwortlichen für den Wandel sollten sich auch darauf konzentrieren, die Ziele der technischen und auf den Wandel ausgerichteten Rollen mit den Gesamtzielen der Organisation in Einklang zu bringen. Dadurch wird sichergestellt, dass alle Bemühungen auf ein gemeinsames Ziel ausgerichtet sind, Konflikte minimiert werden und die Wirkung der Veränderungsinitiative maximiert wird. Die Überbrückung der Kluft zwischen den technischen und den auf Veränderungen ausgerichteten Rollen ist für den Erfolg jeder Veränderungsinitiative unerlässlich. Dies erfordert Führungskräfte, die in der Lage sind, die verschiedenen Bereiche zu verstehen und zu kommunizieren, die Zusammenarbeit zu fördern, Möglichkeiten für übergreifende Schulungen zu bieten und die Ziele aller Rollen auf die allgemeinen Ziele des Unternehmens abzustimmen. Durch die erfolgreiche Überbrückung dieser Kluft können Unternehmen sicherstellen, dass Veränderungsinitiativen nicht nur technisch solide sind, sondern auch breite Unterstützung finden und effektiv in die Unternehmenskultur integriert werden.

Kapitel 4: Initiierung der Revolution

In diesem Kapitel liegt der Schwerpunkt auf den entscheidenden ersten Schritten einer jeden Veränderungsinitiative: der Ausarbeitung einer überzeugenden Vision und Strategie. Eine klare und inspirierende Vision ist der Eckpfeiler eines erfolgreichen Wandels, da sie Richtung und Zweck vorgibt. Sie formuliert einen wünschenswerten zukünftigen Zustand, der die Beteiligten motiviert und auf ein gemeinsames Ziel ausrichtet.

Die Erarbeitung dieser Vision erfordert ein tiefes Verständnis des aktuellen Zustands der Organisation, ihrer Werte und Bestrebungen. Es geht darum, sich vorzustellen, wie der Erfolg nach der Veränderung aussieht und wie er die Organisation verbessern wird. Diese Vision sollte ehrgeizig, aber erreichbar sein und ein Gleichgewicht zwischen Realismus und Inspiration herstellen. Sobald die Vision feststeht, besteht der nächste Schritt darin, eine Strategie zu entwickeln, die die Organisation in Richtung dieses zukünftigen Zustands führen soll. Diese Strategie sollte die wichtigsten Schritte oder Initiativen beschreiben, die zur Erreichung der Vision erforderlich sind. Dazu gehören die Ermittlung von Ressourcen, die Festlegung von Zeitplänen, die Definition von Leistungsindikatoren und die Festlegung klarer Verantwortlichkeiten.

Die Strategie sollte detailliert genug sein, um einen Fahrplan für Maßnahmen zu erstellen, aber auch flexibel genug, um sich an unvorhergesehene Herausforderungen oder Chancen anzupassen. Sie muss die verschiedenen Facetten der Organisation berücksichtigen, einschließlich ihrer Mitarbeiter, Prozesse, Technologie und Kultur, um sicherzustellen, dass der Ansatz ganzheitlich und umfassend ist.
Ein wesentlicher Aspekt dieses Prozesses ist die wirksame Vermittlung der Vision und Strategie an alle Beteiligten. Diese

Kommunikation sollte nicht nur informieren, sondern auch engagieren und inspirieren. Es ist von entscheidender Bedeutung, die Vorteile des Wandels zu verdeutlichen und dabei sowohl die organisatorischen Vorteile als auch die Auswirkungen auf den Einzelnen innerhalb der Organisation anzusprechen.

Die Einbeziehung von Interessengruppen in die Entwicklung der Vision und Strategie kann ebenfalls von Vorteil sein. Dieser kollaborative Ansatz kann verschiedene Perspektiven bieten, die Akzeptanz erhöhen und das Gefühl der Eigenverantwortung bei denjenigen fördern, die von der Veränderung betroffen sind.

Bei der Ausarbeitung einer überzeugenden Vision und Strategie für den Wandel geht es darum, ein klares Bild von der Zukunft zu zeichnen und einen praktischen Weg dorthin zu skizzieren. Dies erfordert ein tiefes Verständnis der Organisation, eine vorausschauende Denkweise, effektive Kommunikation und einen kooperativen Ansatz. Diese Grundlage schafft die Voraussetzungen für die erfolgreiche Umsetzung der Veränderungsinitiative und führt die Organisation zu ihrem gewünschten zukünftigen Zustand.

Die Vision dient als Leuchtturm, der alle Beteiligten in Richtung einer gemeinsamen Zukunft leitet und motiviert. Sie fasst das Wesentliche dessen zusammen, was die Organisation nach der Veränderung werden will, und entwirft ein überzeugendes Bild der Zukunft. Die Entwicklung einer solchen Vision erfordert ein tiefes Verständnis der aktuellen Gegebenheiten der Organisation, ihrer Grundwerte und ihrer langfristigen Bestrebungen. Dieser Prozess erfordert nicht nur Weitsicht, sondern auch eine sorgfältige Berücksichtigung der einzigartigen Identität der Organisation und ihres Wachstumspotenzials. Die Vision sollte bei allen Mitgliedern der Organisation, von der Geschäftsleitung bis hin zu den Mitarbeitern, auf Resonanz stoßen, so dass sie zu einer verbindenden Kraft wird, die gemeinsame Anstrengungen antreibt.

Eine gut formulierte Veränderungsvision umreißt nicht nur einen gewünschten Endzustand, sondern weckt auch Begeisterung und

Engagement. Sie gibt den Menschen einen Grund, sich auf die Veränderung einzulassen, denn sie macht deutlich, warum die Veränderung notwendig ist und wie sie zu einer besseren Zukunft führen wird. Diese Klarheit ist entscheidend, um die Trägheit der Zufriedenheit mit dem Status quo zu überwinden und den Widerstand gegen Veränderungen zu bekämpfen. Eine inspirierende Vision dient als Rahmen, innerhalb dessen Strategien und Pläne entwickelt werden können. Sie setzt die Parameter für das, was erreicht werden soll, und wird zum Bezugspunkt für die Entscheidungsfindung während des gesamten Veränderungsprozesses. Jede Strategie, jede Maßnahme und jede Entscheidung wird an dieser Vision ausgerichtet, um die Kohärenz und Konsistenz der Veränderungsbemühungen der Organisation zu gewährleisten.

Die wirksame Vermittlung dieser Vision ist ebenso wichtig wie ihre Ausarbeitung. Die Vision sollte nicht nur klar, sondern auch anschaulich vermittelt werden. Sie sollte anhand von Geschichten und Beispielen vermittelt werden, die sie zum Leben erwecken und sie für jeden Einzelnen im Unternehmen greifbar und nachvollziehbar machen. Die Einbeziehung von Interessengruppen in die Erarbeitung und Verfeinerung der Vision kann ihre Relevanz und Attraktivität ebenfalls erhöhen. Wenn die Mitarbeiter die Vision mitgestalten können, ist es wahrscheinlicher, dass sie sie verstehen, an sie glauben und sich für sie einsetzen. Dieser partizipatorische Ansatz fördert das Gefühl der Eigenverantwortung und der Befähigung derjenigen, die an der Verwirklichung der Vision beteiligt sein werden.

Die zentrale Rolle einer klaren und inspirierenden Veränderungsvision bei der Einleitung einer Revolution innerhalb einer Organisation kann gar nicht hoch genug eingeschätzt werden. Sie ist das Fundament, auf dem ein erfolgreicher Wandel aufbaut. Sie gibt der gesamten Organisation Richtung, Motivation und ein verbindendes Ziel vor. Wenn diese Vision effektiv kommuniziert und von allen angenommen wird, wird sie zu einem mächtigen Katalysator für transformative Veränderungen.

Die Formulierung einer überzeugenden Veränderungsstrategie ist ein entscheidender Schritt, um die erfolgreiche Umsetzung einer organisatorischen Umgestaltung zu gewährleisten. Diese Strategie dient als Fahrplan, der aufzeigt, wie der Wandel erreicht werden soll, welche Schritte erforderlich sind und welche Methoden zur Erleichterung des Übergangs eingesetzt werden. Der erste Schritt bei der Entwicklung dieser Strategie besteht darin, sie eng auf die Veränderungsvision abzustimmen. Die Strategie sollte die Bestrebungen und Ziele der Vision widerspiegeln und sie in umsetzbare Schritte übersetzen. Diese Ausrichtung gewährleistet, dass jeder Aspekt der Strategie direkt zur Verwirklichung der angestrebten Zukunft beiträgt. Gründliche Analyse und Planung sind entscheidend. Dazu gehört das Verständnis des aktuellen Zustands der Organisation, des gewünschten zukünftigen Zustands und der spezifischen Veränderungen, die erforderlich sind, um diese Lücke zu schließen. Die Strategie sollte verschiedene Dimensionen des Wandels berücksichtigen, darunter Menschen, Prozesse, Technologie und Kultur.

Risikobewertung und Notfallplanung sind wesentliche Bestandteile einer überzeugenden Veränderungsstrategie. Die Identifizierung potenzieller Herausforderungen, Hindernisse und Widerstände im Vorfeld ermöglicht die Entwicklung von Notfallplänen, um diese Probleme zu lösen, falls sie auftreten. Dieser proaktive Ansatz minimiert Unterbrechungen und gewährleistet die Widerstandsfähigkeit des Veränderungsprozesses. Effektive Kommunikation spielt eine zentrale Rolle bei der Formulierung der Strategie. Die Veränderungsstrategie sollte klar, präzise und transparent kommuniziert werden, um sicherzustellen, dass alle Beteiligten verstehen, wie die Veränderung abläuft, welche Rolle sie dabei spielen und welche Vorteile die Veränderung mit sich bringt. Die Kommunikation sollte kontinuierlich erfolgen, mit regelmäßigen Aktualisierungen und Gelegenheiten für Rückmeldungen.

Die Einbeziehung und das Engagement der Interessengruppen bei der Entwicklung der Strategie kann deren Wirksamkeit erheblich steigern. Die Einbeziehung von Mitarbeitern, Managern und anderen wichtigen Interessengruppen in den Planungsprozess stellt sicher, dass verschiedene Perspektiven berücksichtigt werden und erhöht die Akzeptanz und das Engagement für die Strategie. Flexibilität und Anpassungsfähigkeit sind wichtige Merkmale einer überzeugenden Veränderungsstrategie. Es ist zwar wichtig, einen klaren Plan zu haben, aber die Strategie sollte auch flexibel genug sein, um sich an veränderte Umstände oder neue Erkenntnisse anzupassen. Diese Anpassungsfähigkeit gewährleistet, dass die Strategie während des gesamten Veränderungsprozesses relevant und wirksam bleibt. Die Messung von Fortschritt und Erfolg ist ebenfalls ein wichtiger Aspekt einer Veränderungsstrategie. Die Festlegung klarer Messgrößen und wichtiger Leistungsindikatoren zur Messung des Erfolgs der Veränderung ermöglicht eine kontinuierliche Bewertung und Kurskorrektur, falls erforderlich.

Die Formulierung einer überzeugenden Veränderungsstrategie beinhaltet die Ausrichtung der Strategie an der Veränderungsvision, die Durchführung einer gründlichen Analyse und Planung, die Bewertung von Risiken, eine wirksame Kommunikation, die Einbeziehung der Beteiligten, die Wahrung der Flexibilität und die Messung der Fortschritte. Diese Strategien stellen sicher, dass der Veränderungsprozess gut geführt wird, strategisch fundiert ist und die gewünschte Veränderung erreicht werden kann.

Bei jeder Veränderungsinitiative ist die Abstimmung der Vision und Strategie mit dem Auftrag und den Werten der Organisation von größter Bedeutung. Diese Abstimmung stellt sicher, dass die Veränderung nicht nur eine strategische Veränderung ist, sondern auch eine Bestätigung der Kernidentität und des Zwecks der Organisation. Um dies zu erreichen, ist es unerlässlich, sich zunächst ein klares Bild über den aktuellen Auftrag und die Werte der Organisation zu machen. Dieses Verständnis bietet einen Rahmen, innerhalb dessen die Veränderungsvision und -strategie entwickelt werden kann. Die Veränderungsinitiative sollte das widerspiegeln und verstärken, wofür die Organisation steht, und für Konsistenz und Authentizität in ihrem Veränderungsansatz sorgen.

Die Einbeziehung des Auftrags und der Werte der Organisation in die Veränderungsvision bedeutet, dass diese grundlegenden Elemente in eine zukunftsorientierte Perspektive übersetzt werden. In der Vision sollte dargelegt werden, wie die Organisation durch die Veränderung in die Lage versetzt wird, ihren Auftrag besser zu erfüllen und ihre Werte zu bewahren. Dieser Ansatz hilft dabei, die Veränderung als eine natürliche und notwendige Entwicklung der Organisation zu positionieren. Die Strategie für die Umsetzung der Veränderung sollte mit Blick auf den Auftrag und die Werte der Organisation entwickelt werden. Jeder Aspekt der Strategie, von den zu ändernden Prozessen und Systemen bis hin zur Art und Weise, wie diese Änderungen kommuniziert und umgesetzt werden, sollte mit diesen Leitprinzipien in Einklang stehen. Diese Kohärenz stellt sicher, dass der Wandel nicht nur operativ erfolgreich, sondern auch kulturell kohärent ist.

Es kann von Vorteil sein, die Interessengruppen in Diskussionen darüber einzubeziehen, wie die Veränderung mit dem Auftrag und den Werten der Organisation in Einklang steht. Dieses Engagement hilft nicht nur bei der Verfeinerung der Vision und Strategie, sondern schafft auch eine tiefere Verbindung zwischen den Mitarbeitern und der Veränderungsinitiative. Wenn die Mitarbeiter sehen, dass die Veränderung mit den Grundwerten des Unternehmens übereinstimmt, ist die Wahrscheinlichkeit größer, dass sie die Initiative annehmen. Die klare und konsequente Kommunikation dieser Ausrichtung ist ebenfalls entscheidend. Die Stakeholder sollten nicht nur verstehen, was und wie sich etwas ändert, sondern auch, warum diese Veränderungen mit dem Auftrag und den Werten der Organisation übereinstimmen. Dieses Verständnis kann das Gefühl für den Zweck und die Motivation fördern, wodurch die Veränderung für die Beteiligten an Bedeutung gewinnt.

Es ist wichtig, diese Ausrichtung während des gesamten Veränderungsprozesses regelmäßig zu überprüfen und zu verstärken. Im Verlauf der Veränderungsinitiative stellt die kontinuierliche Ausrichtung sicher, dass die Veränderung dem Auftrag und den Werten der Organisation treu bleibt, auch wenn

Anpassungen an der Strategie vorgenommen werden. Die Abstimmung der Veränderungsvision und -strategie mit dem Auftrag und den Werten des Unternehmens ist für die Authentizität und den Erfolg der Veränderungsinitiative von entscheidender Bedeutung. Dadurch wird sichergestellt, dass die Veränderung nicht nur ein strategisches Unterfangen ist, sondern auch das widerspiegelt, wofür die Organisation steht, und ein Gefühl von Zweckmäßigkeit, Kohärenz und Engagement bei allen beteiligten Interessengruppen fördert.

Bei der Einleitung bedeutender organisatorischer Veränderungen ist es von entscheidender Bedeutung, Bedenken und Widerstände zu erkennen und auszuräumen. Widerstand gegen Veränderungen ist eine natürliche menschliche Reaktion, die oft aus der Angst vor dem Unbekannten, der Bequemlichkeit mit dem gegenwärtigen Zustand oder der wahrgenommenen Bedrohung persönlicher oder beruflicher Interessen resultiert. Ein effektiver Umgang mit diesem Widerstand ist für die reibungslose Umsetzung von Veränderungsinitiativen unerlässlich.

Der erste Schritt in diesem Prozess besteht darin, potenzielle Widerstandsbereiche proaktiv zu ermitteln. Dazu gehört es, die Perspektiven der verschiedenen Interessengruppen zu verstehen, von den Mitarbeitern auf allen Ebenen bis hin zum Management und externen Partnern. Offene und ehrliche Dialoge, Umfragen oder Fokusgruppen können Bedenken aufdecken, die vielleicht nicht sofort ersichtlich sind. Das frühzeitige Erkennen dieser Bedenken ermöglicht ein effektiveres Management und eine Entschärfung der Probleme. Sobald die Bedenken erkannt wurden, ist es wichtig, sie direkt anzusprechen. Dies erfordert oft eine klare, einfühlsame Kommunikation, die die Berechtigung dieser Bedenken anerkennt und gleichzeitig Sicherheit und Informationen bietet. Transparenz über die Gründe für die Veränderung, die angestrebten Vorteile und die Art und Weise der Umsetzung kann Ängste und Missverständnisse ausräumen.

Zur Bewältigung von Widerständen gehört auch, die Unterstützung und die Ressourcen hervorzuheben, die den Beteiligten bei der Anpassung an den Wandel helfen. Dazu könnten Schulungsprogramme, Beratungsdienste oder Mentoring-Möglichkeiten gehören. Angemessene Unterstützung hilft nicht nur dem Einzelnen bei der Bewältigung des Wandels, sondern zeigt auch das Engagement des Unternehmens für das Wohlergehen der Mitarbeiter. Die Einbindung der Betroffenen in den Veränderungsprozess kann auch den Widerstand verringern. Wenn die Menschen das Gefühl haben, dass sie bei der Umsetzung des Wandels ein Mitspracherecht haben, fühlen sie sich eher zugehörig und haben mehr Kontrolle. Die Ermutigung zu Beiträgen und Rückmeldungen und, wenn möglich, die Einbeziehung dieser Rückmeldungen in den Veränderungsplan können ein Gefühl der Zusammenarbeit und der Zustimmung fördern. Ein weiterer wichtiger Aspekt ist das Vorleben eines positiven Verhaltens und einer positiven Einstellung gegenüber der Veränderung von der Spitze des Unternehmens aus. Das Engagement und der Enthusiasmus der Führungskräfte für die Veränderung können ansteckend sein und eine positive Stimmung erzeugen, die sich auf die gesamte Belegschaft überträgt. Es ist auch wichtig, die laufenden Auswirkungen der Veränderung zu überwachen und darauf vorbereitet zu sein, bei Bedarf Anpassungen vorzunehmen. Regelmäßige Kontrollen und Feedback-Mechanismen können dabei helfen, Bereiche zu identifizieren, in denen der Widerstand noch groß ist und in denen zusätzliche Unterstützung oder Kommunikation erforderlich sein könnte.

Bedenken und Widerstände gegen Veränderungen zu erkennen und zu beseitigen ist ein vielschichtiger Prozess, der die proaktive Identifizierung potenzieller Widerstände, eine einfühlsame und transparente Kommunikation, die Bereitstellung angemessener Unterstützung und Ressourcen, die Einbeziehung der Betroffenen in den Prozess, die Vermittlung einer positiven Einstellung gegenüber der Veränderung und die Flexibilität und das Eingehen auf laufende Rückmeldungen umfasst. Dieser Ansatz erleichtert nicht nur den Übergang für die von der Veränderung Betroffenen, sondern erhöht auch die Wahrscheinlichkeit einer erfolgreichen und nachhaltigen Umsetzung.

Bei jeder Veränderungsinitiative ist das proaktive Erkennen und Eingehen auf die Bedenken der Beteiligten entscheidend für den Erfolg. Das frühzeitige Erkennen und Eingehen auf diese Bedenken kann Missverständnissen vorbeugen, Widerstände verringern und Vertrauen in den Veränderungsprozess schaffen. Die Interessengruppen - von den Mitarbeitern und der Geschäftsleitung bis hin zu Kunden und Partnern - können unterschiedliche und erhebliche Bedenken haben, wie sich die Veränderung auf sie auswirken wird. Der Prozess beginnt damit, den Interessengruppen aktiv zuzuhören. Dazu gehört die Schaffung von Gelegenheiten für einen offenen Dialog, wie z. B. Foren, Umfragen oder persönliche Treffen, bei denen die Beteiligten ihre Ansichten und Bedenken äußern können. Solche Interaktionen decken nicht nur potenzielle Probleme auf, sondern zeigen auch, dass sich die Organisation für Transparenz und Einbeziehung einsetzt.

Sobald Bedenken erkannt werden, ist es wichtig, sie umgehend und wirksam zu beseitigen. Dies erfordert eine klare Kommunikation, die die Bedenken anerkennt und relevante Informationen liefert. Es ist wichtig, die Gründe für die Veränderung zu erläutern, wie sie mit den Zielen des Unternehmens übereinstimmt und welche Vorteile zu erwarten sind. Um Bedenken auszuräumen, müssen auch Fragen ausführlich beantwortet und falsche Vorstellungen oder Gerüchte ausgeräumt werden. In Fällen, in denen Bedenken hinsichtlich möglicher negativer Auswirkungen bestehen, ist es wichtig, die Unterstützung und die verfügbaren Ressourcen zu erörtern, um den Beteiligten bei der Anpassung an die Veränderung zu helfen. Dazu können Schulungen, zusätzliche Ressourcen oder Programme zur Übergangsunterstützung gehören. Auf diese Weise zeigt die Organisation ihr Engagement für einen reibungslosen Übergang für alle betroffenen Parteien.

Es ist auch von Vorteil, die Betroffenen in die Entwicklung von Lösungen für ihre Anliegen einzubeziehen. Dieser kooperative Ansatz kann zu effektiveren und praktikableren Lösungen führen und erhöht die Akzeptanz und das Engagement der Beteiligten im Veränderungsprozess. Die Führung spielt in diesem Prozess eine

Schlüsselrolle. Führungskräfte sollten Einfühlungsvermögen und Verständnis zeigen, um zu demonstrieren, dass ihnen die Anliegen der Interessengruppen wirklich am Herzen liegen und dass sie sich für sie einsetzen. Dieser einfühlsame Ansatz kann viel dazu beitragen, Vertrauen und Wohlwollen zu schaffen. Es ist auch wichtig, die Stimmung der Stakeholder während des Fortschreitens des Wandels kontinuierlich zu beobachten. Regelmäßige Kontrollen und Feedback-Mechanismen ermöglichen die rechtzeitige Identifizierung neuer Bedenken, so dass die Organisation in der Lage ist, diese schnell zu lösen.

Das proaktive Erkennen und Eingehen auf die Bedenken der Stakeholder beinhaltet aktives Zuhören, eine klare und einfühlsame Kommunikation, die Bereitstellung von Unterstützung und Ressourcen, die Einbeziehung der Stakeholder in die Entwicklung von Lösungen, eine einfühlsame Führung und die laufende Beobachtung der Stimmungslage der Stakeholder. Dieser proaktive und integrative Ansatz hilft nicht nur dabei, Widerstände abzubauen, sondern fördert auch ein positives und unterstützendes Umfeld für den Wandel. Die wirksame Bewältigung von Widerständen gegen Veränderungen ist eine entscheidende Komponente eines erfolgreichen Veränderungsmanagements. Widerstand ist eine natürliche Reaktion, die oft auf Angst, Unsicherheit oder mangelndes Verständnis zurückzuführen ist. Wenn man diesem Widerstand mit Einfühlungsvermögen und klarer Kommunikation begegnet, kann man potenzielle Hindernisse in Chancen für Engagement und Wachstum verwandeln.

Empathie spielt eine zentrale Rolle bei der Bewältigung von Widerständen. Es geht darum, die Emotionen und Perspektiven derjenigen zu verstehen und anzuerkennen, die sich dem Wandel widersetzen. Einfühlungsvermögen zu zeigen bedeutet, aktiv zuzuhören, Gefühle zuzulassen und echtes Interesse an den Standpunkten anderer zu zeigen. Dieser Ansatz hilft beim Aufbau von Vertrauen und Beziehungen, die für die Überwindung von Widerständen unerlässlich sind. Effektive Kommunikation ist ebenso wichtig. Eine klare, konsequente und transparente Kommunikation trägt dazu bei, den Veränderungsprozess zu entmystifizieren und Ängste und Missverständnisse zu zerstreuen. Es ist wichtig, nicht nur das Was und das Wie der Veränderung zu kommunizieren, sondern auch das Warum. Die Erläuterung der Gründe für die Veränderung, ihrer Vorteile und ihrer Ausrichtung auf die Ziele des Unternehmens kann den Beteiligten helfen, das Gesamtbild zu sehen und ihre Rolle darin zu verstehen.

Die Entwicklung von maßgeschneiderten Kommunikationsstrategien kann ebenfalls wirksam sein. Verschiedene Interessengruppen haben unterschiedliche Anliegen und reagieren möglicherweise auf unterschiedliche Kommunikationsstile. Die Anpassung der Botschaft und des Mediums an die verschiedenen Gruppen gewährleistet, dass die Kommunikation so effektiv wie möglich ist. Die Einbindung widerständiger Personen in den Veränderungsprozess kann zu positiveren Ergebnissen führen. Diese Einbeziehung kann viele Formen annehmen, von der Beteiligung an der Entscheidungsfindung bis hin zur Mitarbeit in einem Team zur Umsetzung der Veränderungen. Die Beteiligung gibt den Betroffenen ein Gefühl der Kontrolle und des Eigentums an der Veränderung, wodurch Gefühle der Machtlosigkeit und des Widerstands verringert werden.

Eine weitere Schlüsselstrategie ist die Bereitstellung von Schulungen und Unterstützung. Widerstände rühren oft von der Angst her, sich nicht an die neuen Arbeitsweisen anpassen zu können. Das Angebot von Schulungen, Workshops oder Mentoring kann helfen, Vertrauen und Kompetenz aufzubauen und so den Widerstand zu verringern. Die Anerkennung und Würdigung früher Erfolge und positiver Ergebnisse der Veränderung kann ebenfalls dazu beitragen, den Widerstand zu verringern. Diese Erfolge sind ein greifbarer Beweis für den Nutzen der Veränderung und können dazu dienen, diejenigen zu motivieren und zu ermutigen, die Widerstand leisten.

Geduld und Beharrlichkeit sind entscheidend. Der Wandel kann ein langsamer Prozess sein, und Widerstände verschwinden nicht über Nacht. Durch konsequente Anwendung von Einfühlungsvermögen und effektiver Kommunikation, wobei die

Vorteile und Erfolge der Veränderung hervorgehoben werden, kann der Widerstand allmählich verringert werden.

Um dem Widerstand gegen Veränderungen mit Einfühlungsvermögen und Kommunikation zu begegnen, muss man Emotionen verstehen und anerkennen, klar und transparent kommunizieren, maßgeschneiderte Kommunikationsstrategien entwickeln, die Beteiligten in den Prozess einbeziehen, Schulungen und Unterstützung anbieten, Erfolge feiern und geduldig und beharrlich sein. Diese Strategien können dazu beitragen, Widerstand in Akzeptanz und Engagement umzuwandeln und so den Weg für eine erfolgreiche Veränderungsinitiative zu ebnen.

In der Anfangsphase jeder Veränderungsinitiative ist der Aufbau einer Vertrauensbasis und Transparenz von entscheidender Bedeutung. Diese Grundlage gibt den Ton für den gesamten Veränderungsprozess an und beeinflusst maßgeblich dessen Erfolg. Vertrauen und Transparenz sind der Schlüssel dazu, dass sich die Beteiligten respektiert, geschätzt und engagiert fühlen, was wiederum ein positives und offenes Umfeld fördert, das dem Wandel förderlich ist. Der Aufbau von Vertrauen beginnt mit der Führung. Führungskräfte müssen Integrität, Zuverlässigkeit und Aufrichtigkeit beweisen. Ihre Handlungen, Entscheidungen und Interaktionen sollten konsequent die Werte der Organisation und die Ziele der Veränderungsinitiative widerspiegeln. Wenn die Führungspersönlichkeiten so handeln, wie sie es sagen, stärkt dies das Vertrauen der Teammitglieder und anderer Interessengruppen. Transparenz ist in der Einführungsphase ebenso wichtig. Dies bedeutet, dass die Gründe für die Veränderung, die erwarteten Ergebnisse, die potenziellen Herausforderungen und die Art und Weise, wie diese bewältigt werden sollen, offen dargelegt werden müssen. Transparenz bedeutet, dass Informationen frei und proaktiv geteilt werden, um sicherzustellen, dass die Beteiligten ein klares Verständnis des Veränderungsprozesses und ihrer Rolle in diesem Prozess haben.

Wirksame Kommunikation ist ein Eckpfeiler für den Aufbau von Vertrauen und Transparenz. Eine regelmäßige, klare und ehrliche

Kommunikation trägt dazu bei, den Veränderungsprozess zu entmystifizieren und die Angst vor dem Unbekannten zu verringern. Es ist wichtig, Kommunikationskanäle einzurichten, die für alle Beteiligten zugänglich sind, und eine zweiseitige Kommunikation zu fördern, bei der Feedback und Bedenken geäußert und angesprochen werden können. Die Einbindung der Betroffenen in den frühen Phasen der Veränderungsinitiative kann ebenfalls Vertrauen schaffen. Wenn die Beteiligten das Gefühl haben, dass ihre Meinung gehört und geschätzt wird, und wenn sie sehen, dass ihr Beitrag den Veränderungsprozess beeinflussen kann, entsteht ein Gefühl der Verantwortung und des Engagements für die Veränderung.

Ein weiterer wichtiger Aspekt ist die Festlegung realistischer Erwartungen. Übertriebene Versprechungen oder das Beschönigen von Herausforderungen können das Vertrauen schnell untergraben, wenn die Realität hinter den Erwartungen zurückbleibt. Eine realistische Einschätzung der Herausforderungen und potenziellen Hindernisse bei gleichzeitiger Beibehaltung einer positiven und lösungsorientierten Haltung trägt dazu bei, Glaubwürdigkeit und Vertrauen aufzubauen. Es ist auch wichtig, Bedenken und Ängste direkt anzuerkennen und anzusprechen. Das Ignorieren oder Verharmlosen dieser Bedenken kann zu Misstrauen und erhöhtem Widerstand führen. Führungskräfte sollten Foren schaffen, in denen Bedenken offen angesprochen und diskutiert werden können und in denen ehrliche, einfühlsame Antworten gegeben werden. Wenn man sich während des gesamten Veränderungsprozesses für das Wohlergehen der Beteiligten einsetzt, stärkt man das Vertrauen. Dazu kann die Bereitstellung von Unterstützungsressourcen gehören, die Konzentration auf das Wohlbefinden der Mitarbeiter und die Sicherstellung, dass der Veränderungsprozess die Auswirkungen auf die Menschen bei jedem Schritt berücksichtigt.

Der Aufbau einer vertrauensvollen und transparenten Basis in der Anfangsphase einer Veränderungsinitiative erfordert eine konsequente und werteorientierte Führung, eine offene und proaktive Kommunikation, die Einbeziehung der Interessengruppen, die Festlegung realistischer Erwartungen, das direkte Ansprechen von Bedenken und das Engagement für das Wohlbefinden der Interessengruppen. Diese Grundlage ist entscheidend für die Schaffung eines unterstützenden Umfelds, das einen erfolgreichen Wandel ermöglicht.

Auf dem Weg zur Einleitung einer Revolution spielt die effektive Nutzung verschiedener Instrumente und Werkzeuge eine entscheidende Rolle bei der Schaffung einer soliden Grundlage für den Wandel. Diese Werkzeuge sind für die Planung, Umsetzung, Überwachung und Kommunikation des Wandels von entscheidender Bedeutung und gewährleisten einen systematischen und organisierten Ansatz. Projektmanagement-Software ist für die Organisation der verschiedenen Aspekte einer Veränderungsinitiative unverzichtbar. Tools wie Asana, Trello oder Microsoft Project helfen bei der Verfolgung des Fortschritts, der Verwaltung von Zeitplänen und der Sicherstellung, dass die Aufgaben termingerecht erledigt werden. Sie bieten eine zentrale Plattform, auf der alle Elemente des Veränderungsprozesses effizient überwacht und verwaltet werden können.

Kommunikationsplattformen sind für die Aufrechterhaltung einer klaren und konsistenten Kommunikation während des gesamten Veränderungsprozesses von entscheidender Bedeutung. Tools wie Slack, Microsoft Teams oder interne Kommunikationsnetzwerke erleichtern die Interaktion in Echtzeit und ermöglichen eine schnelle Verbreitung von Informationen und zeitnahes Feedback. Sie spielen eine Schlüsselrolle, wenn es darum geht, alle Beteiligten auf dem gleichen Stand zu halten und zu informieren.

Umfrage- und Feedback-Tools wie SurveyMonkey oder Google Forms sind wichtig, um den Puls der Organisation zu fühlen. Regelmäßige Umfragen und Feedback-Mechanismen geben Aufschluss darüber, wie die Veränderung von den verschiedenen Interessengruppen wahrgenommen wird, und helfen dabei, proaktiv auf Bedenken einzugehen. Datenanalyse-Tools bieten wertvolle Einblicke in den Fortschritt und die Auswirkungen der Veränderungsinitiative. Tools wie Google Analytics oder Tableau helfen dabei, wichtige Leistungsindikatoren zu messen, Trends zu analysieren und datengestützte Entscheidungen zu treffen.

Rahmenwerke und Modelle für das Veränderungsmanagement bieten einen strukturierten Ansatz für das Management von Veränderungen. Modelle wie ADKAR, der 8-Schritte-Prozess von Kotter oder die Veränderungstheorie von Lewin bieten bewährte Methoden für die effektive Planung und Umsetzung von Veränderungen.

Schulungs- und Entwicklungsplattformen sind notwendig, wenn der Wandel neue Fähigkeiten oder Kompetenzen erfordert. E-Learning-Plattformen, Webinare und Online-Workshops können genutzt werden, um den Mitarbeitern die für den Übergang erforderlichen Kenntnisse und Fähigkeiten zu vermitteln.

Kollaborationstools wie Miro oder Microsoft Whiteboard erleichtern das Brainstorming und die Ideenfindung und ermöglichen gemeinsame Problemlösungen und innovatives Denken. Dokumentenverwaltungssysteme stellen sicher, dass alle relevanten Dokumente im Zusammenhang mit der Veränderungsinitiative organisiert und zugänglich sind. Plattformen wie SharePoint oder Google Drive sind nützlich, um Dokumente effizient zu speichern, zu teilen und zu verwalten. Der Einsatz dieser Instrumente und Werkzeuge in der Anfangsphase des Wandels ist ein wesentlicher Faktor für den Erfolg der Initiative. Sie bringen Struktur, Effizienz und Klarheit in den Prozess und ermöglichen es den Unternehmen, die Komplexität des Wandels mit Zuversicht und Präzision zu bewältigen.

Der Einsatz spezifischer Instrumente und Hilfsmittel in der Anfangsphase einer Veränderungsinitiative ist entscheidend, um die Grundlage für eine erfolgreiche Umsetzung zu schaffen. Diese Instrumente sind auf die besonderen Herausforderungen beim Start eines Veränderungsprozesses zugeschnitten und stellen sicher, dass die Initiative auf einem soliden und gut geplanten Fundament steht.

Bewertungen der Bereitschaft zur Veränderung sind in dieser Phase von entscheidender Bedeutung. Mit Hilfe von Instrumenten, die die Bereitschaft der Organisation für den Wandel messen sollen, lassen sich potenzielle Herausforderungen und Widerstände frühzeitig erkennen. Diese Bewertungen können in Form von Umfragen, Interviews oder Workshops durchgeführt werden und liefern wertvolle Einblicke in die Bereitschaft der Organisation für den bevorstehenden Wandel. Stakeholder-Analyse Mit Hilfe von Tools lassen sich die von der Veränderung betroffenen Personen und Gruppen identifizieren und kategorisieren. Das Verständnis des Einflusses, des Interesses und der potenziellen Auswirkungen der verschiedenen Interessengruppen ist der Schlüssel zur Entwicklung effektiver Strategien für Engagement und Kommunikation.

Visionsworkshops und -werkzeuge helfen bei der klaren Definition und Formulierung der Veränderungsvision. Diese interaktiven Sitzungen fördern die Beteiligung und den Input der verschiedenen Interessengruppen und stellen sicher, dass die Vision in der gesamten Organisation Anklang findet. Kommunikationsplanungswerkzeuge sind für die Entwicklung einer wirksamen Kommunikationsstrategie unerlässlich. Sie helfen dabei, die Schlüsselbotschaften, die Kommunikationskanäle, die Häufigkeit und die Zielgruppen zu umreißen, um sicherzustellen, dass die Kommunikation über die Veränderung konsistent und klar ist und alle relevanten Parteien erreicht.

Roadmapping-Software hilft bei der Erstellung eines detaillierten Plans für die Veränderungsinitiative. Diese Tools helfen bei der Visualisierung des Zeitplans, der wichtigsten Meilensteine und der zu erbringenden Leistungen, wodurch ein klarer Weg nach vorn vorgegeben wird und sichergestellt wird, dass alle Aspekte der Veränderung berücksichtigt werden. Risikomanagement-Tools werden eingesetzt, um potenzielle Risiken im Zusammenhang mit der Veränderung zu ermitteln, zu bewerten und abzumildern. Durch die Vorwegnahme und Planung möglicher Herausforderungen tragen diese Tools zur Minimierung von Störungen während des Änderungsprozesses bei. Kollaborationsplattformen erleichtern die effektive Teamarbeit während der Initiierungsphase der Veränderung. Sie bieten den Teammitgliedern die Möglichkeit, Ideen auszutauschen, gemeinsam an Dokumenten zu arbeiten und die laufende Kommunikation aufrechtzuerhalten. Entscheidungsfindungsrahmen helfen dabei, in den Anfangsphasen des Veränderungsprozesses fundierte Entscheidungen zu treffen. Sie bieten strukturierte Ansätze, um Optionen zu bewerten, potenzielle Auswirkungen zu berücksichtigen und Entscheidungen zu treffen, die mit den Veränderungszielen im Einklang stehen.

Mit diesen spezifischen Instrumenten und Werkzeugen können Organisationen die Komplexität der Einleitung von Veränderungen effektiv bewältigen. Diese Instrumente sorgen nicht nur für Struktur und Klarheit, sondern stellen auch sicher, dass die Veränderungsinitiative mit den Zielen der Organisation übereinstimmt und auf die Bedürfnisse und Anliegen der Beteiligten eingeht. In der Anfangsphase einer Revolution ist die Gewährleistung einer effektiven Kommunikation und Zusammenarbeit von grundlegender Bedeutung, um eine solide Grundlage für den Veränderungsprozess zu schaffen. In dieser Phase werden die Weichen dafür gestellt, wie der Wandel innerhalb der Organisation wahrgenommen und angenommen wird.

Zu einer wirksamen Kommunikation in dieser Phase gehören Klarheit, Konsistenz und Transparenz. Es ist wichtig, die Gründe für die Veränderung, die zu erreichenden Ziele und die Auswirkungen auf die verschiedenen Interessengruppen klar darzulegen. Eine kohärente Kommunikation auf allen Ebenen des Unternehmens trägt dazu bei, das Verständnis und die Erwartungen aller Beteiligten anzugleichen. Transparenz ist für den Aufbau von Vertrauen von entscheidender Bedeutung. Wenn man offen über die Herausforderungen und Unwägbarkeiten sowie die potenziellen Vorteile der Veränderung spricht, trägt dies zur Förderung einer Kultur der Ehrlichkeit und Offenheit bei.

Die Zusammenarbeit ist in dieser Phase ebenso wichtig. Es geht darum, verschiedene Gruppen innerhalb der Organisation zusammenzubringen, um die ersten Schritte der Veränderungsinitiative zu diskutieren, zu planen und durchzuführen. Durch die Zusammenarbeit wird sichergestellt, dass ein breites Spektrum von Perspektiven berücksichtigt wird, was zu innovativeren und effektiveren Lösungen führen kann. Sie trägt auch dazu bei, dass sich die am Veränderungsprozess Beteiligten verantwortlich fühlen und sich engagieren. Die Schaffung von Plattformen und Gelegenheiten für den Dialog ist ein wesentlicher Bestandteil der Förderung einer effektiven Kommunikation und Zusammenarbeit. Dies kann in Form von Bürgerversammlungen, Workshops, Fokusgruppen oder digitalen Plattformen geschehen, auf denen Ideen ausgetauscht und Feedback eingeholt werden können. Diese Foren fördern die Beteiligung und ermöglichen eine zweiseitige Kommunikation, bei der Anliegen vorgebracht und angesprochen werden können.

Führungskräfte spielen in dieser Phase eine zentrale Rolle, indem sie den Weg für eine effektive Kommunikation und Zusammenarbeit vorleben. Durch aktives Zuhören, Offenheit für Feedback und die Bereitschaft, sich anzupassen, können Führungskräfte ihr Engagement für einen kooperativen und integrativen Veränderungsprozess zeigen. Ein weiterer Aspekt zur Gewährleistung einer effektiven Kommunikation und Zusammenarbeit ist die Anerkennung und Bewältigung der emotionalen Seite des Wandels. Veränderungen können Ängste und Unsicherheiten hervorrufen, und es ist wichtig, dass die Führungskräfte diese Emotionen erkennen und ansprechen. Dazu kann es gehören, Ressourcen zur Unterstützung bereitzustellen, die Schwierigkeiten des Übergangs anzuerkennen und erste Erfolge zu feiern, um die Moral zu stärken.

Die Gewährleistung einer effektiven Kommunikation und Zusammenarbeit in der Anfangsphase einer Veränderungsinitiative beinhaltet eine klare, konsistente und transparente Kommunikation, die Förderung eines Umfelds der Zusammenarbeit, die Schaffung von Plattformen für den Dialog, Führung durch Vorbild und die Anerkennung der emotionalen Aspekte der Veränderung. Diese Elemente sind entscheidend, um eine solide Grundlage für den Veränderungsprozess zu schaffen und seine erfolgreiche Umsetzung zu gewährleisten. In der entscheidenden Anfangsphase einer Veränderungsinitiative spielt der strategische Einsatz von Technologie und Ressourcen eine entscheidende Rolle bei der Rationalisierung des Prozesses. Dieser Ansatz steigert die Effizienz, erleichtert die Organisation und stellt sicher, dass alle Aspekte der Einführung effektiv angegangen werden.

Der Einsatz von Technologie in dieser Phase beinhaltet die Verwendung digitaler Tools zur Verwaltung und Koordinierung der verschiedenen Komponenten des Veränderungsprozesses. Mit einer Projektmanagement-Software lassen sich beispielsweise detaillierte Pläne erstellen, Aufgaben zuweisen, Fristen setzen und Fortschritte verfolgen. Diese Tools bieten eine zentrale Plattform für die Überwachung aller Aktivitäten im Zusammenhang mit der Veränderungsinitiative und machen es einfacher, alles auf Kurs zu halten.

Kommunikationstechnologien sind eine weitere wichtige Ressource. Der Einsatz von Plattformen wie E-Mail, Instant Messaging und Videokonferenzen kann eine klare und einheitliche Kommunikation im gesamten Unternehmen erleichtern. Diese Technologien stellen sicher, dass die Informationen über die Veränderungen schnell und effektiv verbreitet werden und alle Beteiligten unabhängig von ihrem Standort erreichen. Datenanalysetools können eingesetzt werden, um verschiedene Aspekte des aktuellen Zustands der Organisation zu analysieren und mögliche Auswirkungen der Veränderung vorherzusagen. Dieser datengestützte Ansatz hilft dabei, fundierte Entscheidungen zu treffen und Herausforderungen, die während der Einführungsphase auftreten können, vorherzusehen. Tools für die Zusammenarbeit sind für die Förderung der Teamarbeit und der gemeinsamen Problemlösung während des Einführungsprozesses unerlässlich. Plattformen, die die gemeinsame Nutzung von Dokumenten, die Bearbeitung in Echtzeit und virtuelle Brainstorming-Sitzungen unterstützen, ermöglichen es den Teams, nahtlos zusammenzuarbeiten, auch wenn sie sich nicht am selben Ort befinden.

Neben der Technologie ist auch die Zuweisung der richtigen Humanressourcen von entscheidender Bedeutung. Dazu könnte die Bildung eines speziellen Change-Management-Teams oder einer Task Force gehören, die sich aus Personen zusammensetzt, die über die notwendigen Fähigkeiten und Erfahrungen verfügen, um den Einführungsprozess effektiv voranzutreiben. Diese Teams spielen eine zentrale Rolle bei der Planung, Durchführung und Überwachung der verschiedenen Aspekte des Wandels. Schulungs- und Entwicklungsressourcen sind ebenfalls von entscheidender Bedeutung für die Vorbereitung der Organisation auf den Wandel. Durch Schulungen, Workshops oder Online-Kurse können die Mitarbeiter mit den Fähigkeiten und Kenntnissen ausgestattet werden, die für die Anpassung an neue Systeme, Prozesse oder Arbeitsweisen erforderlich sind.

Ein kluger Einsatz finanzieller Ressourcen ist der Schlüssel zur Gewährleistung einer guten Unterstützung der Einführungsphase. Dazu gehört die Budgetierung der verschiedenen Kosten, die mit der Einführung verbunden sind, z. B. Investitionen in Technologie, Schulungsprogramme und Personal. Eine effektive Finanzplanung stellt sicher, dass die notwendigen Mittel zur Unterstützung der Einführungsaktivitäten zur Verfügung stehen. Die Mobilisierung von Teams und Interessengruppen für transformative Maßnahmen ist eine entscheidende Phase im Veränderungsprozess. In dieser Phase geht es darum, die gesamte Organisation auf ein gemeinsames Ziel auszurichten und sicherzustellen, dass alle Beteiligten aufeinander abgestimmt, motiviert und auf die bevorstehende Reise vorbereitet sind.

Der Prozess beginnt damit, dass die Vision und die Ziele des Wandels klar kommuniziert werden. Diese Kommunikation muss überzeugend sein und ein Bild der Zukunft zeichnen, das sowohl wünschenswert als auch realisierbar ist. Es ist wichtig, dass alle Beteiligten nicht nur verstehen, was sich ändert, sondern auch, warum die Veränderung notwendig ist und welchen Nutzen sie für das Unternehmen und seine Mitarbeiter hat. Die Einbindung und Beteiligung von Teams und Interessengruppen am Veränderungsprozess ist von entscheidender Bedeutung. Die Einbindung fördert das Gefühl der Eigenverantwortung und des Engagements, da die Menschen eher bereit sind, eine Veränderung zu unterstützen, die sie selbst mitgestaltet haben. Zu den Möglichkeiten der Einbindung könnten partizipative

Planungssitzungen, Feedback-Mechanismen und Rollenzuweisungen in der Veränderungsinitiative gehören. Führungskräfte spielen eine Schlüsselrolle bei der Mobilisierung von Teams und Interessengruppen. Sie müssen sichtbar, zugänglich und aktiv beteiligt sein, um ihr Engagement für die Veränderung zu demonstrieren. Effektive Führungskräfte inspirieren und motivieren ihre Teams und bieten ihnen die Unterstützung und die Ressourcen, die sie für die Bewältigung des Übergangs benötigen. Der Aufbau einer Koalition von Unterstützern und Verfechtern des Wandels kann die Wirkung der Mobilisierungsbemühungen verstärken. Dies sind Personen, die von der Veränderung begeistert sind und ihre Kollegen beeinflussen können. Sie können als Vorbilder fungieren und dabei helfen, positive Botschaften über die Veränderung zu verbreiten und Widerstände oder Skepsis zu überwinden.

Um die Teams auf den Wandel vorzubereiten, ist es von entscheidender Bedeutung, die notwendigen Schulungs- und Weiterbildungsmaßnahmen anzubieten. Dazu können Qualifizierungsprogramme, Workshops oder Informationsveranstaltungen gehören, um sicherzustellen, dass alle Mitarbeiter über die erforderlichen Kenntnisse und Fähigkeiten verfügen, um sich an die neuen Arbeitsweisen anzupassen. Anerkennung und Belohnung können ebenfalls ein wirksames Mittel sein, um Teams und Interessengruppen zu mobilisieren. Die Anerkennung und Würdigung von Beiträgen und Erfolgen, selbst von kleinen, kann die Moral steigern und die positiven Aspekte der Veränderung verstärken.

Regelmäßige und konsequente Nachbereitung ist wichtig, um die Dynamik aufrechtzuerhalten. Wenn Teams und Stakeholder über Fortschritte, Herausforderungen und Erfolge auf dem Laufenden gehalten werden, steht die Veränderungsinitiative immer im Mittelpunkt, was ihre Bedeutung unterstreicht und das Engagement aufrechterhält. Die Mobilisierung von Teams und Stakeholdern für transformative Maßnahmen erfordert eine klare Kommunikation der Vision und der Ziele, die Einbindung der Mitarbeiter in den Veränderungsprozess, die Sichtbarkeit und Einbindung der Führungskräfte, den Aufbau einer Koalition von

Unterstützern, die Bereitstellung der erforderlichen Schulungen und Weiterbildungsmaßnahmen, den Einsatz von Anerkennung und Belohnungen zur Motivation und eine regelmäßige Nachbereitung zur Aufrechterhaltung der Dynamik. Diese Elemente sind von entscheidender Bedeutung, wenn es darum geht, die Organisation um die Veränderung zu versammeln und sie mit kollektiver Anstrengung und Begeisterung voranzutreiben.

Die Teams zu inspirieren und zu motivieren, sich die Veränderungsvision zu eigen zu machen, ist eine zentrale Aufgabe im Veränderungsmanagementprozess. Es geht darum, ein gemeinsames Verständnis für die Veränderung zu schaffen und ein Umfeld zu fördern, in dem die Teammitglieder nicht nur bereit sind, die Veränderung zu akzeptieren, sondern auch mit Begeisterung zu ihrem Erfolg beizutragen. Um Teams zu inspirieren, ist es entscheidend, die Vision der Veränderung so zu kommunizieren, dass sie bei ihnen ankommt. Das bedeutet, die Vision mit den Werten, Zielen und Bestrebungen des Teams zu verbinden. Wenn die Teammitglieder sehen, wie die Veränderung mit ihren persönlichen und beruflichen Zielen übereinstimmt, fühlen sie sich eher mit der Vision verbunden und sind motiviert, zu ihrer Umsetzung beizutragen.

Das Erzählen von Geschichten kann in diesem Prozess ein wirkungsvolles Instrument sein. Durch das Erzählen von Geschichten, die die Vorteile des Wandels veranschaulichen, oder durch das Hervorheben erfolgreicher Beispiele aus anderen Organisationen kann die Vision greifbarer und erlebbarer gemacht werden. Geschichten helfen dabei, ein lebendiges Bild der Zukunft zu zeichnen, und können inspirierender sein als abstrakte Konzepte oder Daten. Führungskräfte müssen die Veränderungsvision in ihren Handlungen und Verhaltensweisen verkörpern. Wenn Führungskräfte ihr Engagement für die Vision zeigen, sind sie ein starkes Vorbild für das Team. Dieses Engagement kann durch Entscheidungen, Handlungen und die Art und Weise, wie Führungskräfte mit ihren Teams kommunizieren und interagieren, gezeigt werden.

Die Schaffung von Möglichkeiten für eine sinnvolle Beteiligung ist auch der Schlüssel zur Inspiration und Motivation von Teams. Wenn Teammitglieder eine Rolle bei der Gestaltung der Veränderung spielen, sei es durch Feedback, Teilnahme an der Planung oder Beteiligung an der Umsetzung, fühlen sie sich verantwortlich und sind stärker am Ergebnis beteiligt. Frühe Erfolge anzuerkennen und zu feiern kann die Moral steigern und die Teams motivieren. Selbst kleine Erfolge können eine wichtige Rolle spielen, wenn es darum geht, eine Dynamik aufzubauen und die Überzeugung zu festigen, dass die Veränderung realisierbar und nützlich ist. Die Bereitstellung von Unterstützung und Ressourcen ist wichtig, um sicherzustellen, dass sich die Teams für den Wandel gerüstet fühlen. Dazu gehören Schulungen, Mentoring und der Zugang zu Informationen. Wenn sich die Teammitglieder unterstützt fühlen und wissen, dass sie die benötigten Ressourcen haben, sind sie zuversichtlicher, was ihre Anpassungsfähigkeit und ihren Beitrag angeht. Die Förderung einer positiven und integrativen Teamkultur ist ebenfalls wichtig. Eine Kultur, die Offenheit, Zusammenarbeit und Innovation schätzt, schafft ein Umfeld, in dem die Bereitschaft, sich auf Veränderungen einzulassen, eher eine natürliche Neigung als eine erzwungene Richtlinie ist.

Um Teams zu inspirieren und zu motivieren, sich die Veränderungsvision zu eigen zu machen, bedarf es einer effektiven Kommunikation, die die Vision mit den Werten des Teams verbindet, einer fesselnden Erzählweise, Führungspersönlichkeiten, die die Vision vorleben, Gelegenheiten für eine sinnvolle Beteiligung, Anerkennung von Erfolgen, Bereitstellung von Unterstützung und Ressourcen sowie der Förderung einer positiven Teamkultur. Diese Strategien helfen dabei, die Veränderungsvision von einem Konzept in ein gemeinsames Ziel zu verwandeln, das die Teams unbedingt erreichen wollen.

Die Förderung des Gefühls der Eigenverantwortung und des Verantwortungsbewusstseins unter den Beteiligten ist ein wesentlicher Aspekt für die Förderung eines wirksamen Wandels. Wenn die Beteiligten das Gefühl haben, persönlich in die

Veränderungsinitiative zu investieren und dafür verantwortlich zu sein, erhöht dies die Wahrscheinlichkeit einer erfolgreichen Umsetzung erheblich. Die Schaffung dieses Gefühls der Eigenverantwortung beginnt damit, dass die Beteiligten von Anfang an in den Veränderungsprozess einbezogen werden. Indem man sie aktiv um ihren Beitrag bittet und sie zur Teilnahme an der Entscheidungsfindung und Planung ermutigt, haben die Betroffenen eher das Gefühl, dass sie am Erfolg der Veränderung beteiligt sind.

Entscheidend ist auch, die Vorteile der Veränderung so zu kommunizieren, dass sie mit den persönlichen und beruflichen Zielen der Beteiligten übereinstimmen. Wenn die Beteiligten verstehen, wie die Veränderung mit ihren Interessen übereinstimmt und zu ihrem Erfolg beiträgt, sind sie eher bereit, eine aktive Rolle bei der Gewährleistung des Erfolgs zu übernehmen. Transparenz ist der Schlüssel zum Aufbau von Eigenverantwortung und Rechenschaftspflicht. Wenn die Beteiligten über den Fortschritt der Veränderung, die aufgetretenen Herausforderungen und die Strategien zur Bewältigung dieser Herausforderungen auf dem Laufenden gehalten werden, trägt dies zur Vertrauensbildung bei und stärkt ihr Engagement für die Initiative.

Die Festlegung klarer Erwartungen und Rollen ist unerlässlich. Die Beteiligten sollten genau wissen, was von ihnen erwartet wird und wie sich ihre Beiträge in das breitere Veränderungsvorhaben einfügen. Diese Klarheit trägt dazu bei, Verwirrung und sich überschneidende Zuständigkeiten zu vermeiden, die die Eigenverantwortung und Rechenschaftspflicht untergraben können. Wenn man den Beteiligten die Möglichkeit gibt, in ihrem Zuständigkeitsbereich selbständig Entscheidungen zu treffen und Maßnahmen zu ergreifen, wird das Gefühl der Eigenverantwortung gefördert. Wenn die Beteiligten sich befähigt fühlen, sind sie eher bereit, die Initiative zu ergreifen und proaktiv auf Herausforderungen zu reagieren.

Die Anerkennung und Würdigung der Beiträge der Stakeholder stärkt das Gefühl der Eigenverantwortung und

Rechenschaftspflicht. Die Anerkennung ihrer Bemühungen und Leistungen, sowohl öffentlich als auch privat, kann die Moral steigern und zu anhaltendem Engagement und Einsatz motivieren. Regelmäßiges Feedback und offene Kommunikationskanäle ermöglichen es den Beteiligten, ihre Bedenken zu äußern, Vorschläge zu machen und sich gehört zu fühlen. Diese zweiseitige Kommunikation fördert ein kollaboratives Umfeld, in dem sich die Beteiligten wertgeschätzt und verantwortlich fühlen.

Die Förderung des Gefühls der Eigenverantwortung und des Verantwortungsbewusstseins der Stakeholder beinhaltet die Einbeziehung der Stakeholder in den Veränderungsprozess, die Vermittlung von Vorteilen, die ihren Interessen entsprechen, die Aufrechterhaltung der Transparenz, die Festlegung klarer Erwartungen und Rollen, die Befähigung der Stakeholder, die Anerkennung ihrer Beiträge und die Gewährleistung eines regelmäßigen Feedbacks und einer offenen Kommunikation. Diese Strategien tragen dazu bei, ein Umfeld zu schaffen, in dem die Beteiligten motiviert sind, aktiv zum Erfolg der Veränderungsinitiative beizutragen und Verantwortung dafür zu übernehmen.

Die Befähigung von Einzelpersonen zu transformativen Maßnahmen, die auf die Veränderungsinitiative abgestimmt sind, ist ein entscheidender Schritt, um die Wirksamkeit und Nachhaltigkeit der Veränderung zu gewährleisten. Diese Befähigung umfasst die Befähigung und Ermutigung von Teammitgliedern, den Wandel nicht nur zu unterstützen, sondern ihn aktiv voranzutreiben.

Entscheidend für diese Befähigung ist es, den Einzelnen mit den notwendigen Werkzeugen, Ressourcen und Informationen auszustatten, damit sie die Veränderung und ihre Auswirkungen vollständig verstehen. Wenn die Teammitglieder gut informiert sind, können sie bessere Entscheidungen treffen und Maßnahmen ergreifen, die positiv zum Veränderungsprozess beitragen. Schulung und Entwicklung spielen beim Empowerment eine wichtige Rolle. Durch das Anbieten von Möglichkeiten zur Verbesserung der Fähigkeiten und des Lernens wird sichergestellt, dass der Einzelne in der Lage ist, mit den neuen Herausforderungen und Verantwortlichkeiten umzugehen, die durch den Wandel entstehen. Dazu können Schulungen, Workshops oder der Zugang zu Online-Lernressourcen gehören.

Die Schaffung eines Umfelds, in dem Initiative und Innovation gefördert werden, ist ebenfalls entscheidend. Wenn der Einzelne das Gefühl hat, dass seine Ideen geschätzt werden und er die Freiheit hat, zu experimentieren und Risiken einzugehen, ist er eher bereit, die Initiative zu ergreifen und kreative Lösungen vorzuschlagen. Die Unterstützung durch die Führung ist entscheidend für die Befähigung des Einzelnen. Führungskräfte, die Vertrauen in die Fähigkeiten ihrer Teammitglieder zeigen und ihnen Autonomie gewähren, fördern das Gefühl der Eigenverantwortung. Unterstützende Führung bedeutet auch, dass man als Ratgeber zur Verfügung steht, Fragen beantwortet und Feedback gibt. Die Festlegung klarer Ziele und Erwartungen hilft dem Einzelnen zu verstehen, was er erreichen muss und wie sein Handeln zum Gesamterfolg der Veränderungsinitiative beiträgt. Wenn die Ziele mit den Veränderungszielen übereinstimmen, kann der Einzelne die direkten Auswirkungen seiner Bemühungen auf den Fortschritt der Organisation erkennen.

Die Anerkennung und Belohnung von Anstrengungen und Leistungen ist ein wirksames Mittel, um den Einzelnen zu stärken. Die Anerkennung von Beiträgen, sei es durch formelle Anerkennungsprogramme oder informelle Äußerungen der Wertschätzung, unterstreicht den Wert individueller Bemühungen und motiviert zu weiterem Engagement. Ein weiterer Aspekt der Befähigung ist die Förderung von Zusammenarbeit und gegenseitiger Unterstützung. Wenn Einzelpersonen zusammenarbeiten, Wissen austauschen und sich gegenseitig unterstützen, entsteht ein kollektives Gefühl der Befähigung, bei dem sich jeder als Teil des Veränderungsprozesses fühlt.

Die Befähigung des Einzelnen, transformative Maßnahmen im Sinne der Veränderungsinitiative zu ergreifen, beinhaltet die Bereitstellung der notwendigen Instrumente und Informationen, das Angebot von Schulungs- und Entwicklungsmöglichkeiten, die

Förderung von Eigeninitiative und Innovation, eine unterstützende Führung, die Festlegung klarer Ziele, die Anerkennung und Belohnung von Beiträgen sowie die Förderung von Zusammenarbeit und gegenseitiger Unterstützung. Alle diese Elemente zusammen schaffen ein Umfeld, in dem die Mitarbeiter motiviert und in der Lage sind, aktiv zur Veränderungsinitiative beizutragen und sie voranzutreiben.

Kapitel 5: Führen der Transformation

Um die Komplexität der Führung im Wandel zu bewältigen, muss man die vielschichtigen Herausforderungen verstehen und bewältigen, die bei der Umgestaltung einer Organisation auftreten. Dieser Aspekt der Führung ist von entscheidender Bedeutung, wenn es darum geht, Teams und die gesamte Organisation durch die komplizierte Reise des Wandels zu führen. Im Kern geht es bei der Bewältigung dieser Komplexität um die Fähigkeit, die verschiedenen Elemente des Unternehmens - Mitarbeiter, Prozesse, Technologie und Kultur - in Einklang zu bringen.

Die Führungskräfte müssen verstehen, wie sich Veränderungen in einem Bereich auf andere Bereiche auswirken können, und sie müssen in der Lage sein, diese Komponenten so aufeinander abzustimmen, dass sie die Gesamtziele der Veränderungsinitiative unterstützen. Ein weiterer wichtiger Aspekt ist der Umgang mit der Ungewissheit und Mehrdeutigkeit, die häufig mit Veränderungen einhergehen. Führungskräfte müssen in der Lage sein, in einem Umfeld zu agieren, in dem nicht alle Variablen bekannt sind und in dem Pläne möglicherweise kurzfristig angepasst werden müssen. Dies erfordert eine Kombination aus strategischer Voraussicht, Anpassungsfähigkeit und Widerstandsfähigkeit.

Effektive Führungskräfte erkennen auch, wie wichtig es ist, die emotionale Reise ihrer Teams zu steuern. Veränderungen können eine Reihe von Emotionen hervorrufen, von Aufregung und Vorfreude bis hin zu Angst und Widerstand. Führungskräfte müssen in der Lage sein, sich in diese Emotionen einzufühlen, auf Bedenken einzugehen und die Moral und Motivation während des gesamten Veränderungsprozesses aufrechtzuerhalten. Die Kommunikation spielt eine zentrale Rolle bei der Bewältigung der

Komplexität von Veränderungsprozessen. Es geht nicht nur darum, Informationen zu verbreiten, sondern auch darum, einen Dialog zu schaffen, das Verständnis zu fördern und einen Konsens zu erzielen. Führungskräfte müssen in der Lage sein, die Vision und den Weg nach vorn klar, überzeugend und nachvollziehbar zu formulieren.

Das Management der Interessengruppen ist ein weiteres entscheidendes Element. Die Führungskräfte müssen die verschiedenen Interessengruppen identifizieren und mit ihnen in Kontakt treten, um ihre Perspektiven, Interessen und potenziellen Auswirkungen auf den Veränderungsprozess zu verstehen. Der Aufbau und die Pflege enger Beziehungen zu diesen Interessengruppen ist der Schlüssel zur Unterstützung und zur Minimierung von Widerständen. Auch das Risikomanagement ist ein wichtiger Bestandteil der Bewältigung komplexer Veränderungen. Führungskräfte sollten potenzielle Risiken und Herausforderungen antizipieren und über Strategien verfügen, um diese abzumildern. Dazu gehört eine kontinuierliche Überwachung und die Bereitschaft, schnelle Entscheidungen zu treffen, um Probleme zu lösen, sobald sie auftreten. Um die Komplexität des Wandels zu bewältigen, ist eine ständige Lernbereitschaft erforderlich. Führungskräfte müssen offen sein für Feedback, bereit sein, aus Erfolgen und Misserfolgen zu lernen und ihre Strategien und Ansätze kontinuierlich anzupassen.

Um die Komplexität des Wandels zu bewältigen, ist es erforderlich, mehrere Elemente der Organisation auszubalancieren, Unsicherheiten zu bewältigen, die emotionalen Aspekte des Wandels anzusprechen, effektiv zu kommunizieren, Stakeholder zu managen, Risiken zu managen und eine kontinuierliche Lernhaltung einzunehmen. Die Beherrschung dieser Aspekte versetzt Führungskräfte in die Lage, ihre Organisationen erfolgreich durch die transformative Reise des Wandels zu führen.

Die komplexe Landschaft des Change Leadership ist ein dynamisches und vielschichtiges Feld, in dem Führungskräfte eine Vielzahl von Herausforderungen und Chancen bewältigen müssen. Im Kern wird diese Landschaft durch die Notwendigkeit definiert, eine Organisation durch den Wandel zu führen und dabei die Komplexität zu bewältigen, die ein solcher Prozess unweigerlich mit sich bringt. Führungskräfte stehen vor der Herausforderung, die verschiedenen Facetten einer Organisation auf die Veränderungsinitiative abzustimmen. Dies beinhaltet die Synchronisierung von Prozessen, Technologie, Mitarbeitern und Kultur, um sicherzustellen, dass sich jedes Element nicht nur an die Veränderung anpasst, sondern auch einen positiven Beitrag dazu leistet. Die Fähigkeit zu erkennen, wie diese Teile zusammenpassen, und sie harmonisch aufeinander abzustimmen, ist entscheidend.

Führungskräfte in diesem Umfeld müssen sich auch mit der dem Wandel innewohnenden Unsicherheit und Mehrdeutigkeit auseinandersetzen. Veränderungsprozesse bedeuten oft, dass man sich auf unbekanntes Terrain begibt, was von einer Führungskraft verlangt, dass sie sich damit abfinden kann, nicht alle Antworten zu kennen, und dass sie in der Lage ist, Entscheidungen in einem Umfeld zu treffen, in dem Faktoren und Ergebnisse möglicherweise nicht vollständig vorhersehbar sind.

Der Umgang mit den Emotionen der Mitarbeiter ist ein weiterer kritischer Aspekt in dieser Landschaft. Veränderungen können bei den Mitarbeitern ein breites Spektrum an Emotionen hervorrufen, von Begeisterung und Engagement bis hin zu Angst und Widerstand. Eine Führungskraft muss durch diese emotionalen Strömungen navigieren und den Teammitgliedern Unterstützung, Verständnis und Motivation bieten, um ihnen zu helfen, diese Gefühle zu bewältigen. Effektive Kommunikation ist ein Eckpfeiler in der Landschaft der Veränderungsführung. Sie ist das Mittel, mit dem die Führungskräfte die Vision artikulieren, wichtige Aktualisierungen mitteilen, Bedenken ansprechen und ein Narrativ aufbauen, das alle am Veränderungsprozess beteiligt und mit ihm verbunden hält.

Das Management der Interessengruppen ist ebenfalls eine wichtige Komponente. Die Führungskräfte müssen die wichtigsten Stakeholder identifizieren, ihre Sichtweisen und

Bedenken verstehen und mit ihnen auf eine Art und Weise verhandeln, die Unterstützung schafft und Widerstände minimiert. Jede Interessengruppe kann unterschiedliche Bedürfnisse und Bedenken haben, und auf diese effektiv einzugehen ist der Schlüssel zur Aufrechterhaltung der Dynamik. Das Risikomanagement ist ein wesentlicher Bestandteil der Navigation durch die Landschaft des Wandels. Durch das Vorhersehen, Erkennen und Abschwächen potenzieller Risiken wird sichergestellt, dass die Veränderungsinitiative auf dem richtigen Weg bleibt und sich an auftretende Herausforderungen anpassen kann.

Diese Landschaft ist eine Landschaft des ständigen Lernens und der Anpassung. Führungskräfte müssen offen für Feedback sein, bereit, ihre Strategien anzupassen, und in der Lage, sowohl aus Erfolgen als auch aus Rückschlägen zu lernen. Diese Anpassungsfähigkeit ist in einem Umfeld, das sich ständig weiterentwickelt, unerlässlich. Die komplexe Landschaft der Veränderungsführung ist gekennzeichnet durch die Notwendigkeit, organisatorische Elemente aufeinander abzustimmen, mit Ungewissheit umzugehen, emotionale Dynamiken zu bewältigen, effektiv zu kommunizieren, Stakeholder zu managen, Risiken anzugehen und eine Haltung des kontinuierlichen Lernens und der Anpassung beizubehalten. Die erfolgreiche Navigation durch diese Landschaft ist der Schlüssel zur Führung einer Organisation durch die transformative Reise des Wandels.

Bei der Durchführung von Umstrukturierungen besteht eine der wichtigsten Aufgaben darin, die technischen Aspekte des Wandels mit der menschlichen Seite in Einklang zu bringen. Dieses Gleichgewicht ist unerlässlich, um sicherzustellen, dass die operativen und strategischen Veränderungen effizient gehandhabt werden, aber auch die emotionalen und psychologischen Auswirkungen auf die Mitarbeiter des Unternehmens mit Sorgfalt und Bedacht angegangen werden.
Die technischen Aspekte des Wandels betreffen in der Regel die Einführung neuer Systeme, Prozesse oder Strukturen. Führungskräfte müssen ein klares Verständnis dieser Elemente

haben und wissen, wie sie die Leistung der Organisation verbessern werden. Sie müssen sicherstellen, dass die technischen Änderungen durchführbar und gut geplant sind und mit den Gesamtzielen der Organisation übereinstimmen. Dies erfordert oft einen detaillierten Ansatz, der sich auf Daten, Logistik und messbare Ergebnisse konzentriert. Wenn man sich jedoch nur auf die technischen Aspekte konzentriert, kann man das menschliche Element übersehen, das für den Erfolg jeder Veränderungsinitiative entscheidend ist. Die menschliche Seite des Wandels befasst sich damit, wie sich die Anpassungen auf die Mitarbeiter auswirken, von ihren täglichen Aufgaben bis hin zu ihren Rollen und Verantwortlichkeiten innerhalb des Unternehmens. Es geht um den Umgang mit Emotionen, Erwartungen und Reaktionen auf den Wandel.

Führungskräfte müssen sich daher auch auf die emotionale Reise ihrer Teams konzentrieren. Dazu gehört auch, dass sie die Bedenken, Ängste und Widerstände, die auftreten könnten, verstehen und aufgreifen. Effektive Kommunikation ist hier der Schlüssel, da sie hilft, die Gründe für die Veränderung, ihre Vorteile und die Einbindung von Einzelpersonen und Teams in die neue Struktur zu erläutern. Empathie spielt eine wichtige Rolle beim Ausgleich dieser beiden Seiten. Führungskräfte müssen sich in die Herausforderungen einfühlen, denen ihre Teams gegenüberstehen, und ihnen Unterstützung und Ermutigung bieten. Dazu kann das Angebot von Schulungs- und Entwicklungsmöglichkeiten gehören, die den Teammitgliedern helfen, die notwendigen Fähigkeiten zu erwerben und sich in ihren neuen Rollen sicherer zu fühlen.

Die Einbeziehung der Mitarbeiter in den Veränderungsprozess kann auch dazu beitragen, die technischen und menschlichen Aspekte in Einklang zu bringen. Wenn die Mitarbeiter an der Planungs- und Umsetzungsphase beteiligt sind, fühlen sie sich eher für die Veränderung verantwortlich und engagieren sich. Diese Beteiligung kann auch wertvolle Einblicke in potenzielle Probleme oder Herausforderungen von denjenigen liefern, die direkt von der Veränderung betroffen sind. Anerkennung und Würdigung der Bemühungen und Leistungen während des

Veränderungsprozesses tragen dazu bei, die Moral und Motivation aufrechtzuerhalten. Die Anerkennung der harten Arbeit und der Anpassungsfähigkeit von Teams kann positives Verhalten verstärken und einen reibungsloseren Übergang unterstützen.

Um die technischen Aspekte des Wandels mit seiner menschlichen Seite in Einklang zu bringen, bedarf es einer Kombination aus strategischer Planung und einfühlsamer Führung. Dieses Gleichgewicht stellt sicher, dass nicht nur die operativen Ziele erreicht werden, sondern auch die Menschen, die das Unternehmen ausmachen, vorbereitet, unterstützt und motiviert werden, den Wandel anzunehmen und voranzutreiben. Ein entscheidender Aspekt bei der Durchführung von Umstrukturierungen ist die Bewältigung der komplexen Dynamik der verschiedenen Interessengruppen. Erfolgreiche Veränderungsinitiativen erfordern das Verständnis und den Umgang mit den unterschiedlichen Interessen, Perspektiven und Einflüssen der verschiedenen Stakeholder-Gruppen. Zu diesen Stakeholdern können Mitarbeiter, Management, Kunden, Lieferanten und sogar die breitere Öffentlichkeit gehören.

Der erste Schritt zur Bewältigung dieser Dynamik besteht darin, die verschiedenen an der Veränderung beteiligten Akteure zu identifizieren und zu verstehen. Dazu gehört, dass man ihre Rollen und Erwartungen kennt und weiß, wie sich die Veränderung auf sie auswirken wird. Jede Gruppe kann unterschiedliche Anliegen und Prioritäten haben, und das Verständnis dieser Nuancen ist der Schlüssel zum effektiven Umgang mit ihren Bedürfnissen. Effektive Kommunikation ist für den Umgang mit der Dynamik der Interessengruppen unerlässlich. Führungskräfte sollten maßgeschneiderte Kommunikationsstrategien für die verschiedenen Stakeholder-Gruppen entwickeln, um sicherzustellen, dass die Botschaften relevant sind und bei jeder Zielgruppe ankommen. Eine klare, konsistente und transparente Kommunikation trägt dazu bei, Vertrauen aufzubauen und Missverständnisse oder Fehlinformationen zu vermeiden. Die Einbeziehung der Interessengruppen in den Veränderungsprozess ist ebenfalls entscheidend. Dies kann durch Foren, Fokusgruppen oder direkte Beteiligung an der Entscheidungsfindung erreicht werden. Wenn die Betroffenen das Gefühl haben, dass sie ein Mitspracherecht haben, werden sie den Wandel eher unterstützen und positiv zu ihm beitragen.

Ein weiterer wichtiger Aspekt ist der Umgang mit Erwartungen. Die Führungskräfte sollten realistisch einschätzen, was der Wandel bewirken kann und was nicht, und dies klar kommunizieren, um Enttäuschungen oder Widerstand zu vermeiden. Das Setzen von erreichbaren Zielen und das Einhalten von Versprechen hilft beim Aufbau von Glaubwürdigkeit und Vertrauen. Konfliktlösungskompetenz ist wichtig, um die Dynamik der Interessengruppen zu steuern. Unterschiedliche Meinungen und Interessen können zu Konflikten führen, und Führungskräfte müssen in der Lage sein, mit solchen Situationen konstruktiv umzugehen. Dazu gehört, allen Parteien zuzuhören, die Ursache des Konflikts zu verstehen und für beide Seiten akzeptable Lösungen zu finden.

Der Aufbau und die Pflege von Beziehungen ist der Schlüssel zu einem effektiven Stakeholder-Management. Regelmäßige Interaktionen, Wertschätzung für die Beiträge der Stakeholder und ein offenes Ohr für ihre Anliegen können diese Beziehungen stärken. Starke Beziehungen können von unschätzbarem Wert sein, insbesondere wenn es darum geht, schwierige Aspekte des Veränderungsprozesses zu bewältigen. Flexibilität und Anpassungsfähigkeit sind ebenfalls wichtig. Die Dynamik der Stakeholder kann sich im Laufe der Veränderungsinitiative verändern, und die Führungskräfte müssen in der Lage sein, ihre Strategien entsprechend anzupassen. Offenheit für Feedback und die Bereitschaft, Anpassungen vorzunehmen, zeigen, dass man sich für die Interessen der Stakeholder einsetzt.

Um die Komplexität der verschiedenen Stakeholder-Dynamiken zu bewältigen, müssen die Perspektiven der Stakeholder verstanden werden, es muss eine effektive und maßgeschneiderte Kommunikation stattfinden, die Stakeholder müssen sich engagieren, die Erwartungen steuern, Konflikte lösen, Beziehungen aufbauen und flexibel sein. Die erfolgreiche

Bewältigung dieser Dynamik ist entscheidend für die Unterstützung und erfolgreiche Umsetzung von Veränderungsinitiativen. Das Erkennen und Vermeiden der häufigsten Fallstricke in Veränderungsprozessen ist eine wesentliche Fähigkeit für Führungskräfte, die den Wandel vorantreiben. Auch wenn Veränderungsinitiativen gut geplant sind, stoßen sie häufig auf Hindernisse, die den Fortschritt behindern können. Wenn man sich dieser potenziellen Fallstricke bewusst ist und über Strategien verfügt, um sie zu überwinden, kann man die Chancen für eine erfolgreiche Umsetzung von Veränderungen erheblich steigern.

Ein häufiger Fallstrick ist der Widerstand gegen Veränderungen. Dieser Widerstand ist oft auf die Angst vor dem Unbekannten, die Bequemlichkeit mit dem Status quo oder auf eine vermeintliche Bedrohung der eigenen Rolle oder des eigenen Status zurückzuführen. Um dies abzumildern, sollten sich die Führungskräfte auf eine klare und einfühlsame Kommunikation konzentrieren, die Mitarbeiter aktiv in den Veränderungsprozess einbeziehen und für angemessene Unterstützung und Schulung sorgen. Ein weiterer Fallstrick ist unzureichende Kommunikation. Wenn es nicht gelingt, die Vision, die Vorteile und den Fortschritt der Veränderung effektiv zu kommunizieren, kann dies zu Fehlinformationen, Gerüchten und verstärktem Widerstand führen. Die Führungskräfte sollten für eine regelmäßige, transparente und wechselseitige Kommunikation sorgen, um alle Mitarbeiter zu informieren und einzubinden.

Mangelndes Engagement der Interessengruppen ist ebenfalls ein häufiges Hindernis. Ohne die aktive Unterstützung und Beteiligung der wichtigsten Interessengruppen können Veränderungsinitiativen an Schwung und Richtung verlieren. Die Führungskräfte sollten von Anfang an alle relevanten Interessengruppen ermitteln und einbeziehen, um ihre Anliegen und Motivationen zu verstehen. Ein weiteres häufiges Problem ist die Unterschätzung der für den Wandel erforderlichen Ressourcen. Dazu gehören Zeit, Budget und Humanressourcen. Eine angemessene Planung und Zuweisung von Ressourcen ist notwendig, um sicherzustellen, dass die Veränderungsinitiative die Unterstützung erhält, die sie für ihren Erfolg benötigt.

Wird die Veränderung nicht mit der Unternehmenskultur in Einklang gebracht, kann der Prozess ebenfalls scheitern. Wenn die Veränderung als Widerspruch zu den Werten und Normen der Organisation empfunden wird, stößt sie auf größeren Widerstand. Die Führungskräfte sollten sich bemühen, die Veränderung mit der Unternehmenskultur in Einklang zu bringen oder daran arbeiten, die Kultur im Einklang mit der Veränderung weiterzuentwickeln. Die Vernachlässigung der Notwendigkeit von schnellen Erfolgen ist eine Falle, die die Moral und die Dynamik beeinträchtigen kann. Die Demonstration früher Erfolge, selbst kleiner, kann Vertrauen und Unterstützung für die Veränderungsinitiative schaffen. Führungskräfte sollten Gelegenheiten für erste Erfolge erkennen und diese der Organisation mitteilen.

Das Ignorieren der emotionalen Auswirkungen des Wandels auf die Mitarbeiter kann zu einem Rückgang der Moral und des Engagements führen. Die Führungskräfte sollten die emotionalen Aspekte anerkennen und ansprechen, bei Bedarf Unterstützung bieten und die Bemühungen der an der Veränderung Beteiligten anerkennen. Wird die Notwendigkeit einer kontinuierlichen Überwachung und Anpassung übersehen, kann dies dazu führen, dass die Veränderungsinitiative vom Kurs abweicht. Die regelmäßige Überprüfung der Fortschritte, das Einholen von Feedback und die Bereitschaft, Anpassungen vorzunehmen, sind für den langfristigen Erfolg der Veränderung von entscheidender Bedeutung.

Das Erkennen und Beseitigen der häufigsten Fallstricke in Veränderungsprozessen beinhaltet die Bewältigung von Widerständen gegen Veränderungen, die Sicherstellung einer angemessenen Kommunikation, die Einbindung von Interessengruppen, die Zuweisung ausreichender Ressourcen, die Anpassung der Veränderung an die Unternehmenskultur, das Erzielen von Quick Wins, die Bewältigung der emotionalen Auswirkungen und die kontinuierliche Überwachung und

Anpassung des Veränderungsprozesses. Indem sie sich dieser Fallstricke bewusst sind und sie proaktiv angehen, können Führungskräfte die Komplexität des Wandels besser bewältigen.

Bei Veränderungsinitiativen ist es für Führungskräfte von entscheidender Bedeutung, häufige Herausforderungen und Fallstricke zu erkennen, um den Transformationsprozess effektiv zu bewältigen. Ein tiefes Verständnis dieser potenziellen Probleme ermöglicht es den Führungskräften, proaktiv Strategien zu entwickeln, um sie zu entschärfen und die Chancen auf ein erfolgreiches Ergebnis zu erhöhen. Der Widerstand gegen Veränderungen ist vielleicht die häufigste Herausforderung. Er kann verschiedene Ursachen haben, z. B. die Angst vor dem Unbekannten, das Unbehagen an neuen Prozessen oder eine vermeintliche Bedrohung der Arbeitsplatzsicherheit. Die frühzeitige Erkennung dieses Widerstands und das Verständnis seiner Ursachen sind entscheidend für eine wirksame Bewältigung. Unzureichende Kommunikation führt oft zu Missverständnissen über die Ziele und Vorteile der Veränderung, was zu Verwirrung oder mangelnder Akzeptanz führt. Es muss sichergestellt werden, dass die Kommunikation klar und einheitlich ist und alle Ebenen des Unternehmens erreicht, damit alle Beteiligten auf einer Linie bleiben und sich engagieren. Ein weiterer häufiger Fallstrick ist das Versäumnis, eine ausreichende Beteiligung der Interessengruppen sicherzustellen. Veränderungsinitiativen können ins Stocken geraten, wenn sie nicht die aktive Unterstützung von Schlüsselpersonen oder - gruppen erhalten, z. B. von der oberen Führungsebene, dem mittleren Management oder den Mitarbeitern an der Basis. Es ist wichtig, diese Interessengruppen von Anfang an zu identifizieren und einzubinden.

Eine Unterschätzung des Ressourcenbedarfs, sei es in Bezug auf Zeit, Budget oder Personal, kann zu unrealistischen Erwartungen und einer Überlastung der Organisation führen. Eine genaue Bewertung und Zuweisung von Ressourcen ist für die reibungslose Durchführung des Veränderungsprozesses erforderlich. Die Vernachlässigung der Abstimmung der Veränderungsinitiative mit der Unternehmenskultur kann zu

Reibungen und Widerstand führen. Die Führungskräfte müssen sicherstellen, dass die Veränderung mit der bestehenden Unternehmenskultur vereinbar ist bzw. sich sorgfältig in diese einfügt. Wird die Notwendigkeit von schnellen Erfolgen übersehen, kann dies die Dynamik und Moral der Veränderungsinitiative beeinträchtigen. Frühe Erfolge zu erkennen und zu feiern hilft, Vertrauen aufzubauen und die Vorteile der Veränderung zu demonstrieren. Eine weitere Herausforderung ist die Bewältigung der emotionalen Auswirkungen des Wandels. Veränderungen können für die Mitarbeiter beunruhigend sein, und wenn der emotionale Aspekt nicht berücksichtigt wird, kann dies zu Desengagement oder Fluktuation führen. Die Führungskräfte müssen einfühlsam und unterstützend vorgehen.

Wird die Veränderungsstrategie angesichts neuer Informationen oder Herausforderungen nicht angepasst, kann dies dazu führen, dass die Initiative irrelevant oder unwirksam wird. Kontinuierliche Überwachung und Flexibilität sind der Schlüssel, um sicherzustellen, dass die Veränderung auf Kurs bleibt und ihre Ziele erreicht.

Das Erkennen von häufigen Herausforderungen und Fallstricken bei Veränderungsinitiativen beinhaltet das Erkennen und Angehen von Widerständen gegen Veränderungen, die Sicherstellung einer effektiven Kommunikation, die Sicherstellung der Zustimmung der Interessengruppen, die genaue Einschätzung des Ressourcenbedarfs, die Anpassung der Veränderung an die Unternehmenskultur, das Erzielen von schnellen Erfolgen, die Bewältigung der emotionalen Auswirkungen und das Beibehalten von Flexibilität und Anpassungsfähigkeit. Das Bewusstsein und der proaktive Umgang mit diesen Themen sind entscheidend für die erfolgreiche Bewältigung des Wandels.

Es ist von unschätzbarem Wert, aus realen Beispielen von Rückschlägen in Veränderungsprozessen zu lernen. Aus diesen Beispielen lassen sich wichtige Lehren für künftige Strategien ziehen, die helfen können, ähnliche Fallstricke zu vermeiden. Die Analyse von Fällen, in denen Veränderungsinitiativen nicht wie geplant verliefen, bietet Einblicke in die Komplexität der Bewältigung von Veränderungen und verdeutlicht die Bedeutung von Anpassungsfähigkeit und Widerstandsfähigkeit. Eine wichtige Erkenntnis aus solchen Beispielen ist die entscheidende Rolle einer klaren und konsequenten Kommunikation. Viele Veränderungsinitiativen scheitern, wenn die Gründe für den Wandel nicht allen Beteiligten wirksam vermittelt werden, was zu Verwirrung und Widerstand führt. Wenn man versteht, warum erfolgreiche Kommunikationsstrategien nicht umgesetzt wurden, kann man sich bei künftigen Bemühungen daran orientieren.

Eine weitere Lektion ist die Bedeutung des Engagements der Interessengruppen. Rückschläge treten häufig auf, wenn wichtige Interessengruppen nicht angemessen in den Veränderungsprozess einbezogen werden. Die Analyse dieser Szenarien kann deutlich machen, wie wichtig es ist, die Bedürfnisse der Beteiligten zu verstehen und sie aktiv in die Planung und Umsetzung einzubeziehen. Die Ressourcenzuweisung ist ein weiterer Bereich, in dem viele Veränderungsprozesse auf Schwierigkeiten stoßen. Rückschläge in der realen Welt zeigen, welche Folgen es hat, wenn man die für den Wandel erforderlichen Ressourcen, einschließlich Zeit, Finanzen und Humankapital, unterschätzt. Die Lehren aus diesen Fällen unterstreichen die Notwendigkeit einer gründlichen Planung und realistischen Budgetierung.

Viele Rückschläge sind darauf zurückzuführen, dass es nicht gelungen ist, die Veränderungsinitiative mit der Unternehmenskultur in Einklang zu bringen. Diese Beispiele machen deutlich, wie schwierig es ist, Veränderungen einzuführen, die nicht mit den bestehenden Werten und Praktiken der Organisation übereinstimmen, und unterstreichen die Notwendigkeit, bei der Planung von Veränderungen kulturelle Aspekte zu berücksichtigen. Widerstand gegen Veränderungen ist ein gemeinsames Thema bei vielen Rückschlägen. Die Untersuchung dieser Fälle zeigt verschiedene Faktoren, die zum Widerstand beitragen, darunter die Angst vor dem Unbekannten, die wahrgenommene Bedrohung der Arbeitsplatzsicherheit und das Unbehagen an neuen Arbeitsweisen. Die Lehren aus diesen Beispielen zeigen, wie wichtig es ist, Widerstände durch

Einfühlungsvermögen, Unterstützung und wirksame Strategien des Veränderungsmanagements zu bewältigen.

Die Führung spielt eine entscheidende Rolle für den Erfolg oder Misserfolg von Veränderungsinitiativen. Rückschläge treten häufig auf, wenn sich die Führungskräfte nicht voll engagieren oder ihnen die Fähigkeiten fehlen, den Veränderungsprozess zu leiten. Die Analyse dieser Situationen kann Aufschluss über die Qualitäten und Handlungen effektiver Führungspersönlichkeiten im Wandel geben. Flexibilität und Anpassungsfähigkeit sind bei der Bewältigung des Wandels von entscheidender Bedeutung, wie die Rückschläge bei starr geführten Initiativen zeigen. Aus diesen Beispielen lässt sich lernen, wie wichtig es ist, auf Feedback zu reagieren, Anpassungen vorzunehmen und unvorhergesehene Herausforderungen zu meistern.

Aus realen Beispielen von Rückschlägen bei Veränderungsprozessen lassen sich wertvolle Lehren für eine effektive Kommunikation, das Engagement von Interessengruppen, die Zuweisung von Ressourcen, die kulturelle Anpassung, den Umgang mit Widerständen, die Führung und die Notwendigkeit von Flexibilität ziehen. Diese Erkenntnisse sind für die Gestaltung robusterer und widerstandsfähigerer Strategien für künftige Veränderungsinitiativen von großer Bedeutung. Die Aufrechterhaltung der Dynamik von Veränderungsinitiativen ist entscheidend für ihren Erfolg und ihre Nachhaltigkeit. Der Einsatz verschiedener Instrumente und Werkzeuge kann wesentlich dazu beitragen, die Dynamik aufrechtzuerhalten und sicherzustellen, dass der Veränderungsprozess dynamisch und auf Kurs bleibt.

Tools zur Leistungsverfolgung sind für die Überwachung des Fortschritts der Veränderungsinitiative von entscheidender Bedeutung. Tools wie Dashboards und Projektmanagement-Software ermöglichen es Führungskräften und Teams, die wichtigsten Meilensteine, Leistungen und Fristen genau im Auge zu behalten. Sie bieten Echtzeiteinblicke in den Fortschritt der Veränderung und helfen dabei, Bereiche zu identifizieren, in denen die Initiative auf dem richtigen Weg ist und Bereiche, die mehr Aufmerksamkeit erfordern. Kommunikationsplattformen spielen eine kontinuierliche Rolle bei der Aufrechterhaltung der Veränderungsdynamik. Regelmäßige Aktualisierungen, Erfolgsgeschichten und transparente Diskussionen über Herausforderungen sorgen dafür, dass die Veränderungsinitiative für alle Beteiligten sichtbar ist und im Mittelpunkt steht. Diese Plattformen sorgen dafür, dass alle Beteiligten während des gesamten Prozesses informiert und eingebunden bleiben.

Feedback-Mechanismen sind wichtig, um die Effektivität der Veränderung und den Grad der Beteiligung der Interessengruppen zu messen. Umfragen, Feedback-Formulare und Vorschlagskästen ermöglichen es den Interessengruppen, ihre Meinungen, Bedenken und Vorschläge zu äußern und so wertvolle Anregungen zu geben, die zur Verfeinerung und Verbesserung des Veränderungsprozesses beitragen können. Schulungs- und Entwicklungsinstrumente bleiben während des gesamten Veränderungsprozesses von entscheidender Bedeutung. Je weiter die Veränderung voranschreitet, desto mehr neue Fähigkeiten oder Kenntnisse werden benötigt. E-Learning-Plattformen, Workshops und Schulungen stellen sicher, dass alle Mitarbeiter über die notwendigen Kompetenzen verfügen, um den Wandel zu unterstützen und zu begleiten.

Tools für die Zusammenarbeit erleichtern die kontinuierliche Teamarbeit und Problemlösung. Tools, die virtuelle Besprechungen, gemeinsame Arbeitsbereiche und die gemeinsame Bearbeitung von Dokumenten unterstützen, ermöglichen es Teams, effektiv zusammenzuarbeiten, auch wenn sie geografisch verstreut sind. Anerkennungs- und Belohnungssysteme tragen zur Aufrechterhaltung von Moral und Motivation bei. Die Anerkennung der Beiträge des Einzelnen und des Teams zur Veränderungsinitiative stärkt positive Verhaltensweisen und ermutigt zu fortgesetzter Beteiligung und Unterstützung.

Software für das Änderungsmanagement kann strukturierte Rahmen für die Verwaltung verschiedener Aspekte des Änderungsprozesses bieten. Diese Tools können beim Risikomanagement, bei der Zuordnung von Interessengruppen und bei der Analyse der Auswirkungen von Veränderungen helfen und so einen umfassenden Ansatz zur Aufrechterhaltung der Veränderungsdynamik bieten. Analysetools sind nach wie vor wichtig, um datengesteuerte Entscheidungen zu treffen. Sie bieten Einblicke in die Auswirkungen der Veränderung auf verschiedene Aspekte des Unternehmens und helfen den Führungskräften, fundierte Entscheidungen über den künftigen Verlauf der Initiative zu treffen.

Die Nutzung von Instrumenten und Werkzeugen zur Aufrechterhaltung der Veränderungsdynamik beinhaltet die Verwendung von Tools zur Leistungsverfolgung, Kommunikationsplattformen, Feedback-Mechanismen, Schulungs- und Entwicklungstools, Tools zur Zusammenarbeit, Anerkennungs- und Belohnungssystemen, Software für das Veränderungsmanagement und Analysetools. Diese Ressourcen helfen dabei, den Veränderungsprozess fokussiert, dynamisch und auf seine Ziele ausgerichtet zu halten, um ein kontinuierliches Engagement und den Erfolg sicherzustellen.

Der Einsatz der richtigen Instrumente und Werkzeuge ist entscheidend für die Aufrechterhaltung der Dynamik von Veränderungsinitiativen. Diese Ressourcen spielen eine Schlüsselrolle, wenn es darum geht, den Veränderungsprozess aktiv, engagiert und auf seine Ziele ausgerichtet zu halten. Change Management Dashboards sind leistungsstarke Instrumente, um den Überblick über den Veränderungsprozess zu behalten. Sie bieten eine Momentaufnahme der wichtigsten Kennzahlen und Fortschrittsindikatoren und helfen Führungskräften und Teams dabei, über den Status verschiedener Änderungsaktivitäten und Meilensteine informiert zu bleiben. Engagement-Plattformen erleichtern die kontinuierliche Kommunikation und Interaktion zwischen den Beteiligten. Regelmäßige Aktualisierungen, Diskussionsforen und Frage- und Antwortsitzungen auf diesen Plattformen tragen dazu bei, die Diskussion über die Veränderung am Leben zu erhalten und ein Gemeinschaftsgefühl rund um die Veränderungsinitiative zu fördern.

Feedback- und Umfrageinstrumente sind wichtig, um den Puls der Organisation zu erfassen. Regelmäßige Umfragen und Feedback-Kanäle geben Aufschluss darüber, wie der Wandel auf den verschiedenen Ebenen wahrgenommen und erlebt wird, und ermöglichen eine rechtzeitige Anpassung der Strategien und Ansätze. Lern- und Entwicklungsinstrumente sind wichtig, um neue Fähigkeiten und Verhaltensweisen zu festigen. Der ständige Zugang zu Schulungsressourcen, E-Learning-Modulen und Programmen zum Aufbau von Fähigkeiten stellt sicher, dass die Mitarbeiter für die sich verändernden Anforderungen des Veränderungsprozesses gerüstet sind und sich sicher fühlen.

Kollaborative Arbeitsräume, sowohl physisch als auch digital, fördern die Teamarbeit und das gemeinsame Lösen von Problemen. Diese Räume sind entscheidend für Brainstorming, Innovation und funktionsübergreifende Zusammenarbeit, die alle dazu beitragen, die Dynamik zu erhalten. Anerkennungs- und Anreizprogramme tragen dazu bei, Begeisterung und Motivation aufrechtzuerhalten. Das Feiern von Meilensteinen, die Anerkennung von Einzel- und Teambeiträgen und die Schaffung von Anreizen für erwünschte Verhaltensweisen verstärken den Wert der Veränderung und fördern die kontinuierliche Beteiligung.

Analysetools spielen eine wichtige Rolle bei der Messung der Auswirkungen des Wandels. Aus verschiedenen Quellen gesammelte Daten können analysiert werden, um die Wirksamkeit der Veränderungsinitiativen zu verstehen, verbesserungswürdige Bereiche zu ermitteln und Informationen für künftige Maßnahmen zu erhalten. Mobile Anwendungen und Benachrichtigungen können genutzt werden, um zeitnahe Aktualisierungen und Erinnerungen bereitzustellen. Push-Benachrichtigungen und mobiler Zugriff auf änderungsbezogene Informationen sorgen dafür, dass die Beteiligten auch unterwegs in Verbindung bleiben und sich engagieren. Soziale Medien und interne Blogs können genutzt werden, um Erfolgsgeschichten, bewährte Verfahren und Erfahrungsberichte im Zusammenhang mit der Änderung zu verbreiten. Diese Plattformen können die Aufmerksamkeit auf die Veränderung lenken und dazu beitragen, ein positives Bild zu vermitteln. Risikomanagement-Tools bleiben während des gesamten Veränderungsprozesses wichtig. Durch die kontinuierliche Identifizierung, Bewertung und Abschwächung von Risiken wird sichergestellt, dass die Veränderungsinitiative auf Kurs bleibt und gegenüber potenziellen Störungen widerstandsfähig ist.

Um die Dynamik des Wandels aufrechtzuerhalten, muss eine Vielzahl von Werkzeugen und Instrumenten eingesetzt werden, darunter Dashboards für das Änderungsmanagement, Plattformen für das Engagement, Feedback-Tools, Lern- und Entwicklungsressourcen, kollaborative Arbeitsbereiche, Anerkennungsprogramme, Analysetools, mobile Anwendungen, soziale Medien und Risikomanagement-Tools. Diese Ressourcen tragen dazu bei, dass die Beteiligten sich engagieren, informiert sind und in der Lage sind, die Veränderungsinitiative voranzutreiben und zu unterstützen. Die Verstärkung positiver Verhaltensweisen und Praktiken ist ein entscheidendes Element, um die Dynamik aufrechtzuerhalten und den langfristigen Erfolg von Veränderungsinitiativen zu gewährleisten. Es geht darum, die Verhaltensweisen und Aktivitäten, die mit den Veränderungszielen übereinstimmen, zu fördern und zu festigen und sie zu einem natürlichen und integralen Bestandteil der Unternehmenskultur zu machen.

Eine wirksame Möglichkeit, positive Verhaltensweisen zu verstärken, ist die Anerkennung und Belohnung. Die Anerkennung und Belohnung von Einzelpersonen und Teams, die die gewünschten Verhaltensweisen und Praktiken an den Tag legen, motiviert sie nicht nur, diese Aktionen fortzusetzen, sondern dient auch als Vorbild für andere. Dies kann durch formelle Anerkennungsprogramme, informelle Anerkennungen oder leistungsbezogene Anreize geschehen. Konsequente Kommunikation spielt bei der Verstärkung eine zentrale Rolle. Durch regelmäßiges Hervorheben der Bedeutung von Verhaltensänderungen, das Erzählen von Erfolgsgeschichten und das Aufzeigen der Auswirkungen dieser Verhaltensweisen auf die Ziele des Unternehmens bleiben sie im Gedächtnis aller Beteiligten präsent. Durch diese konsequente Vermittlung werden der Wert und die Bedeutung der neuen Verhaltensweisen verstärkt. Ein weiterer wichtiger Punkt ist die Bereitstellung von kontinuierlichen Schulungs- und Entwicklungsmöglichkeiten. Wenn sich das Unternehmen weiterentwickelt, ist es von entscheidender Bedeutung, dass die Mitarbeiter über die Fähigkeiten und Kenntnisse verfügen, um sich an neue Prozesse und Systeme anzupassen. Kontinuierliche Lernumgebungen fördern die Übernahme neuer Verhaltensweisen und unterstützen ihre Integration in die tägliche Arbeit.

Die Vorbildfunktion von Führungskräften ist ein weiteres wirkungsvolles Instrument zur Verstärkung. Wenn Führungskräfte die Verhaltensweisen und Praktiken vorleben, die im Rahmen der Veränderungsinitiative gefördert werden sollen, vermittelt dies eine deutliche Botschaft über deren Bedeutung. Die Führungskräfte sollten diese Verhaltensweisen in ihren Handlungen und Entscheidungen konsequent vorleben. Die Schaffung eines unterstützenden Umfelds, das die neuen Verhaltensweisen fördert, ist von entscheidender Bedeutung. Dazu gehören die Bereitstellung der erforderlichen Ressourcen und Instrumente, die Schaffung von Richtlinien und Verfahren, die mit dem Wandel in Einklang stehen, und die Förderung einer Kultur, die Innovation, Flexibilität und kontinuierliche Verbesserung schätzt.

Feedbackschleifen sind wichtig, um positive Verhaltensänderungen zu verstärken. Regelmäßiges Feedback ermöglicht es dem Einzelnen zu verstehen, wie seine Handlungen mit den Veränderungszielen übereinstimmen und wo Anpassungen erforderlich sein könnten. Konstruktives Feedback hilft bei der Feinabstimmung von Verhaltensweisen und Praktiken im Hinblick auf eine bessere Ausrichtung auf die Veränderungsziele. Das Feiern von Meilensteinen und Erfolgen im Zusammenhang mit der Verhaltensänderung trägt dazu bei, Begeisterung und Engagement aufrechtzuerhalten. Wenn diese Erfolge, ob groß oder klein, gewürdigt werden, stärkt dies den Fortschritt und die gemeinsamen Bemühungen um die Veränderung.

Zur Verstärkung positiver Verhaltensweisen und Praktiken gehören Anerkennung und Belohnung, konsequente Kommunikation, fortlaufende Schulung und Entwicklung, Vorbildfunktion der Führungskräfte, Schaffung eines unterstützenden Umfelds, Einrichtung von Feedbackschleifen sowie das Feiern von Meilensteinen und Erfolgen. Diese Strategien sind von entscheidender Bedeutung, um die gewünschten Verhaltensweisen zu einem dauerhaften Bestandteil der Unternehmenskultur zu machen und so den Erfolg und die Nachhaltigkeit der Veränderungsinitiative sicherzustellen.

Im Zusammenhang mit der Durchführung von Umstrukturierungen ist die Fähigkeit zur Anpassung und Weiterentwicklung von Instrumenten an die sich ändernden Anforderungen der Organisation von entscheidender Bedeutung. Mit dem Fortschreiten von Veränderungsinitiativen können sich die Bedürfnisse und Herausforderungen der Organisation ändern, so dass die Werkzeuge und Ansätze flexibel und reaktionsfähig sein müssen. Die Anpassung von Instrumenten an die sich ändernden Anforderungen erfordert eine regelmäßige Überprüfung und Bewertung der Wirksamkeit der derzeit verwendeten Instrumente. Diese Bewertung kann sich auf das Feedback der Benutzer, Leistungskennzahlen und den Gesamtfortschritt der Veränderungsinitiative stützen. Zu verstehen, wie gut diese Instrumente die Veränderungsziele unterstützen, ist der Schlüssel, um festzustellen, ob Anpassungen oder Ersetzungen notwendig sind.

Technologische Fortschritte und sich abzeichnende Trends sollten kontinuierlich beobachtet werden. Das rasche Tempo des technologischen Wandels bedeutet, dass ständig neue und effektivere Instrumente entwickelt werden. Wenn man sich über diese Entwicklungen auf dem Laufenden hält, kann man effizientere oder benutzerfreundlichere Instrumente in den Veränderungsprozess einbeziehen. Die Anpassung von Tools an den spezifischen Kontext der Organisation ist oft notwendig. Lösungen von der Stange sind nicht immer perfekt auf die besonderen Bedürfnisse des Unternehmens abgestimmt. Die Anpassung dieser Tools oder die Entwicklung maßgeschneiderter

Lösungen gewährleistet, dass sie besser auf die spezifischen Anforderungen der Veränderungsinitiative abgestimmt sind.

Die Schulungs- und Unterstützungssysteme sollten mit den Instrumenten weiterentwickelt werden. Wenn neue Tools eingeführt oder bestehende geändert werden, muss sichergestellt werden, dass die Mitarbeiter die notwendigen Schulungen erhalten, um diese Tools effektiv zu nutzen. Dies kann die Erstellung neuer Schulungsmodule, die Aktualisierung von Ressourcenmaterialien oder das Angebot zusätzlicher Unterstützungskanäle beinhalten. Feedback-Schleifen sind bei der Anpassung von Instrumenten unerlässlich. Regelmäßige Rückmeldungen von den Nutzern dieser Instrumente geben Aufschluss darüber, wie sie verbessert oder angepasst werden können. Die Ermutigung zu offenem und ehrlichem Feedback und die Reaktion darauf zeigen das Engagement für eine kontinuierliche Verbesserung des Veränderungsprozesses.

Skalierbarkeit und Integration sind wichtige Aspekte. Die Tools sollten skalierbar sein, um dem Wachstum und der Expansion der Organisation oder der Veränderungsinitiative gerecht zu werden. Sie sollten sich auch nahtlos in andere Systeme und Werkzeuge integrieren lassen, die in der Organisation verwendet werden, um einen kohärenten Ansatz zu gewährleisten. Die iterative Entwicklung und Implementierung von Tools ermöglicht eine schrittweise Verbesserung und Anpassung. Anstatt große, umfassende Änderungen an den Instrumenten vorzunehmen, ermöglicht ein iterativer Ansatz kleine, überschaubare Änderungen im Laufe der Zeit, wodurch Unterbrechungen reduziert und eine kontinuierliche Verbesserung ermöglicht werden.

Die Anpassung und Weiterentwicklung von Instrumenten an die sich wandelnden Erfordernisse des Wandels beinhaltet eine regelmäßige Bewertung und Überprüfung, die ständige Aktualisierung der technologischen Fortschritte, die Anpassung an Kundenwünsche, die Weiterentwicklung von Schulung und Support, die Einrichtung von Feedbackschleifen, die Berücksichtigung von Skalierbarkeit und Integration sowie die

Anwendung eines iterativen Ansatzes bei der Entwicklung und Implementierung. Diese Strategien stellen sicher, dass die im Veränderungsprozess eingesetzten Tools effektiv und relevant bleiben und die sich entwickelnden Bedürfnisse der Organisation unterstützen.

Die wirksame Kommunikation von Veränderungsbotschaften ist ein entscheidender Aspekt bei der Durchführung von Veränderungen. Es geht darum, Informationen über die Veränderung in einer Art und Weise zu vermitteln, die klar und überzeugend ist und bei den Zuhörern ankommt. Eine wirksame Kommunikation informiert nicht nur, sondern bezieht auch die Beteiligten mit ein und motiviert sie, um Unterstützung für den Wandel zu gewinnen.

Klarheit ist das A und O bei der Kommunikation über Veränderungen. Die Botschaften sollten prägnant, spezifisch und leicht verständlich sein. Durch die Vermeidung von Fachjargon und technischer Sprache wird sichergestellt, dass die Botschaft für alle Mitglieder der Organisation zugänglich ist, unabhängig von ihrer Rolle oder Ebene. Konsistenz in der Kommunikation stärkt die Ziele der Veränderung und trägt zur Vertrauensbildung bei. Uneinheitliche oder widersprüchliche Botschaften können zu Verwirrung und Skepsis führen. Konsistente Botschaften, die über verschiedene Kanäle und von unterschiedlichen Führungskräften vermittelt werden, stärken die Glaubwürdigkeit der Veränderungsinitiative.

Es ist wichtig, die Botschaften auf die verschiedenen Zielgruppen abzustimmen. Verschiedene Interessengruppen haben möglicherweise unterschiedliche Anliegen, Prioritäten und ein unterschiedliches Verständnis für die Veränderung. Die Anpassung der Botschaft an die spezifischen Bedürfnisse und Perspektiven jeder Gruppe gewährleistet, dass sie relevanter ist und mehr Wirkung zeigt. Die Nutzung verschiedener Kommunikationskanäle hilft dabei, ein breiteres Publikum zu erreichen und auf unterschiedliche Präferenzen einzugehen. Dazu können E-Mails, Meetings, soziale Medien, interne Newsletter und persönliche Gespräche gehören. Ein Multi-Channel-Ansatz sorgt dafür, dass die Botschaft mit größerer Wahrscheinlichkeit ankommt und aufgenommen wird.

Durch das Erzählen von Geschichten und die Verwendung von Beispielen aus dem wirklichen Leben können Veränderungsbotschaften ansprechender und einprägsamer werden. Das Erzählen von Erfolgsgeschichten, überwundenen Herausforderungen oder den potenziellen Auswirkungen der Veränderung kann helfen, die Vorteile zu veranschaulichen und die Botschaft lebendig werden zu lassen. Transparenz ist bei der Kommunikation von Veränderungen unerlässlich. Die Gründe für die Veränderung, die erwarteten Ergebnisse und die Herausforderungen offen darzulegen, trägt dazu bei, Vertrauen und Respekt aufzubauen. Das Eingestehen von Unsicherheiten und eine ehrliche Darstellung dessen, was bekannt ist und was noch nicht feststeht, kann Fehlinformationen und Gerüchten vorbeugen.

Die Kommunikation in beide Richtungen ist wichtig für das Engagement. Durch die Möglichkeit, Feedback zu geben, Fragen zu stellen und einen Dialog zu führen, fühlen sich die Stakeholder gehört und wertgeschätzt. Dies kann durch Frage- und Antwortrunden, Feedback-Formulare, Bürgerversammlungen oder interaktive Workshops erreicht werden. Regelmäßige Aktualisierungen halten die Dynamik der Veränderungsinitiative aufrecht und sorgen dafür, dass das Engagement der Stakeholder erhalten bleibt. Laufende Informationen über den Fortschritt, das Feiern von Meilensteinen und die Erörterung der nächsten Schritte sorgen dafür, dass die Veränderungsinitiative sichtbar bleibt und im Mittelpunkt des Interesses steht.

Zu einer effektiven Kommunikation von Veränderungsbotschaften gehören Klarheit, Konsistenz, zielgruppenspezifische Botschaften, die Nutzung mehrerer Kanäle, Storytelling, Transparenz, Kommunikation in beide Richtungen und regelmäßige Aktualisierungen. Diese Elemente sind entscheidend, um sicherzustellen, dass die Botschaften nicht nur gehört, sondern auch verstanden, akzeptiert und von allen Beteiligten unterstützt werden. Die Kunst, wirkungsvolle

Veränderungsbotschaften zu formulieren und zu übermitteln, ist das Herzstück eines effektiven Veränderungsmanagements. Es geht darum, ein Narrativ zu schaffen, das bei den Zuhörern ankommt, zum Handeln anregt und eine positive Einstellung zur Veränderung fördert. Dieser Prozess umfasst sowohl den Inhalt der Botschaft als auch die Art und Weise, wie sie vermittelt wird.

Die Formulierung wirkungsvoller Botschaften beginnt mit einem tiefen Verständnis des Zwecks und des Nutzens der Veränderung. Die Botschaft sollte klar zum Ausdruck bringen, warum die Veränderung notwendig ist und wie sie mit den übergeordneten Zielen und Werten der Organisation zusammenhängt. Sie sollte eine Vision der Zukunft vermitteln, die überzeugend und wünschenswert ist. Die Sprache, die bei der Ausarbeitung dieser Botschaften verwendet wird, ist entscheidend. Sie sollte einfach, klar und frei von Fachjargon sein, damit die Botschaft für jeden in der Organisation verständlich ist. Der Ton sollte positiv und inklusiv sein und die Chancen und Vorteile hervorheben, anstatt sich mit den Herausforderungen und Risiken zu befassen.

Einfühlungsvermögen ist eine Schlüsselkomponente bei der Formulierung von Botschaften zum Wandel. Wenn man die Sorgen und Perspektiven der Zuhörer versteht, kann man eine Botschaft verfassen, die diese Gefühle anerkennt und sie direkt anspricht. Dieses Einfühlungsvermögen trägt dazu bei, Vertrauen aufzubauen und Widerstände abzubauen. Wie wir bereits erwähnt haben, kann das Erzählen von Geschichten ein wirkungsvolles Instrument zur Vermittlung von Veränderungsbotschaften sein. Erfolgsgeschichten, Beispiele für positive Ergebnisse oder Erzählungen, mit denen die Menschen etwas anfangen können, machen die Veränderung greifbarer und fesselnder. Geschichten helfen dabei, die praktischen Auswirkungen der Veränderung zu veranschaulichen und können überzeugender sein als abstrakte Beschreibungen.

Auch der Zeitpunkt und der Kontext der Übermittlung der Botschaft sind wichtig. Botschaften sollten zu einem Zeitpunkt übermittelt werden, zu dem sie am relevantesten sind, und in einem Kontext, der für die Zielgruppe sinnvoll ist. Dies könnte bedeuten, dass die Botschaft mit wichtigen Ereignissen oder Meilensteinen des Unternehmens in Einklang gebracht wird. Die Wahl des richtigen Mediums für die Übermittlung der Botschaft ist entscheidend. Unterschiedliche Zielgruppen bevorzugen unterschiedliche Kommunikationskanäle, wie E-Mail, soziale Medien, persönliche Treffen oder interne Rundschreiben. Die Nutzung einer Vielzahl von Kanälen sorgt für eine größere Reichweite und eine stärkere Wirkung.

Engagierte und interaktive Kommunikation kann die Wirksamkeit von Veränderungsbotschaften erhöhen. Die Ermutigung zum Dialog, die Einladung zu Fragen und das Einholen von Feedback machen den Kommunikationsprozess dynamischer und partizipativer. Die Konsistenz der Botschaften ist entscheidend. Die Wiederholung von Schlüsselthemen und -botschaften trägt dazu bei, die Veränderungsbotschaft zu verstärken und sicherzustellen, dass sie im Gedächtnis bleibt und verstanden wird. Diese Wiederholungen sollten jedoch ausgewogen sein, um eine Ermüdung der Botschaft zu vermeiden.

Die Kunst, wirkungsvolle Veränderungsbotschaften zu formulieren und zu übermitteln, besteht darin, den Zweck der Veränderung zu verstehen, eine klare und einfühlsame Sprache zu verwenden, Geschichten zu erzählen, den Zeitpunkt und den Kontext zu berücksichtigen, geeignete Kommunikationsmittel zu wählen, interaktiv zu kommunizieren und Konsistenz zu wahren. All diese Elemente tragen dazu bei, dass die Botschaften der Veränderung nicht nur gehört werden, sondern auch bei den Zuhörern ankommen und sie motivieren, den Veränderungsprozess anzunehmen und sich daran zu beteiligen. Ein grundlegender Aspekt eines erfolgreichen Veränderungsmanagements ist es, die Beteiligten durch effektive Kommunikation einzubinden und zu inspirieren. Es geht darum, eine Verbindung zu den Stakeholdern herzustellen, die über die bloße Weitergabe von Informationen hinausgeht - es geht darum, sie zu motivieren, ihre Unterstützung zu gewinnen und ihre aktive Beteiligung am Veränderungsprozess zu fördern.

Um Stakeholder effektiv einzubinden, ist es entscheidend, ihre Perspektiven, Anliegen und Interessen zu verstehen. Dieses Verständnis ermöglicht die Erstellung von Botschaften, die für die verschiedenen Gruppen relevant und sinnvoll sind. Wenn man weiß, worauf es den einzelnen Interessengruppen ankommt, kann man eine Botschaft formulieren, die auf ihre spezifischen Motivationen und Anliegen eingeht. Die Personalisierung der Kommunikation ist der Schlüssel zum Engagement. Breit angelegte Botschaften sind zwar wichtig für die Konsistenz, aber eine maßgeschneiderte Kommunikation, die auf die speziellen Fragen und Bedürfnisse der verschiedenen Interessengruppen eingeht, macht die Kommunikation relevanter und wirkungsvoller. Dazu kann es notwendig sein, die Zielgruppe zu segmentieren und gezielte Botschaften für jedes Segment zu entwickeln. Interaktive Kommunikationsmethoden können das Engagement erheblich steigern. Anstelle einer einseitigen Kommunikation fördern interaktive Methoden wie Workshops, Bürgerversammlungen und Diskussionsforen den Dialog und geben den Interessengruppen die Möglichkeit, ihre Meinungen und Bedenken zu äußern. Diese zweiseitige Kommunikation fördert das Gefühl der Beteiligung und der Investition in den Veränderungsprozess.

Transparenz ist eine wesentliche Voraussetzung für den Aufbau von Vertrauen und Glaubwürdigkeit. Die offene Weitergabe von Informationen über den Veränderungsprozess, einschließlich der Herausforderungen und deren Bewältigung, stärkt das Vertrauen der Interessengruppen. Transparenz zeigt, dass sich die Führung zu Ehrlichkeit und Integrität verpflichtet, die für das Vertrauen der Interessengruppen entscheidend sind. Konsistente und regelmäßige Kommunikation erhält das Engagement aufrecht. Durch kontinuierliche Informationen über den Fortschritt der Veränderung, die nächsten Schritte und das Feiern von Meilensteinen werden die Stakeholder informiert und eingebunden. Regelmäßige Kommunikation trägt dazu bei, das Interesse und die Dynamik der Veränderungsinitiative aufrechtzuerhalten.

Visuelle und multimediale Elemente können die Attraktivität und Klarheit der Kommunikation erhöhen. Die Verwendung von Infografiken, Videos und Präsentationen kann komplexe Informationen verständlicher und ansprechender machen. Diese Elemente können Verständnisbarrieren abbauen und der Kommunikation eine ansprechende Ebene verleihen. Die Anerkennung der Beiträge der Interessengruppen stärkt das Engagement. Die Anerkennung der Beiträge und Bemühungen der Interessengruppen, sei es durch formelle Anerkennungsprogramme oder informelle Wertschätzung, zeigt, dass ihre Beiträge geschätzt werden und wichtig sind.

Um die Stakeholder durch effektive Kommunikation einzubinden und zu inspirieren, ist es notwendig, ihre Perspektive zu verstehen, die Kommunikation zu personalisieren, interaktive Methoden einzusetzen, Transparenz zu wahren, eine konsistente Kommunikation zu gewährleisten, visuelle und multimediale Elemente zu nutzen und Beiträge anzuerkennen. Diese Strategien tragen dazu bei, eine starke Verbindung zu den Stakeholdern aufzubauen und ihre begeisterte Unterstützung und aktive Beteiligung an der Veränderungsinitiative zu fördern.

Die Aufrechterhaltung von Transparenz und Offenheit während des gesamten Transformationsprozesses ist entscheidend für den Aufbau von Vertrauen, die Steuerung von Erwartungen und die Förderung einer Kultur der Inklusion. Transparenz im Veränderungsmanagement fördert die Akzeptanz der Beteiligten und hilft, Widerstände abzubauen, indem sichergestellt wird, dass jeder das Was, Warum und Wie der Veränderung versteht.

1. Offene Kommunikationskanäle: Schaffen und pflegen Sie offene Kommunikationskanäle im gesamten Unternehmen. Dazu gehören regelmäßige Updates, eine Politik der offenen Tür und Foren, in denen Mitarbeiter Fragen stellen und Bedenken äußern können. Die Sicherstellung des Kommunikationsflusses in beide Richtungen - von der Leitung zu den Mitarbeitern und umgekehrt - ist für die Aufrechterhaltung der Transparenz von wesentlicher Bedeutung.

2. Regelmäßige Aktualisierungen: Informieren Sie regelmäßig über die Fortschritte bei der Umgestaltung, einschließlich der Erfolge, der Herausforderungen und der Maßnahmen, die zu deren Bewältigung ergriffen werden. Dies kann in Form von Newslettern, E-Mail-Bulletins oder regelmäßigen Treffen geschehen. Die Transparenz über Erfolge und Rückschläge sorgt dafür, dass alle Beteiligten informiert und engagiert sind.

3. Ehrlichkeit in der Kommunikation: Seien Sie bei allen Mitteilungen über die Veränderung ehrlich. Das bedeutet, dass die Herausforderungen und potenziellen Nachteile offen besprochen werden müssen, nicht nur die Vorteile. Ehrlichkeit schafft Vertrauen und zeigt Respekt für die Intelligenz und Reife aller Beteiligten.

4. Einbeziehung von Interessenvertretern: Beziehen Sie die Beteiligten aktiv in den Veränderungsprozess ein. Dies kann durch Umfragen, gemeinsame Planungssitzungen und Feedback-Mechanismen geschehen. Wenn Stakeholder das Gefühl haben, dass ihre Meinung geschätzt und berücksichtigt wird, erhöht dies die Transparenz und schafft ein Gefühl der Verantwortung.

5. Feedback-Mechanismen: Implementieren Sie wirksame Feedback-Mechanismen, um Antworten und Reaktionen auf den Veränderungsprozess zu sammeln. Dazu könnten Vorschlagsboxen, Feedback-Formulare oder Fokusgruppen gehören. Die aktive Überprüfung und Beantwortung von Feedback zeigt, dass man sich zu Offenheit verpflichtet hat.

6. Kulturelle Verschiebungen: Arbeiten Sie darauf hin, Transparenz und Offenheit in der Unternehmenskultur zu verankern. Dazu gehört, dass diese Verhaltensweisen auf der Führungsebene vorgelebt werden und Transparenz bei anderen anerkannt und belohnt wird. Die Schaffung einer Kultur, in der Offenheit geschätzt wird, ist der Schlüssel zu ihrer Aufrechterhaltung.

7. Schulungen zum Thema Transparenz: Bieten Sie Managern und Teamleitern Schulungen und Ressourcen für eine transparente und effektive Kommunikation an. Statten Sie sie mit den Fähigkeiten aus, schwierige Gespräche zu führen, sensible Informationen weiterzugeben und aktiv zuzuhören.

8. Transparenz würdigen: Erkennen Sie Fälle an, in denen Transparenz zu positiven Ergebnissen geführt hat, und feiern Sie sie. Die Weitergabe dieser Erfolgsgeschichten kann andere dazu ermutigen, Transparenz zu praktizieren und ihren Wert in der Organisation zu stärken.

9. Dokumentieren Sie den Prozess: Führen Sie detaillierte Aufzeichnungen über den Umgestaltungsprozess, einschließlich der getroffenen Entscheidungen, der durchgeführten Maßnahmen und der dahinter stehenden Überlegungen. Diese Dokumentation kann Klarheit schaffen und als wertvolle Ressource für das Verständnis des Veränderungsprozesses dienen.

Zur Aufrechterhaltung von Transparenz und Offenheit während des gesamten Transformationsprozesses gehören offene Kommunikationskanäle, regelmäßige Aktualisierungen, Ehrlichkeit, die Einbeziehung von Interessengruppen, wirksame Feedback-Mechanismen, ein kultureller Wandel hin zu Offenheit, Schulungen zu transparenter Kommunikation, das Feiern von Transparenz und eine gründliche Dokumentation. Diese Strategien fördern insgesamt ein Umfeld des Vertrauens und der Zusammenarbeit, das für den Erfolg jeder Umgestaltungsinitiative unerlässlich ist.

Kapitel 6: Den Schwung beibehalten

Die Aufrechterhaltung einer kontinuierlichen Dynamik bei Veränderungsinitiativen ist für deren Erfolg entscheidend. Die Dynamik hält die Energie und den Antrieb der Veränderungsinitiative am Leben und sorgt dafür, dass der Transformationsprozess voranschreitet und seine Ziele erreicht. Eine anhaltende Dynamik trägt dazu bei, Widerstände zu überwinden, Stagnation zu verhindern und bei allen Beteiligten ein Gefühl des Fortschritts und der Errungenschaften zu schaffen. Die anhaltende Dynamik stellt sicher, dass die Veränderungsinitiative innerhalb der Organisation eine Priorität bleibt. Sie verhindert, dass die Initiative von anderen täglichen Aufgaben oder neuen Projekten überschattet wird, und sorgt dafür, dass der Schwerpunkt auf der Erreichung der Veränderungsziele liegt. Diese Fokussierung ist entscheidend, um sicherzustellen, dass die zeitlichen und finanziellen Ressourcen kontinuierlich für die Veränderungsbemühungen eingesetzt werden.

Wenn die Dynamik aufrechterhalten wird, trägt dies auch dazu bei, dass die Veränderung in die Organisationskultur eingebettet wird. Durch kontinuierliche Bemühungen und Konzentration werden die neuen Arbeitsweisen vertrauter und gewohnheitsmäßiger, was die Wahrscheinlichkeit erhöht, dass die Veränderung erfolgreich in die Standardpraktiken der Organisation integriert wird. Eine anhaltende Dynamik trägt dazu bei, das Engagement der Interessengruppen aufzubauen und aufrechtzuerhalten. Wenn die Beteiligten kontinuierliche Fortschritte und Engagement für die Veränderungsinitiative sehen, wird ihr Glaube an und ihre Unterstützung für die Veränderung gestärkt. Dieses kontinuierliche Engagement ist entscheidend für den Gesamterfolg der Veränderung.

Die anhaltende Dynamik bietet auch Möglichkeiten zum Lernen und zur Verbesserung. Während die Veränderungsinitiative voranschreitet, ermöglichen die kontinuierlichen Bemühungen das Sammeln von Erkenntnissen und Rückmeldungen, die zur Verfeinerung und Verbesserung des Veränderungsprozesses genutzt werden können. Dieses Lernen ist für die langfristige Nachhaltigkeit und Wirksamkeit der Veränderung von entscheidender Bedeutung. Außerdem ist die Aufrechterhaltung der Dynamik wichtig für die Moral und die Motivation. Regelmäßige Fortschritte und Erfolge bieten den an der Veränderungsinitiative Beteiligten eine positive Bestätigung. Dies stärkt die Moral und die Motivation und ermutigt zu weiteren Anstrengungen und zur Unterstützung der Veränderung.

1. Kontinuierliche Kommunikation: Halten Sie die Kommunikationswege offen und aktiv. Regelmäßige Informationen über den Fortschritt der Veränderungsinitiative, anstehende Schritte und etwaige Änderungen am Plan helfen, alle Beteiligten auf dem Laufenden zu halten. Dieser kontinuierliche Informationsfluss trägt dazu bei, Gerüchte und Fehlinformationen zu vermeiden, die den Schwung entgleisen lassen können.

2. Sichtbares Engagement der Führung: Die Führungskräfte sollten weiterhin ihr Engagement für die Veränderung zeigen. Dies kann durch ihre aktive Beteiligung an Aktivitäten im Zusammenhang mit der Veränderung, durch die konsequente Vermittlung der Bedeutung der Veränderung und durch das sichtbare Vorleben der Verhaltensweisen und Praktiken, die durch die Veränderung gefördert werden, erreicht werden.

3. Verstärkung der Vision und der Ziele: Regelmäßiges Wiederholen der Vision und der Ziele der Veränderungsinitiative hilft, alle an das "große Ganze" zu erinnern und daran, warum die Veränderung wichtig ist. Diese Verstärkung kann in regelmäßige Sitzungen, interne Kommunikation und Leistungsziele integriert werden.

4. Feiern von Meilensteinen und Erfolgen: Die Anerkennung und Feier von wichtigen Meilensteinen und Erfolgen, egal wie klein sie sind, kann die Moral steigern und zu weiteren Bemühungen um den Wandel motivieren. Feiern und Anerkennungen dienen als positive Verstärkung und helfen, die Begeisterung aufrechtzuerhalten.

5. Proaktives Angehen von Herausforderungen: Seien Sie wachsam gegenüber neuen Herausforderungen und Hindernissen, die auftauchen können. Ein proaktiver und transparenter Umgang mit ihnen stellt sicher, dass sie nicht zu einem Hindernis für den Fortschritt werden. Die Förderung einer Kultur der Problemlösung und der Widerstandsfähigkeit trägt dazu bei, den Schwung aufrechtzuerhalten.

6. Befähigung von Change Champions: Identifizieren und befähigen Sie Change Champions innerhalb der Organisation - Personen, die von der Veränderung begeistert und einflussreich sind. Diese Champions können als Fürsprecher fungieren, positive Botschaften verbreiten und ihre Kollegen ermutigen, die Veränderung anzunehmen.

7. Fortlaufende Schulung und Unterstützung: Wenn sich die Veränderungen verfestigt haben, sollten Sie die Mitarbeiter weiter schulen und unterstützen. Dadurch wird sichergestellt, dass alle Mitarbeiter über die Fähigkeiten und Kenntnisse verfügen, die sie benötigen, um in der neuen Umgebung effektiv zu arbeiten, und etwaige Leistungseinbrüche im Zusammenhang mit der Umstellung abfedern können.

8. Überwachung und Feedback: Implementieren Sie Mechanismen zur regelmäßigen Überwachung des Fortschritts der Veränderung und zur Einholung von Feedback. Nutzen Sie diese Daten, um fundierte Anpassungen an der Veränderungsstrategie vorzunehmen und sicherzustellen, dass sie relevant und effektiv bleibt.

9. Auf der Veränderung aufbauen: Suchen Sie nach Möglichkeiten, auf der ursprünglichen Veränderung

aufzubauen und ihre Erfolge für weitere Verbesserungen und Innovationen zu nutzen. Dieser Ansatz kann zur Aufrechterhaltung eines dynamischen und kontinuierlichen Verbesserungsumfelds beitragen.

Bei Veränderungsinitiativen ist die Umsetzung von Strategien zur Verhinderung von Stagnation und Rückschritt von entscheidender Bedeutung, um die Dynamik aufrechtzuerhalten und kontinuierliche Fortschritte zu gewährleisten. Stagnation kann auftreten, wenn die anfängliche Begeisterung für die Veränderung nachlässt, und Rückschritte können auftreten, wenn die Tendenz besteht, zu alten Gewohnheiten und Praktiken zurückzukehren. Eine wirksame Strategie besteht darin, neben den langfristigen Zielen der Veränderungsinitiative auch kurzfristige Ziele festzulegen und zu kommunizieren. Diese kleineren, erreichbaren Ziele bieten fortlaufende Vorgaben und Meilensteine, die das Team bei der Stange halten und ein Gefühl von kontinuierlicher Leistung und Fortschritt schaffen. Eine regelmäßige Überprüfung und Anpassung der Veränderungsstrategie auf der Grundlage der aktuellen Umstände und des Feedbacks ist von entscheidender Bedeutung. Dieser Ansatz bietet die nötige Flexibilität, um auf neue Herausforderungen zu reagieren und sich an veränderte Bedingungen anzupassen, um eine Stagnation zu verhindern und die Strategie relevant und effektiv zu halten.

Die Schaffung einer Kultur der kontinuierlichen Verbesserung, in der Feedback gefördert und berücksichtigt wird, kann ebenfalls eine Stagnation verhindern. In einer solchen Kultur sind die Mitarbeiter motiviert, nach Möglichkeiten zur kontinuierlichen Verbesserung von Prozessen und Praktiken zu suchen, und tragen so zum Vorwärtsdrang der Veränderungsinitiative bei. Eine weitere wichtige Strategie besteht darin, die Mitarbeiter zu befähigen, Teile des Veränderungsprozesses selbst zu übernehmen. Wenn Teammitglieder ein Gefühl der Verantwortung und Autonomie verspüren, sind sie eher bereit, die Initiative zu ergreifen und den Fortschritt voranzutreiben, wodurch ein Rückfall in alte Arbeitsweisen verhindert wird.

Eine regelmäßige Kommunikation über die Vorteile und Erfolge der Veränderung trägt dazu bei, Begeisterung und Engagement aufrechtzuerhalten. Durch die Hervorhebung der positiven Auswirkungen der Veränderungen auf die Organisation und den Einzelnen wird der Wert der neuen Ansätze und Praktiken unterstrichen. Durch kontinuierliche Schulungen und Weiterbildungen wird sichergestellt, dass die Mitarbeiter über die erforderlichen Fähigkeiten und Kenntnisse verfügen, um sich an die neuen Arbeitsweisen anzupassen. Diese kontinuierliche Investition in die Personalentwicklung trägt dazu bei, Rückschritte zu verhindern, indem sie die Mitarbeiter mit den Instrumenten ausstattet, die sie benötigen, um in dem veränderten Umfeld erfolgreich zu sein.

Die Anerkennung und Belohnung von Bemühungen und Erfolgen im Zusammenhang mit der Veränderungsinitiative kann ebenfalls eine Stagnation verhindern. Anerkennung und Wertschätzung für die harte Arbeit und die Anpassungsfähigkeit der Mitarbeiter verstärken positive Verhaltensweisen und fördern das weitere Engagement für den Wandel. Die Förderung eines unterstützenden Umfelds, in dem Herausforderungen und Schwierigkeiten offen diskutiert und angesprochen werden können, ist der Schlüssel zur Vermeidung von Rückschritten. Diese unterstützende Atmosphäre stellt sicher, dass sich die Mitarbeiter wohl fühlen, wenn sie Hilfe suchen, und dass sie weniger geneigt sind, auf vertraute, aber überholte Praktiken zurückzugreifen, wenn sie mit Herausforderungen konfrontiert werden.

Um Stagnation und Rückschritt bei Veränderungsinitiativen zu verhindern, müssen kurzfristige Ziele festgelegt und kommuniziert, die Strategie regelmäßig überprüft und angepasst, eine Kultur der kontinuierlichen Verbesserung gefördert, die Mitarbeiter befähigt, regelmäßig über Vorteile und Erfolge informiert, fortlaufende Schulungen angeboten, Anstrengungen anerkannt und belohnt und ein unterstützendes Umfeld geschaffen werden. Die Aufrechterhaltung des Enthusiasmus und des Engagements der Beteiligten ist für den anhaltenden Erfolg von Veränderungsinitiativen unerlässlich. Der Enthusiasmus der

Stakeholder fördert die Dynamik des Veränderungsprozesses, während ihr Engagement sicherstellt, dass die Veränderung im gesamten Unternehmen unterstützt und angenommen wird.

Regelmäßige und transparente Kommunikation ist der Schlüssel zur Aufrechterhaltung der Begeisterung und des Engagements der Stakeholder. Wenn die Interessengruppen über den Fortschritt der Veränderung, die nächsten Schritte und die Art und Weise, wie ihr Beitrag den Veränderungsprozess beeinflusst, informiert werden, fühlen sie sich verbunden und wertgeschätzt. Diese Kommunikation sollte sich nicht nur auf Erfolge konzentrieren, sondern auch Herausforderungen offen ansprechen und aufzeigen, wie sie bewältigt werden. Die Einbeziehung der Betroffenen in den Veränderungsprozess fördert ein tieferes Gefühl des Engagements. Wenn die Beteiligten die Möglichkeit haben, ihre Ideen und ihr Feedback einzubringen, fühlen sie sich eher für den Wandel verantwortlich und engagieren sich. Diese Einbindung kann von Entscheidungsfunktionen bis hin zur Teilnahme an Feedback-Sitzungen oder Teams zur Umsetzung der Veränderung reichen.

Das Anerkennen und Feiern von Meilensteinen, selbst von kleinen, trägt dazu bei, die Begeisterung aufrechtzuerhalten. Die Anerkennung der harten Arbeit und der Errungenschaften der am Veränderungsprozess Beteiligten bestärkt ihre Bemühungen und motiviert zu weiteren Fortschritten. Feiern und Anerkennungen können verschiedene Formen annehmen, von formellen Preisverleihungen bis hin zu informellen Teamanerkennungen. Um das Engagement aufrechtzuerhalten, ist die Bereitstellung von kontinuierlicher Unterstützung und Ressourcen entscheidend. Die Stakeholder benötigen möglicherweise zusätzliche Schulungen, Hilfsmittel oder Informationen, um sich effektiv an die Veränderung anzupassen. Wenn Sie sicherstellen, dass diese Bedürfnisse befriedigt werden, demonstrieren Sie das Engagement der Organisation, ihre Mitarbeiter während der Veränderung zu unterstützen.

Die Schaffung einer positiven Geschichte rund um die Veränderung kann die Begeisterung ebenfalls aufrechterhalten.

Diese Erzählung sollte die Vorteile der Veränderung, Erfolgsgeschichten und die Übereinstimmung der Veränderung mit den Werten und der Vision der Organisation hervorheben. Eine überzeugende und positive Geschichte kann ein starker Motivator sein. Die Förderung einer Kultur der Zusammenarbeit und der Inklusion verbessert das Engagement der Stakeholder. Die Förderung eines offenen Dialogs, funktionsübergreifender Teamarbeit und eines Gemeinschaftsgefühls im Zusammenhang mit der Veränderungsinitiative gibt den Beteiligten das Gefühl, Teil von etwas Bedeutendem und Positivem zu sein.

Die Führung spielt eine entscheidende Rolle bei der Aufrechterhaltung von Begeisterung und Engagement. Führungskräfte, die sich sichtbar für die Veränderung engagieren, die effektiv kommunizieren und die Empathie und Unterstützung für ihre Teams zeigen, können die Stakeholder während des gesamten Veränderungsprozesses inspirieren und motivieren. Durch Umfragen, Feedback-Mechanismen und direkte Gespräche kann die Stimmung der Stakeholder laufend gemessen werden, so dass Anpassungen vorgenommen werden können, um das Engagement der Stakeholder aufrechtzuerhalten. Das Verständnis ihrer Bedenken, Herausforderungen und Wahrnehmungen der Veränderung hilft dabei, die Veränderungsstrategie rechtzeitig und angemessen anzupassen.

Um den Enthusiasmus und das Engagement der Stakeholder für Veränderungsinitiativen aufrechtzuerhalten, bedarf es einer regelmäßigen und transparenten Kommunikation, der Einbeziehung der Stakeholder in den Prozess, der Anerkennung und Feier von Meilensteinen, der kontinuierlichen Unterstützung, der Schaffung eines positiven Bildes, der Förderung einer kooperativen und integrativen Kultur, einer sichtbaren und effektiven Führung und der kontinuierlichen Bewertung der Stimmungslage der Stakeholder.

Die Überwindung von Rückschlägen und Herausforderungen ist ein wesentlicher Bestandteil der Aufrechterhaltung der Dynamik von Veränderungsinitiativen. Rückschläge sind in jedem Transformationsprozess unvermeidlich, aber die Art und Weise, wie sie bewältigt werden, kann den Erfolg und die Widerstandsfähigkeit der Veränderung erheblich beeinflussen.

1. Rückschläge vorhersehen und planen: Die proaktive Identifizierung potenzieller Herausforderungen und die entsprechende Planung können deren Auswirkungen abschwächen. Dazu gehören Risikobewertung und Notfallplanung. Indem sie mögliche Hürden vorhersehen, können Führungskräfte Strategien vorbereiten, um sie effektiv zu bewältigen, und so die Wahrscheinlichkeit verringern, dass sie unvorbereitet getroffen werden.

2. Offene und ehrliche Kommunikation: Wenn es zu Rückschlägen kommt, ist eine transparente Kommunikation entscheidend. Die Information der Beteiligten über die Art des Rückschlags, seine Auswirkungen und die Schritte, die zur Behebung unternommen werden, fördert das Vertrauen und sorgt dafür, dass alle an einem Strang ziehen. Es ist wichtig, ein Gleichgewicht zwischen Ehrlichkeit in Bezug auf die Herausforderungen und der Aufrechterhaltung eines positiven Ausblicks zu wahren.

3. Aus Rückschlägen lernen: Jede Herausforderung ist eine Chance, zu lernen und zu wachsen. Die Analyse der Gründe für den Rückschlag und der daraus zu ziehenden Lehren hilft bei der Verfeinerung von Strategien und Prozessen. Durch diese Lernhaltung werden Herausforderungen zu wertvollen Erfahrungen, die die Veränderungsinitiative stärken.

4. Flexibilität und Anpassungsfähigkeit: Flexibilität und Anpassungsfähigkeit angesichts von Herausforderungen sind entscheidend. Manchmal können Rückschläge Änderungen am ursprünglichen Plan oder Ansatz erfordern. Die Bereitschaft, diese Anpassungen vorzunehmen und Strategien auf der Grundlage neuer Informationen oder veränderter Umstände anzupassen, hält die Initiative dynamisch und reaktionsfähig.

5. Einbeziehung von Interessenvertretern in die Problemlösung: Die Einbeziehung von Interessenvertretern in die Bewältigung von Rückschlägen kann zu innovativen Lösungen führen und die Handlungskompetenz stärken. Die kollektive Problemlösung macht nicht nur verschiedene Perspektiven nutzbar, sondern stärkt auch das Engagement der Beteiligten für den Veränderungsprozess.

6. Positivität und Widerstandsfähigkeit bewahren: Eine positive Einstellung zu bewahren und angesichts von Rückschlägen Resilienz zu zeigen, inspiriert andere zu den gleichen Qualitäten. Führungskräfte sollten einen positiven Ansatz zur Bewältigung von Herausforderungen vorleben und dabei die langfristige Vision und den Gesamtnutzen der Veränderung betonen.

7. Die Vision und die Ziele bekräftigen: Die Erinnerung der Beteiligten an die Endziele und die Vision der Veränderung hilft, Rückschläge zu relativieren. Es unterstreicht die Bedeutung der Veränderung und zeigt, warum es sich lohnt, Herausforderungen durchzustehen.

8. Bereitstellung von Unterstützung und Ressourcen: Es ist wichtig, den Teams die Unterstützung und die Ressourcen zur Verfügung zu stellen, die sie zur Bewältigung der Herausforderungen benötigen. Dazu können zusätzliche Schulungen, der Zugang zu Expertenrat oder die Zuweisung von mehr Zeit oder Ressourcen für bestimmte Bereiche der Veränderungsinitiative gehören.

Um die Dynamik von Veränderungsinitiativen aufrechtzuerhalten, ist es von entscheidender Bedeutung, häufige Rückschläge und Herausforderungen zu erkennen, die die langfristige Nachhaltigkeit behindern können. Das Verständnis dieser potenziellen Probleme hilft bei der Entwicklung von Strategien, um sie proaktiv anzugehen. Widerstände gegen Veränderungen bleiben oft bestehen oder tauchen wieder auf, insbesondere wenn die Beteiligten keine unmittelbaren Vorteile sehen oder sich der Veränderungsprozess in die Länge zieht.

Dieser Widerstand kann sich in Form von Skepsis, verringerter Produktivität oder offenem Widerstand gegen die neuen Arbeitsweisen äußern. Wenn der anfängliche Enthusiasmus nachlässt oder andere organisatorische Prioritäten in den Vordergrund rücken, kann es zu einem Verlust von Fokus und Priorität kommen. Dies kann dazu führen, dass die Veränderungsinitiative ins Abseits gedrängt wird oder keine Priorität mehr hat, was ihren Fortschritt und ihre Umsetzung behindert.

Ressourcenknappheit, z. B. durch Budgetkürzungen, Personalwechsel oder konkurrierende Projekte, kann die Fähigkeit zur nachhaltigen Veränderung beeinträchtigen. Begrenzte Ressourcen können den Fortschritt von Veränderungsinitiativen verlangsamen oder zum Stillstand bringen, was zu Frustration und Skepsis bei den Beteiligten führt. Bei Teammitgliedern und Führungskräften können Ermüdungserscheinungen und Burnout auftreten, insbesondere bei langen und anspruchsvollen Veränderungsprozessen. Dies kann zu einem geringeren Engagement, einem niedrigeren Energieniveau und einem Nachlassen der Gesamtdynamik der Veränderungsinitiative führen. Unzureichende Kommunikation und Nachbereitung können zu Missverständnissen, Fehlinformationen oder mangelnder Klarheit über den aktuellen Status und die zukünftige Richtung der Veränderung führen. Dies kann dazu führen, dass sich die Beteiligten von dem Prozess abgekoppelt fühlen. Wenn es nicht gelingt, den Wandel in die Organisationskultur einzubetten, kann dies die Nachhaltigkeit des Wandels gefährden. Wenn die neuen Verhaltensweisen, Prozesse oder Systeme nicht vollständig in die alltäglichen Abläufe und Werte der Organisation integriert sind, besteht die Gefahr, dass man zu den alten Methoden zurückkehrt.

Fehlt es an sichtbarer Unterstützung durch die Führung und an einer Verstärkung des Wandels, kann dies zu einem Rückgang des Engagements und der Beteiligung der Interessengruppen führen. Kontinuierliche Unterstützung durch die Führung ist wichtig, um die Dynamik aufrechtzuerhalten und die Bedeutung der Veränderung zu unterstreichen. Schwierigkeiten bei der Messung und dem Nachweis der Auswirkungen der Veränderung können dazu führen, dass ihr Wert und ihre Wirksamkeit in Frage gestellt werden. Ohne klare Messgrößen und greifbare Ergebnisse kann es schwierig sein, die Unterstützung und Begeisterung für die Initiative aufrechtzuerhalten.

Der Aufbau von Widerstandsfähigkeit und Anpassungsfähigkeit angesichts von Hindernissen ist ein Schlüsselfaktor für die Aufrechterhaltung der Dynamik von Veränderungsinitiativen. Dazu gehört die Förderung einer Denkweise, die Herausforderungen als Lern- und Wachstumschancen ansieht und die Wahrnehmung von und den Umgang mit Hindernissen verändert. Die Schaffung einer unterstützenden Organisationskultur, in der die Risikobereitschaft gefördert wird und das Lernen aus Fehlern als Teil des Weges betrachtet wird, ist von entscheidender Bedeutung. Ein solches Umfeld fördert Innovation und Experimentierfreude, die für die Anpassungsfähigkeit entscheidend sind. Die Flexibilität bei der Planung und Durchführung ermöglicht es den Teams, ihre Ansätze als Reaktion auf neue Informationen oder unerwartete Herausforderungen zu ändern, so dass die Strategien relevant und effektiv bleiben.

Es ist auch von entscheidender Bedeutung, die Teams mit den notwendigen Fähigkeiten auszustatten, um sich an veränderte Umstände anzupassen. Schulungen in Problemlösung, kritischem Denken und Veränderungsmanagement verbessern ihre Fähigkeit, Herausforderungen effektiv zu bewältigen. Offene Kommunikation und Feedback sind in diesem Prozess von entscheidender Bedeutung, da sie eine frühzeitige Identifizierung von Problemen und eine gemeinschaftliche Problemlösung ermöglichen. Die Planung von Szenarien hilft dabei, potenzielle Herausforderungen zu antizipieren und Strategien zu entwickeln, um sie zu bewältigen. Dieser proaktive Ansatz bereitet die Organisation auf verschiedene Eventualitäten vor und verringert die Auswirkungen von Hindernissen, wenn diese auftreten. Darüber hinaus kann die Förderung des Aufbaus starker Unterstützungsnetzwerke innerhalb und außerhalb der Organisation verschiedene Perspektiven und Lösungen bieten.

Die Anerkennung der Bedeutung des körperlichen und geistigen Wohlbefindens für die Stärkung der Widerstandsfähigkeit ist ebenfalls von zentraler Bedeutung. Praktiken, die das Wohlbefinden fördern, wie z. B. die Vereinbarkeit von Beruf und Privatleben und Stressbewältigungstechniken, sind entscheidend für die Aufrechterhaltung der Dynamik. Das Feiern von Fällen, in denen Teams Herausforderungen erfolgreich bewältigen, stärkt den Wert von Widerstandsfähigkeit und Anpassungsfähigkeit und motiviert zu weiteren Anstrengungen. Die Einführung eines Prozesses zur Überprüfung von Rückschlägen, um daraus Lehren zu ziehen, ist entscheidend. Wenn man versteht, was schief gelaufen ist und wie man damit umgegangen ist, können Strategien verfeinert und ähnliche Probleme in Zukunft vermieden werden, so dass sich Rückschläge in wertvolle Lernmöglichkeiten verwandeln.

Aus Rückschlägen zu lernen und sie als Wachstumschance zu nutzen, ist ein wesentlicher Aspekt, um die Dynamik von Veränderungsinitiativen aufrechtzuerhalten. Diese Perspektive hilft dabei, Herausforderungen in wertvolle Erfahrungen umzuwandeln, die zur allgemeinen Widerstandsfähigkeit und zum Erfolg der Organisation beitragen. Die Betrachtung von Rückschlägen als Lernchancen erfordert eine veränderte Denkweise. Anstatt sie als Fehlschläge oder Verluste zu betrachten, werden sie als integraler Bestandteil der Reise in Richtung Veränderung wahrgenommen. Dieser Ansatz ermutigt zu einer tieferen Analyse dessen, was falsch gelaufen ist, und fördert eine Kultur der kontinuierlichen Verbesserung und Innovation. Wenn Rückschläge auftreten, ist es wichtig, gründliche Nachbesprechungen oder Post-Mortems durchzuführen, um die Ursachen zu verstehen. Diese Nachbesprechungen geben Aufschluss über die Entscheidungsprozesse, die verwendeten Strategien und die externen Faktoren, die das Ergebnis beeinflusst haben könnten. Ziel ist es, verwertbare Erkenntnisse zu gewinnen, die in künftige Strategien einfließen können.

Es ist wichtig, offene und ehrliche Diskussionen über Rückschläge und deren Auswirkungen zu fördern. Diese Diskussionen sollten in einer nicht wertenden Atmosphäre geführt werden, in der sich die Teammitglieder sicher fühlen, ihre Ansichten und Erkenntnisse mitzuteilen. Diese Offenheit fördert einen gemeinschaftlichen Ansatz zur Problemlösung und zum Lernen. Ein weiterer wichtiger Schritt besteht darin, die aus Rückschlägen gezogenen Lehren zu dokumentieren und sie im gesamten Unternehmen zu verbreiten. Dies stellt nicht nur sicher, dass das Wissen erhalten bleibt, sondern hilft auch dabei, die Wiederholung ähnlicher Fehler zu verhindern. Gemeinsames Lernen trägt zur kollektiven Intelligenz des Unternehmens bei. Die Umsetzung von Änderungen auf der Grundlage dieser Erkenntnisse ist der Schlüssel, um Rückschläge in Wachstumschancen zu verwandeln. Dies kann die Anpassung von Prozessen, die Verfeinerung von Strategien oder die Einführung neuer Praktiken beinhalten. Die Umsetzung dieser Änderungen zeigt, dass man sich dem Lernen und der Verbesserung verpflichtet fühlt.

Rückschläge bieten auch die Möglichkeit, die Widerstandsfähigkeit und Anpassungsfähigkeit der Teammitglieder zu entwickeln. Die Bewältigung von Herausforderungen und das Finden von Lösungen stärkt die Fähigkeit des Teams, mit künftigen Hindernissen umzugehen, und führt zu einer stärkeren und anpassungsfähigeren Organisation. Es ist wichtig, die Anstrengungen und das Lernen angesichts von Rückschlägen anzuerkennen und zu würdigen. Diese Anerkennung stärkt eine positive Einstellung zum Umgang mit Herausforderungen und motiviert die Teammitglieder, weiterhin ihr Bestes zu geben.

Das Feiern von Erfolgen und die Stärkung einer Veränderungskultur sind Schlüsselkomponenten, um die Dynamik von Veränderungsinitiativen aufrechtzuerhalten. Diese Praktiken tragen dazu bei, den Wandel tief in der Organisation zu verankern und die Unterstützung und Begeisterung für den Wandel aufrechtzuerhalten.

Das Feiern von großen und kleinen Erfolgen spielt eine entscheidende Rolle bei der Aufrechterhaltung von Moral und Motivation. Die Anerkennung von erreichten Meilensteinen und Zielen dient als positive Verstärkung und ermutigt zu weiteren Anstrengungen und Engagement. Diese Feiern können formelle Veranstaltungen oder informelle Anerkennungen sein, aber ihr Hauptzweck besteht darin, die harte Arbeit und die erzielten Fortschritte anzuerkennen und zu würdigen. Bei der Verstärkung einer Veränderungskultur ist es wichtig, die Werte und Verhaltensweisen, die mit der Veränderung einhergehen, konsequent zu kommunizieren. Dabei geht es nicht nur darum, über diese Werte zu sprechen, sondern sie auch durch Handlungen und Entscheidungen zu demonstrieren. Die Führungskräfte spielen dabei eine entscheidende Rolle, indem sie die gewünschten Verhaltensweisen vorleben und so ein klares Beispiel für den Rest des Unternehmens setzen.

Die Integration des Wandels in die alltäglichen Praktiken und Prozesse hilft dabei, ihn zu einem Teil der Organisationsstruktur zu machen. Dies kann die Aktualisierung von Richtlinien, die Überarbeitung von Stellenbeschreibungen oder die Einbindung von mit der Veränderung verbundenen Zielen in Leistungsbewertungen beinhalten. Dadurch, dass die Veränderung zu einem festen Bestandteil des Tagesgeschäfts wird, wird ihre Dauerhaftigkeit und Bedeutung verstärkt. Fortlaufende Schulungs- und Entwicklungsmaßnahmen unterstützen die Stärkung der Veränderungskultur. Kontinuierliche Lernmöglichkeiten helfen den Mitarbeitern, sich an neue Arbeitsweisen anzupassen und sie auf die Veränderungsziele auszurichten. Diese Schulungen sollten auf die Bedürfnisse abgestimmt sein, die sich im Laufe der Veränderung ergeben.

Die Schaffung von Gelegenheiten für die Mitarbeiter, ihre Erfahrungen und Geschichten über den Wandel mitzuteilen, kann ebenfalls zur Stärkung der Kultur beitragen. Das Erzählen von Geschichten kann ein wirkungsvolles Instrument sein, um die Auswirkungen der Veränderung zu veranschaulichen und bewährte Verfahren zu vermitteln. Es hilft dabei, die Vorteile der

Veränderung greifbarer und nachvollziehbarer zu machen. Die regelmäßige Einholung von Feedback und die Einbeziehung der Mitarbeiter in die laufende Entwicklung der Veränderung gewährleisten, dass die Veränderung relevant und effektiv bleibt. Dies fördert auch das Gefühl der Eigenverantwortung und des Engagements der Mitarbeiter und macht sie zu aktiven Teilnehmern am Veränderungsprozess. Die Anerkennung und Belohnung von "Change Champions" - Personen, die die Veränderung aktiv unterstützen und fördern - kann die Veränderungskultur weiter stärken. Diese Personen können einen entscheidenden Einfluss auf ihre Kollegen ausüben und zu einer positiven Veränderungsumgebung beitragen.

Die Bedeutung des Feierns von Meilensteinen und Erfolgen zu erkennen, ist ein zentrales Element, um die Dynamik von Veränderungsinitiativen aufrechtzuerhalten. Feiern sind nicht nur eine Anerkennung für die harte Arbeit und das Engagement der Beteiligten, sondern dienen auch als wichtige Wegweiser für den Fortschritt, die die Ziele und Vorteile der Veränderung unterstreichen. Das Feiern von Meilensteinen trägt dazu bei, bei den Teammitgliedern ein Gefühl der Erfüllung und des Stolzes zu schaffen. Die Anerkennung der Anstrengungen, die zum Erreichen der einzelnen Meilensteine unternommen wurden, vermittelt ein Gefühl der Errungenschaft, das für die Arbeitsmoral entscheidend ist. Es dient auch als Motivationsinstrument, da die Teammitglieder das Gefühl haben, dass ihre Beiträge geschätzt werden und etwas bewirken. Diese Feiern dienen als greifbare Indikatoren für den Fortschritt und machen das oft abstrakte Konzept der Veränderung konkreter. Sie bieten die Gelegenheit, über den Weg nachzudenken, zu verstehen, was erreicht wurde und was noch zu tun ist. Diese Reflexion ist wichtig, um einen klaren Fokus und eine klare Richtung beizubehalten. Neben den formalen Erfolgen kann es ebenso wichtig sein, die weniger sichtbaren, alltäglichen Bemühungen anzuerkennen, die zum Wandel beitragen. Die Anerkennung dieser Bemühungen stellt sicher, dass auch die kleineren, inkrementellen Schritte gewürdigt werden, was für die Aufrechterhaltung des langfristigen Engagements für die Veränderung unerlässlich ist.

Feiern können auch als Gelegenheit zur Teambildung und zur Stärkung der Beziehungen dienen. Menschen in einem positiven und informellen Rahmen zusammenzubringen, kann ein Gefühl der Gemeinschaft und der Solidarität fördern, was für kooperative Arbeitsumgebungen von Vorteil ist. Die Einbeziehung von Geschichten in diese Feiern kann deren Wirkung verstärken. Der Austausch von Geschichten über gemeisterte Herausforderungen, innovative Lösungen und persönliches Wachstum im Rahmen des Veränderungsprozesses kann andere inspirieren und ermutigen. Es hilft dabei, die realen Auswirkungen und Vorteile der Veränderung zu veranschaulichen. Erfolgsfeiern bieten auch die Gelegenheit, die Vision und die Ziele der Veränderungsinitiative zu bekräftigen. Sie können als Plattform genutzt werden, um die nächsten Schritte und die Erwartungen an die Zukunft zu kommunizieren und so alle auf den weiteren Weg der Veränderung einzustimmen. Das Feiern von Meilensteinen und Erfolgen trägt dazu bei, eine Kultur zu schaffen, in der Fortschritt und Veränderung geschätzt werden. Es zeigt, dass sich die Organisation verpflichtet fühlt, die Anstrengungen zur Erreichung ihrer Ziele anzuerkennen und zu würdigen, und fördert so eine positive und fortschrittliche Organisationskultur.

Der Aufbau einer Kultur, die den ständigen Wandel schätzt und unterstützt, ist von grundlegender Bedeutung für die Langlebigkeit und Effektivität jeder Transformationsinitiative. Eine solche Kultur begrüßt nicht nur den Wandel, sondern sieht ihn auch als einen wesentlichen Aspekt von Wachstum und Entwicklung. Die Etablierung einer solchen Kultur beginnt mit der Führung. Die Führungskräfte müssen eine Denkweise verkörpern und fördern, die Anpassungsfähigkeit, Flexibilität und kontinuierliche Verbesserung schätzt. Indem sie eine positive Einstellung zum Wandel zeigen und offen für neue Ideen und Ansätze sind, setzen sie ein Zeichen, das sich durch das gesamte Unternehmen zieht.

Die Kommunikation spielt beim Aufbau dieser Kultur eine entscheidende Rolle. Die regelmäßige Kommunikation der Vorteile des Wandels, der Austausch von Erfolgsgeschichten und die Erörterung der aus Rückschlägen gezogenen Lehren tragen dazu bei, eine positive Wahrnehmung des Wandels zu fördern. Es ist wichtig sicherzustellen, dass die Erzählung über den Wandel konstruktiv und auf den langfristigen Nutzen ausgerichtet ist. Die Einbeziehung der Mitarbeiter in den Veränderungsprozess ist der Schlüssel dazu, dass sie sich wertgeschätzt und gehört fühlen. Wenn die Mitarbeiter ein Mitspracherecht bei der Umsetzung von Veränderungen haben, werden sie diese mit größerer Wahrscheinlichkeit unterstützen und annehmen. Diese Beteiligung kann von der Abgabe von Feedback bis zur Teilnahme an Entscheidungsprozessen oder an Teams zur Umsetzung von Veränderungen reichen.

Schulung und Entwicklung sind ebenfalls von entscheidender Bedeutung für die Kultivierung einer veränderungsfreundlichen Kultur. Indem man den Mitarbeitern die Fähigkeiten und das Wissen vermittelt, das sie benötigen, um den Wandel effektiv zu bewältigen, werden sie befähigt, proaktiv teilzunehmen, anstatt passiv zu beobachten. Die Anerkennung und Belohnung von Flexibilität, Anpassungsfähigkeit und innovativem Denken stärkt den Wert, der diesen Eigenschaften beigemessen wird. Wenn die Mitarbeiter sehen, dass ihre Bemühungen, den Wandel anzunehmen und voranzutreiben, anerkannt und gewürdigt werden, werden diese Verhaltensweisen bestärkt.

Die Schaffung eines Umfelds, in dem Risiken toleriert werden und aus Fehlern gelernt wird, ist entscheidend. Eine Kultur, die den ständigen Wandel unterstützt, ist eine Kultur, in der Fehler als Chance für Lernen und Wachstum gesehen werden und nicht als Grund für Bestrafung oder Kritik. Auch die Förderung von Zusammenarbeit und funktionsübergreifender Teamarbeit kann eine veränderungsorientierte Kultur unterstützen. Wenn Mitarbeiter abteilungs- oder fachbereichsübergreifend zusammenarbeiten, werden Silos abgebaut und eine ganzheitlichere und anpassungsfähigere Arbeitsweise gefördert.

Die regelmäßige Überprüfung und Aktualisierung von Richtlinien, Prozessen und Praktiken, um sie an die sich entwickelnden Bedürfnisse der Organisation und ihres Umfelds anzupassen, stellt sicher, dass die Kultur relevant und dem Wandel förderlich bleibt. Die Verstärkung von Verhaltensweisen und Praktiken, um sie zur Gewohnheit werden zu lassen, ist von entscheidender Bedeutung, um die dauerhafte Wirkung von Veränderungsinitiativen zu gewährleisten. Dieser Prozess beinhaltet die Einbettung neuer Verhaltensweisen und Praktiken in die täglichen Routinen und die Kultur der Organisation, so dass sie für die Mitglieder zur zweiten Natur werden.

Um neue Verhaltensweisen zur Gewohnheit werden zu lassen, ist eine konsequente Verstärkung entscheidend. Dies kann durch kontinuierliche Mitteilungen, Erinnerungen und die Einbeziehung dieser Verhaltensweisen in reguläre Prozesse und Verfahren erreicht werden. Es ist wichtig, immer wieder zu betonen, wie diese Verhaltensweisen mit den Zielen und Werten des Unternehmens übereinstimmen. Die Führungsebene spielt bei dieser Verstärkung eine zentrale Rolle. Die Führungskräfte müssen die gewünschten Verhaltensweisen konsequent vorleben und damit ihr Engagement für den Wandel demonstrieren. Wenn Führungskräfte die Veränderung vorleben, sendet dies eine starke Botschaft an den Rest der Organisation und setzt einen Standard, dem andere folgen können.

Schulungs- und Entwicklungsinitiativen sind wichtige Instrumente, um veränderte Verhaltensweisen zu verstärken. Regelmäßige Schulungen tragen dazu bei, dass die neuen Praktiken in den Köpfen der Mitarbeiter frisch bleiben, und bieten die Möglichkeit, diese Fähigkeiten zu verfeinern und zu verbessern. Die Schulung sollte ein fortlaufender Prozess sein, nicht nur ein einmaliges Ereignis zu Beginn der Veränderungsinitiative. Feedback-Mechanismen wie Umfragen, Feedback-Sitzungen und Leistungsbeurteilungen können genutzt werden, um zu überwachen, wie gut die neuen Verhaltensweisen angenommen werden, und um Bereiche zu ermitteln, in denen zusätzliche Unterstützung erforderlich sein könnte. Positives Feedback und konstruktive Kritik können die Mitarbeiter dabei unterstützen, die notwendigen Anpassungen ihrer Verhaltensweisen vorzunehmen.

Anerkennungs- und Belohnungssysteme können starke Motivatoren sein, um Verhaltensänderungen zu verstärken. Die Anerkennung und Belohnung von Einzelpersonen und Teams, die konsequent die gewünschten Verhaltensweisen zeigen, ermutigt andere, es ihnen gleichzutun. Dies kann durch formelle Anerkennungsprogramme oder informelle Methoden geschehen, wie z. B. verbales Lob oder Teamfeiern. Die Beeinflussung durch Gleichaltrige und der soziale Beweis sind ebenfalls wirksam, um Verhaltensänderungen zur Gewohnheit werden zu lassen. Der Austausch von Erfolgsgeschichten und bewährten Verfahren unter den Mitarbeitern kann andere dazu inspirieren, die neuen Verhaltensweisen zu übernehmen. Wenn man sieht, wie erfolgreich die Kollegen mit den neuen Verhaltensweisen sind, verstärkt sich der Gedanke, dass diese Veränderungen vorteilhaft und realisierbar sind.

Es ist wichtig, ein Umfeld zu schaffen, in dem sich die Mitarbeiter sicher fühlen, um mit neuen Verhaltensweisen und Praktiken zu experimentieren. Dazu gehört die Bereitstellung der notwendigen Ressourcen, Zeit und Unterstützung für die Mitarbeiter, um sich an die neuen Arbeitsweisen anzupassen. Regelmäßige Überprüfungen und Anpassungen der Veränderungsinitiativen stellen sicher, dass die Verhaltensweisen und Praktiken relevant und effektiv bleiben. Da sich die Organisation und ihr Umfeld weiterentwickeln, sollten auch die Verhaltensweisen und Praktiken, die im Zuge der Veränderung eingeführt wurden, angepasst werden.

Das Lernen aus erfolgreichen und gescheiterten Veränderungsinitiativen ist ein unschätzbarer Prozess auf dem Weg der organisatorischen Umgestaltung. Es geht darum zu analysieren und zu verstehen, was funktioniert hat und was nicht, um zukünftige Strategien und Ansätze zu verfeinern. Diese doppelte Perspektive sorgt für einen abgerundeten und fundierten Ansatz zur Bewältigung des Wandels. Erfolgreiche Veränderungsinitiativen bieten Modelle dafür, was funktioniert. Die Analyse dieser Erfolge hilft dabei, bewährte Verfahren, wirksame Strategien und Taktiken zu ermitteln, die zum Erreichen der gewünschten Ergebnisse beigetragen haben. Es ist wichtig, die

Faktoren zu verstehen, die zum Erfolg beigetragen haben, z. B. den Führungsstil, die Kommunikationsansätze, die Einbeziehung der Interessengruppen und die Methoden zur Überwindung von Widerständen. Gescheiterte Veränderungsinitiativen werden zwar oft negativ gesehen, sind aber eine ergiebige Quelle des Lernens. Sie bieten Einblicke in potenzielle Fallstricke, unwirksame Strategien und unvorhergesehene Herausforderungen. Die Analyse von Misserfolgen hilft dabei, die aufgetretenen Fehler und Fehleinschätzungen zu verstehen, und liefert wichtige Erkenntnisse darüber, was bei künftigen Initiativen zu vermeiden ist.

Die Dokumentation und Weitergabe der Lehren aus Erfolgen und Misserfolgen ist von entscheidender Bedeutung. Dies kann durch Fallstudien, Nachbesprechungen oder Lernworkshops geschehen. Ziel ist es, das gewonnene Wissen in der gesamten Organisation zu verbreiten und individuelle Erfahrungen in kollektives Wissen umzuwandeln. Die Förderung einer Kultur, die das Lernen aus Erfahrungen schätzt, ist von entscheidender Bedeutung. In dieser Kultur sollten Erfolge gefeiert und Misserfolge nicht als Schuldzuweisungen, sondern als Wachstumschancen betrachtet werden. Ein solches Umfeld fördert Offenheit und Ehrlichkeit und erleichtert es den Teams, ihre Erfahrungen zu teilen und voneinander zu lernen.

Auch funktionsübergreifendes Lernen ist wichtig. Oftmals können Lehren aus Veränderungsinitiativen in verschiedenen Abteilungen oder Einheiten innerhalb des Unternehmens angewendet werden. Die Moderation von funktionsübergreifenden Diskussionen und Lernsitzungen kann dazu beitragen, die Vorteile dieser Erkenntnisse weiter zu verbreiten. Führungskräfte sollten sich aktiv am Lernprozess beteiligen, indem sie sowohl ihre eigenen Erfahrungen weitergeben als auch ihre Teams ermutigen, über Erfolge und Misserfolge nachzudenken und daraus zu lernen. Das Engagement der Führungskräfte zeigt den Wert, der dem kontinuierlichen Lernen und der Verbesserung beigemessen wird.

Reflexion und Anpassung sind die Schlüsselkomponenten des Lernens aus Veränderungsinitiativen. Dabei geht es nicht nur darum, zu verstehen, was passiert ist und warum, sondern auch darum, wie Strategien und Ansätze auf der Grundlage dieser Erkenntnisse angepasst werden können. Diese reflexive Praxis sollte ein fortlaufender Prozess sein, der in das Veränderungsmanagement der Organisation integriert ist. Die retrospektive Analyse bei Veränderungsinitiativen ist ein leistungsfähiges Instrument, um die Dynamik des organisatorischen Wandels zu verstehen. Dabei wird auf den Veränderungsprozess zurückgeblickt, um zu bewerten, was gut gelaufen ist, was nicht, und warum. Diese Reflexion ist von unschätzbarem Wert für das Lernen und die Verbesserung künftiger Veränderungsbemühungen. Der Hauptwert der retrospektiven Analyse liegt in ihrer Fähigkeit, einen klaren, umfassenden Überblick über den gesamten Veränderungsprozess zu geben. Indem sie einen Schritt zurücktreten und die Initiative von Anfang bis Ende überprüfen, können Organisationen Einblicke in die Wirksamkeit ihrer Strategien, die Angemessenheit ihrer Methoden und die Auswirkungen ihrer Maßnahmen gewinnen.

Die rückblickende Analyse hilft bei der Ermittlung erfolgreicher Elemente des Veränderungsprozesses. Dazu könnten wirksame Kommunikationsstrategien, eine starke Führung, eine effiziente Ressourcenzuweisung oder innovative Problemlösungsansätze gehören. Das Verständnis dieser Erfolgsfaktoren ermöglicht es den Unternehmen, sie bei künftigen Initiativen zu wiederholen und darauf aufzubauen. Genauso wichtig ist die Analyse von Bereichen, die nicht wie geplant verlaufen sind. Eine rückblickende Analyse kann Schwachstellen in der Planung, Lücken in der Einbeziehung von Interessengruppen, Ressourcenmangel oder unvorhergesehene externe Einflüsse aufdecken. Die Anerkennung und das Verständnis dieser Unzulänglichkeiten ist entscheidend für die Vermeidung ähnlicher Probleme bei späteren Änderungen.

Die Einbeziehung einer Vielzahl von Interessengruppen in die retrospektive Analyse kann deren Wert erhöhen. Unterschiedliche Perspektiven ermöglichen ein ganzheitlicheres Verständnis des Veränderungsprozesses und liefern Erkenntnisse, die von einer einzelnen Gruppe oder Person übersehen werden könnten. Die retrospektive Analyse fördert auch eine Lernkultur innerhalb der Organisation. Sie zeigt das Engagement für kontinuierliche Verbesserungen und signalisiert, dass die Organisation Wert darauf legt, sowohl aus ihren Erfolgen als auch aus ihren Herausforderungen zu lernen. Diese Kultur fördert Offenheit, Anpassungsfähigkeit und Innovation.

Die Dokumentation der Ergebnisse der retrospektiven Analysen ist von entscheidender Bedeutung. Diese Dokumentation wird Teil der Wissensbasis des Unternehmens und dient als Referenz für zukünftige Veränderungsinitiativen. Sie kann die Entscheidungsfindung, die Strategieentwicklung und die Durchführung künftiger Projekte unterstützen. Der Wert der retrospektiven Analyse geht über spezifische Veränderungsinitiativen hinaus. Sie trägt zur Entwicklung der organisatorischen Weisheit und Reife bei und verbessert die Gesamtkapazität der Organisation, Veränderungen effektiv zu bewältigen.

Ein entscheidender Schritt auf dem Weg zur kontinuierlichen Verbesserung innerhalb einer Organisation ist es, Lehren aus erfolgreichen und erfolglosen Veränderungsbemühungen zu ziehen. Bei dieser reflektierenden Praxis geht es darum, sich mit den Details vergangener Initiativen zu befassen, um zu verstehen, was zu deren Ergebnissen geführt hat. Bei erfolgreichen Bemühungen geht es darum, die Schlüsselfaktoren herauszufiltern, die zu ihrem Erfolg beigetragen haben, z. B. effektive Kommunikation, starke Führung, Einbeziehung der Interessengruppen und effizientes Ressourcenmanagement. Diese Elemente werden zu den Bausteinen für die Wiederholung des Erfolgs in zukünftigen Veränderungsbemühungen.

Umgekehrt ist es ebenso wichtig, aus erfolglosen Veränderungsbemühungen zu lernen. Es erfordert eine ehrliche Bewertung dessen, was schief gelaufen ist. Dazu kann es gehören, Fehltritte bei der Planung oder Ausführung zu erkennen oder den Widerstand gegen Veränderungen zu unterschätzen. Das Verständnis dieser Fallstricke liefert unschätzbare Erkenntnisse, die verhindern können, dass künftige Initiativen auf ähnliche Hindernisse stoßen.

Der Prozess der Gewinnung dieser Erkenntnisse sollte umfassend sein und Teilnehmer aus verschiedenen Ebenen der Organisation einbeziehen. Dieser integrative Ansatz gewährleistet eine umfassende Perspektive, indem er die Erkenntnisse derjenigen erfasst, die direkt am Veränderungsprozess beteiligt waren, sowie derjenigen, die davon betroffen waren. Sobald diese Lehren gezogen wurden, besteht der nächste Schritt darin, die gewonnenen Erkenntnisse auf künftige Initiativen anzuwenden. Diese Anwendung ist nicht nur eine reaktive Anpassung an Fehler der Vergangenheit, sondern eine proaktive Strategie zur Verbesserung der Veränderungsmanagementfähigkeiten der Organisation. Es geht darum, die gewonnenen Erkenntnisse in die Planungs- und Umsetzungsphasen künftiger Veränderungsprojekte zu integrieren, die Methoden anzupassen und die Strategien auf der Grundlage der bisherigen Erfahrungen zu verfeinern.

Die Anwendung dieser Erkenntnisse bedeutet auch, dass die Rahmenbedingungen und Praktiken des Unternehmens für das Veränderungsmanagement ständig aktualisiert werden müssen. Dazu gehören die Schulung und Entwicklung von Mitarbeitern, die Aktualisierung von Richtlinien und möglicherweise sogar die Änderung von Organisationsstrukturen, um den Wandel besser zu unterstützen. Auf diese Weise lernt die Organisation nicht nur aus der Vergangenheit, sondern entwickelt sich auch weiter und wird im Umgang mit Veränderungen geschickter. Diese Erkenntnisse können dazu beitragen, zukünftige Herausforderungen besser vorherzusagen und zu bewältigen. Sie verschaffen der Organisation ein differenzierteres Verständnis dafür, wie sich der Wandel in ihrem spezifischen Kontext entfaltet, und ermöglichen einen maßgeschneiderten und effektiven Ansatz zur Bewältigung des Wandels.

Am Ende des Kapitels wird betont, wie wichtig es ist, Lehren aus erfolgreichen und erfolglosen Veränderungsbemühungen zu ziehen und die aus vergangenen Erfahrungen gewonnenen

Erkenntnisse auf künftige Initiativen anzuwenden, denn Lernen ist ein kontinuierlicher Prozess. Dieses Lernen ist eine wesentliche Voraussetzung für den Aufbau einer widerstandsfähigen, anpassungsfähigen und zukunftsorientierten Organisation, die in der Lage ist, die Komplexität des Wandels mit größerem Vertrauen und Erfolg zu bewältigen.

Kapitel 7: Aufbau einer Kultur der Veränderung

Der Aufbau einer veränderungsfreundlichen Organisationskultur ist in der heutigen schnelllebigen und sich ständig weiterentwickelnden Geschäftswelt ein strategisches Gebot. Die Bedeutung einer solchen Kultur liegt in ihrer Fähigkeit, eine Organisation in die Lage zu versetzen, schnell und effektiv auf neue Herausforderungen und Chancen zu reagieren. Diese Anpassungsfähigkeit ist entscheidend für langfristigen Erfolg und Nachhaltigkeit. Eine veränderungsfreundliche Kultur fördert eine Atmosphäre, in der Innovation und Kreativität gefördert werden, wodurch das Unternehmen dynamischer und zukunftsorientierter wird. In einem solchen Umfeld sind die Mitarbeiter nicht nur offen für neue Ideen und Ansätze, sondern suchen aktiv nach ihnen. Diese Einstellung ist unerlässlich, um auf wettbewerbsorientierten Märkten die Nase vorn zu haben und kontinuierliche Verbesserungen zu erzielen. Eine Kultur, die den Wandel begrüßt, ist besser in der Lage, mit den Unwägbarkeiten und Komplexitäten der modernen Geschäftswelt umzugehen. Sie ermöglicht es dem Unternehmen, schnell auf neue Markttrends, technologische Fortschritte und veränderte Kundenpräferenzen zu reagieren und so seine Relevanz und Wettbewerbsfähigkeit zu erhalten.

In einer veränderungsfreundlichen Kultur fühlen sich die Mitarbeiter stärker engagiert und befähigt. Wenn der Wandel Teil der Unternehmens-DNA ist, ist es wahrscheinlicher, dass die Mitarbeiter ihre Ideen einbringen und eine aktive Rolle in den Transformationsprozessen spielen. Dieses Engagement führt zu höherer Arbeitszufriedenheit, besserer Leistung und einem stärkeren Engagement für das Unternehmen. Eine solche Kultur hilft auch dabei, Talente anzuziehen und zu halten. Fachkräfte, vor allem der jüngeren Generationen, suchen oft nach dynamischen und fortschrittlichen Arbeitsumgebungen, in denen sie sich weiterentwickeln und einen bedeutenden Beitrag leisten können. Ein Unternehmen, das für seine Anpassungsfähigkeit und Offenheit für Veränderungen bekannt ist, ist für diese Personen attraktiver.

Eine anpassungsfähige Kultur trägt auch zur Widerstandsfähigkeit der Organisation bei. Sie hilft beim Aufbau einer Belegschaft, die nicht nur für den Umgang mit Veränderungen gerüstet ist, sondern auch darin gedeihen kann. Diese Widerstandsfähigkeit ist von unschätzbarem Wert, wenn es darum geht, Zeiten der Ungewissheit und Störung zu überstehen. Die Entwicklung einer anpassungsfähigen Kultur wirkt sich auch positiv auf den Ruf der Organisation aus. Sie positioniert das Unternehmen als führend und innovativ in seinem Bereich und steigert seine Attraktivität für Kunden, Partner und Investoren.

Die Bedeutung einer veränderungsfreundlichen Unternehmenskultur liegt darin, dass sie zur Anpassungsfähigkeit, Innovation, zum Engagement der Mitarbeiter, zur Attraktivität für Talente, zur Widerstandsfähigkeit und zum allgemeinen Ansehen des Unternehmens beiträgt. Bei der Pflege einer solchen Kultur geht es nicht nur darum, auf unmittelbare Veränderungen zu reagieren, sondern auch darum, eine Denkweise zu verankern, die sicherstellt, dass das Unternehmen langfristig dynamisch, relevant und erfolgreich bleibt. Die Förderung einer Kultur, die den Wandel zur Norm erhebt, erfordert eine umfassende Strategie, die sich auf die Umgestaltung von Einstellungen, Verhaltensweisen und Organisationspraktiken konzentriert. Dieser Ansatz ist unerlässlich, um ein Umfeld zu schaffen, in dem der Wandel als regelmäßiger und positiver Aspekt des Organisationslebens angesehen wird.

1. Engagement und Vorbildfunktion der Führungskräfte: Eine Kultur des Wandels beginnt an der Spitze. Die Führungskräfte müssen nicht nur für den Wandel eintreten, sondern ihn auch verkörpern. Indem sie Flexibilität, Offenheit für neue Ideen und die Bereitschaft zeigen, den Status quo in Frage zu stellen, können Führungskräfte ähnliche Verhaltensweisen im gesamten Unternehmen anregen.

2. Wirksame Kommunikation der Vorteile von Veränderungen: Kommunizieren Sie regelmäßig die positiven Aspekte des Wandels, z. B. wie er zum Erfolg des Unternehmens und zu den persönlichen Entwicklungsmöglichkeiten der Mitarbeiter beiträgt. Das Aufzeigen von Beispielen erfolgreicher Veränderungen hilft bei der Veranschaulichung dieser Vorteile.

3. Einbindung und Befähigung der Mitarbeiter: Beziehen Sie die Mitarbeiter von Anfang an aktiv in den Veränderungsprozess ein. Dies kann die Ideenfindung, Planung und Umsetzung umfassen. Wenn die Mitarbeiter die Möglichkeit haben, einen Beitrag zu leisten und Entscheidungen zu treffen, fördert dies das Gefühl der Eigenverantwortung und das Engagement für die Veränderung.

4. Ausbildung und Entwicklung: Bieten Sie kontinuierliche Lernmöglichkeiten an, die sich auf die Entwicklung von Fähigkeiten konzentrieren, die für die Anpassung an den Wandel erforderlich sind. Dazu gehören Problemlösungsfähigkeit, kritisches Denken und Anpassungsfähigkeit. Die Schulungen sollten auch den Umgang mit Stress und Unsicherheit im Zusammenhang mit Veränderungen behandeln.

5. Schaffung eines sicheren Umfelds für Experimente: Fördern Sie eine Kultur, in der Experimente und kalkulierte Risikobereitschaft unterstützt werden. Sorgen Sie dafür, dass Misserfolge nicht bestraft, sondern als Lernchance betrachtet werden. Dieses Umfeld fördert Innovation und Kreativität, wesentliche Elemente einer veränderungsfreundlichen Kultur.

6. Anerkennung und Belohnung für Vorreiter des Wandels: Anerkennen und belohnen Sie Einzelpersonen und Teams, die sich für den Wandel einsetzen und ihn vorantreiben. Anerkennungsprogramme können formell sein, wie z.B. Auszeichnungen oder Beförderungen, oder informell, wie z.B. öffentliche Anerkennungen in Sitzungen oder internen Mitteilungen.

7. Regelmäßiges Feedback und Dialog: Schaffen Sie Mechanismen für regelmäßiges Feedback zu Veränderungsinitiativen. Schaffen Sie Foren für einen offenen Dialog, in denen die Mitarbeiter ihre Gedanken und Bedenken zu Veränderungen äußern können, um sicherzustellen, dass ihre Stimmen gehört und berücksichtigt werden.

8. Flexibilität bei Richtlinien und Verfahren: Überprüfen Sie die Unternehmensrichtlinien und -verfahren und passen Sie sie an, um eine veränderungsfreundliche Kultur zu unterstützen. Dazu gehören die Schaffung flexiblerer Arbeitsregelungen, die Überarbeitung von Leistungskennzahlen und die Straffung von Prozessen, um eine schnelle und effektive Reaktion auf Veränderungen zu fördern.

9. Feiern von Meilensteinen und Erfolgen: Feiern Sie regelmäßig Meilensteine und Erfolge auf dem Weg der Veränderung. Dies stärkt nicht nur die positiven Aspekte des Wandels, sondern trägt auch dazu bei, Schwung und Begeisterung für künftige Initiativen zu wecken.

10. Kontinuierliche Bewertung und Anpassung: Bewerten Sie regelmäßig die Unternehmenskultur und die Bereitschaft zum Wandel. Seien Sie darauf vorbereitet, Strategien bei Bedarf auf der Grundlage von Rückmeldungen und veränderten Umständen anzupassen. Eine kontinuierliche Bewertung gewährleistet, dass die Strategien wirksam und relevant bleiben.

Die Förderung einer Kultur, die den Wandel zur Norm erhebt, umfasst die Vorbildfunktion der Führungskräfte, die wirksame Kommunikation der Vorteile des Wandels, die Einbeziehung der Mitarbeiter, die Schulung und Entwicklung, die Schaffung eines sicheren Umfelds für Experimente, die Anerkennung von Vorreitern des Wandels, regelmäßiges Feedback und Dialog, Flexibilität in den Richtlinien, das Feiern von Erfolgen sowie kontinuierliche Bewertung und Anpassung. Diese Strategien schaffen gemeinsam ein organisatorisches Umfeld, in dem

Veränderungen nicht nur akzeptiert, sondern aktiv begrüßt und für Wachstum und Innovation genutzt werden.

Ein grundlegender Schritt zur Förderung einer Kultur, die den Wandel begrüßt, ist die Entwicklung einer Denkweise, die den Wandel als Chance und nicht als Störung begreift. Dieser Perspektivenwechsel verändert die Art und Weise, wie der Einzelne und das Unternehmen als Ganzes den Wandel wahrnehmen und darauf reagieren. Um diese Denkweise zu kultivieren, ist es wichtig, zunächst das Narrativ rund um den Wandel neu zu definieren. Anstatt den Wandel als Herausforderung oder Bedrohung zu betrachten, sollte er als Chance für Wachstum, Innovation und Verbesserung dargestellt werden. Diese Neudefinition trägt dazu bei, die anfänglichen emotionalen und psychologischen Reaktionen auf Veränderungen zu verändern.

Die Förderung der Neugier und des Lernwillens innerhalb des Unternehmens spielt in diesem Prozess eine wichtige Rolle. Wenn Mitarbeiter neugierig sind, sind sie eher bereit, neue Ideen zu erforschen, Fragen zu stellen und nach neuen Lösungen zu suchen, da sie Veränderungen als einen Weg zum Lernen und zur persönlichen Entwicklung betrachten. Die Führung spielt eine entscheidende Rolle bei der Förderung dieser Denkweise. Wenn Führungskräfte mit Enthusiasmus und einer positiven Einstellung an den Wandel herangehen, setzt dies ein Zeichen für den Rest des Unternehmens. Sie sollten ihre Vision davon teilen, wie der Wandel zu besseren Ergebnissen führen kann, sowohl für das Unternehmen als auch für seine Mitarbeiter.

Beispiele aus dem wirklichen Leben, die zeigen, wie sich der Wandel positiv auf die Organisation oder andere Organisationen ausgewirkt hat, können diese Sichtweise ebenfalls untermauern. Erfolgsgeschichten, Fallstudien und Erfahrungsberichte über die Vorteile von Veränderungen können ein wirksames Mittel sein, um die Sichtweise zu verändern. Wenn man den Mitarbeitern die Möglichkeit gibt, zu den Veränderungsinitiativen beizutragen, können sie den Wandel als etwas betrachten, an dem sie selbst beteiligt sind, und nicht als etwas, das ihnen aufgezwungen wird.

Die Einbindung in den Veränderungsprozess gibt den Mitarbeitern das Gefühl von Kontrolle und Eigenverantwortung, was ihre Wahrnehmung des Wandels verändern kann.

Durch die Einbindung dieser Denkweise in Schulungs- und Entwicklungsprogramme wird sichergestellt, dass sie zu einem festen Bestandteil der Unternehmenskultur wird. Dazu gehört das Angebot von Schulungen, die sich auf Anpassungsfähigkeit, Belastbarkeit und innovatives Denken konzentrieren. Die Anerkennung und Würdigung von Anpassungsfähigkeit und Belastbarkeit verstärkt den Gedanken, dass diese Eigenschaften im Unternehmen geschätzt und belohnt werden. Die Anerkennung von Mitarbeitern, die sich gut an Veränderungen anpassen, ermutigt andere dazu, eine ähnliche Einstellung zu entwickeln. Eine offene Kommunikation über die Vorteile und Herausforderungen des Wandels ist entscheidend. Es ist wichtig, Bedenken und Ängste ehrlich anzusprechen und gleichzeitig die potenziellen Chancen, die der Wandel mit sich bringt, zu betonen. Dieser offene Dialog kann dazu beitragen, die Darstellung des Wandels auszugleichen und sie nuancierter und realistischer zu gestalten.

Die Entwicklung einer Denkweise, die den Wandel als Chance begreift, beinhaltet die Neudefinition der Geschichte des Wandels, die Förderung von Neugier und Lernen, die Vorbildfunktion der Führungskräfte, die Weitergabe von Erfolgsgeschichten, die Einbeziehung der Mitarbeiter in Veränderungsprozesse, die Integration der Denkweise in Schulungsprogramme, die Anerkennung der Anpassungsfähigkeit und die Pflege einer offenen Kommunikation. Diese Praktiken tragen gemeinsam dazu bei, die Unternehmenskultur dahingehend zu verändern, dass der Wandel nicht als Störung, sondern als wertvolle Chance für Wachstum und Verbesserung gesehen wird.

Das Verständnis der individuellen Präferenzen im Umgang mit Veränderungen ist ein entscheidender Aspekt beim Aufbau einer veränderungsfreundlichen Kultur. Damit wird anerkannt, dass jeder Mitarbeiter aufgrund seiner Persönlichkeit, seiner Erfahrungen und seines Arbeitsstils unterschiedlich auf

Veränderungen reagieren kann. Die Anpassung von Veränderungsstrategien an diese unterschiedlichen Präferenzen kann die Effektivität und Akzeptanz von organisatorischen Veränderungen erheblich verbessern. Der erste Schritt besteht darin, die Vielfalt der Reaktionen auf Veränderungen zu erkennen. Die Bandbreite der Mitarbeiter reicht von denjenigen, die sich frühzeitig auf neue Herausforderungen einlassen, bis hin zu denjenigen, die eher zurückhaltend sind und sich gegen Veränderungen sträuben oder ihnen ängstlich gegenüberstehen. Diese unterschiedlichen Reaktionen zu verstehen, ist der Schlüssel, um auf ihre spezifischen Bedürfnisse und Bedenken einzugehen.

Effektive Kommunikation spielt eine entscheidende Rolle, um die individuellen Präferenzen zu verstehen. Dazu gehört nicht nur die Weitergabe von Informationen, sondern auch das aktive Anhören der Rückmeldungen und Bedenken der Mitarbeiter. Eine solche zweiseitige Kommunikation ermöglicht es den Führungskräften, die individuellen Reaktionen zu beurteilen und ihren Ansatz entsprechend anzupassen. Persönliche Unterstützung ist entscheidend für den Umgang mit unterschiedlichen Reaktionen auf Veränderungen. Einige Mitarbeiter benötigen zusätzliche Schulungen und Beruhigungsmittel, während andere vielleicht mehr Autonomie und Verantwortung benötigen, um sich auf die Veränderungen einzulassen. Eine Unterstützung, die auf die individuellen Bedürfnisse abgestimmt ist, kann den Übergang erleichtern.

Durch die Einbeziehung der Mitarbeiter in den Veränderungsprozess kann auch auf individuelle Präferenzen eingegangen werden. Indem man den Mitarbeitern ein Mitspracherecht bei der Umsetzung des Wandels einräumt, können sie sich eher wertgeschätzt und verstanden fühlen. Diese Einbeziehung kann von der Beteiligung an der Entscheidungsfindung bis zur Teilnahme an Fokusgruppen oder Feedback-Sitzungen reichen. Der Führungsstil muss unter Umständen an die verschiedenen Personen angepasst werden. Einige Mitarbeiter reagieren vielleicht besser auf einen direktiven Ansatz, während andere einen eher kooperativen Stil bevorzugen.

Führungskräfte, die ihren Stil an die Bedürfnisse ihrer Teammitglieder anpassen können, haben bessere Chancen, die Komplexität des Wandels zu meistern.

Ein weiterer wichtiger Aspekt ist das Angebot von Ressourcen und Instrumenten, die den verschiedenen Lern- und Arbeitsstilen gerecht werden. Dies kann eine Mischung aus digitalen und persönlichen Schulungen, interaktiven Workshops oder Lernmodulen zum Selbststudium sein. Durch die Bereitstellung einer Vielzahl von Ressourcen wird sichergestellt, dass sich alle Mitarbeiter auf die für sie am besten geeignete Art und Weise mit dem Wandel auseinandersetzen können. Regelmäßige Kontrollen und Nachfassaktionen können dabei helfen, zu verstehen, wie der Einzelne mit der Veränderung im Laufe der Zeit zurechtkommt. Diese Kontrollen bieten die Möglichkeit, laufende Probleme anzusprechen, zusätzliche Unterstützung anzubieten und bei Bedarf Anpassungen vorzunehmen.

Die Schaffung einer Kultur der Empathie und des Verständnisses ist unerlässlich. Die Förderung eines Umfelds, in dem Unterschiede respektiert und geschätzt werden, trägt zum Aufbau von Vertrauen und Offenheit bei und erleichtert es den Mitarbeitern, sich an den Wandel anzupassen und ihn anzunehmen. Zum Verständnis der individuellen Präferenzen bei der Interaktion mit dem Wandel gehören das Erkennen der unterschiedlichen Reaktionen auf den Wandel, eine wirksame zweiseitige Kommunikation, persönliche Unterstützung, die Einbeziehung der Mitarbeiter, ein anpassungsfähiger Führungsstil, das Angebot verschiedener Ressourcen und Instrumente, regelmäßige Kontrollbesuche und die Förderung einer Kultur der Empathie. Durch die Berücksichtigung dieser individuellen Unterschiede können Unternehmen einen integrativeren und effektiveren Ansatz zur Bewältigung des Wandels entwickeln.

Die Anerkennung der unterschiedlichen Reaktionen der Menschen auf Veränderungen ist eine entscheidende Komponente beim Aufbau einer effektiven und integrativen Veränderungskultur. Veränderungen wirken sich auf die

Menschen unterschiedlich aus, und das Verständnis dieser Vielfalt ist der Schlüssel für ein Veränderungsmanagement, das die unterschiedlichen Bedürfnisse und Reaktionen der Mitarbeiter respektiert und berücksichtigt. Die individuellen Reaktionen auf Veränderungen können sehr unterschiedlich ausfallen und hängen von einer Reihe von Faktoren ab, z. B. von persönlichen Erfahrungen, der Einstellung zu Risiken, dem Umgang mit Ungewissheit und den wahrgenommenen Auswirkungen der Veränderung auf die eigene Rolle. Einige Mitarbeiter sehen den Wandel als aufregende Gelegenheit für Wachstum und Lernen, während andere ihn als Bedrohung für ihren Komfort und ihre Stabilität empfinden.

Es ist wichtig, dass Führungskräfte und Change Manager diese unterschiedlichen Reaktionen als normal und gültig anerkennen. Die Erkenntnis, dass es keine Einheitslösung für die Bewältigung des Wandels gibt, ist der erste Schritt, um auf diese unterschiedlichen Reaktionen wirksam zu reagieren. Das Verständnis der individuellen Reaktionen erfordert aktives Zuhören und Einfühlungsvermögen. Offene und ehrliche Gespräche mit den Mitarbeitern über ihre Gefühle und Bedenken in Bezug auf die Veränderung können wertvolle Einblicke in ihre Sichtweise liefern. Dies hilft bei der Ermittlung potenzieller Widerstände und Möglichkeiten der Unterstützung.

Die Anpassung der Strategien für das Veränderungsmanagement an diese unterschiedlichen Reaktionen ist von entscheidender Bedeutung. Einige Mitarbeiter benötigen zusätzliche Informationen und Beruhigung über die Veränderung. Für andere kann es hilfreich sein, in den Veränderungsprozess einbezogen zu werden oder ein Mitspracherecht bei der Umsetzung der Veränderung zu haben, um ihre Bedenken zu zerstreuen. Schulungs- und Entwicklungsprogramme können auch auf die verschiedenen Lernstile und die Bereitschaft, mit Veränderungen umzugehen, zugeschnitten werden. Durch das Angebot verschiedener Schulungsmethoden wie Workshops, E-Learning und Einzelcoaching wird sichergestellt, dass alle Mitarbeiter Zugang zu der von ihnen benötigten Unterstützung haben.

Führungskräfte und Change Agents sollten mit den Fähigkeiten ausgestattet sein, unterschiedliche Reaktionen auf Veränderungen zu erkennen und zu bewältigen. Dazu gehören Schulungen in emotionaler Intelligenz, Kommunikationsfähigkeit und Konfliktlösung. Wichtig ist auch die Schaffung eines unterstützenden Umfelds, in dem sich die Mitarbeiter sicher fühlen, um ihre Bedenken zu äußern und Fragen zu stellen. Ein Umfeld, das den offenen Dialog fördert und unterschiedliche Standpunkte respektiert, ermutigt die Mitarbeiter, sich stärker auf den Veränderungsprozess einzulassen. Die Würdigung der Erfolge und Beiträge aller Mitarbeiter, unabhängig von ihrer anfänglichen Reaktion auf die Veränderung, verstärkt die positive Botschaft über den Wert der Vielfalt am Arbeitsplatz. Dies trägt zum Aufbau einer Kultur bei, in der unterschiedliche Perspektiven als Bereicherung und nicht als Herausforderung gesehen werden.

Die Anpassung von Veränderungsstrategien an die unterschiedlichen Präferenzen ist ein wesentlicher Ansatz für den Aufbau einer erfolgreichen und integrativen Veränderungskultur. Dazu gehört die Anpassung der Methoden und Taktiken des Veränderungsmanagements an die unterschiedlichen Bedürfnisse und das Wohlbefinden der verschiedenen Personen innerhalb der Organisation. Mit diesem personalisierten Ansatz wird anerkannt, dass eine einheitliche Strategie nicht für jeden effektiv ist und dass Flexibilität und Anpassung der Schlüssel zur erfolgreichen Umsetzung von Veränderungen sind. Um Veränderungsstrategien effektiv anpassen zu können, muss man zunächst die einzigartigen Vorlieben, Stärken und Herausforderungen der Belegschaft kennen. Dieses Verständnis kann durch Umfragen, Interviews und offene Foren gewonnen werden, in denen die Mitarbeiter aufgefordert werden, ihre Gedanken und Gefühle zum Wandel mitzuteilen. Das Sammeln dieser Daten bildet die Grundlage für die Entwicklung einer differenzierten und reaktionsfähigen Veränderungsstrategie. Unterschiedliche Kommunikationsstile und -kanäle können erforderlich sein, um verschiedene Gruppen innerhalb des Unternehmens zu erreichen und anzusprechen. Für einige ist eine ausführliche schriftliche Kommunikation vielleicht am effektivsten, während andere interaktive Sitzungen oder visuelle Präsentationen bevorzugen. Durch das Angebot verschiedener Kommunikationsmethoden wird sichergestellt, dass jeder die Botschaft auf die Art und Weise erhält, die für ihn am sinnvollsten ist.

Die Einbindung der Mitarbeiter in die Planung und Umsetzung von Veränderungsinitiativen kann auch auf die individuellen Präferenzen zugeschnitten werden. Einige möchten vielleicht in Entscheidungsprozesse einbezogen werden, während andere eher operative oder feedbackorientierte Aufgaben übernehmen möchten. Durch die Bereitstellung verschiedener Möglichkeiten der Beteiligung können sich die Mitarbeiter auf eine Weise in den Wandel einbringen, die ihren Vorlieben und Stärken entspricht. Schulungs- und Entwicklungsprogramme sollten auf die verschiedenen Lernstile und den Grad der Veränderungsbereitschaft zugeschnitten sein. Das Angebot verschiedener Schulungsformate, von persönlichen Workshops bis hin zu Online-Modulen, trägt den unterschiedlichen Präferenzen Rechnung und stellt sicher, dass alle Mitarbeiter über die notwendigen Fähigkeiten und Kenntnisse verfügen, um den Wandel zu bewältigen.

Flexibilität in Bezug auf das Tempo und die Vorgehensweise bei der Umsetzung von Veränderungen kann ebenfalls entscheidend sein. Während sich einige Mitarbeiter schnell an neue Systeme oder Prozesse anpassen, benötigen andere möglicherweise mehr Zeit und einen schrittweisen Übergang. Eine Anpassung des Tempos an diese Unterschiede kann dazu beitragen, den Widerstand zu verringern und die allgemeine Akzeptanz der Veränderung zu erhöhen. Ein weiterer Aspekt der maßgeschneiderten Strategien ist die Bereitstellung verschiedener Arten von Unterstützung während des gesamten Veränderungsprozesses. Dazu könnte ein Einzelcoaching für diejenigen gehören, die eine persönlichere Anleitung benötigen, Gruppensitzungen zur gemeinsamen Problemlösung oder Selbstbedienungsressourcen für diejenigen, die lieber unabhängig arbeiten.

Führungskräfte und Change Manager sollten in der Lage sein, unterschiedliche Bedürfnisse und Präferenzen zu erkennen und darauf zu reagieren. Schulungen in Bereichen wie emotionale Intelligenz, kulturelle Kompetenz und adaptive Führung können Führungskräften dabei helfen, ihre Veränderungsstrategien effektiv anzupassen. Die Entwicklung integrativer Ansätze für den Umgang mit Veränderungen ist von grundlegender Bedeutung für die Schaffung einer respektvollen und effektiven Veränderungskultur, die die Vielfalt innerhalb einer Organisation berücksichtigt. Inklusivität im Veränderungsmanagement gewährleistet, dass alle Stimmen gehört und alle Anliegen berücksichtigt werden und dass der Veränderungsprozess für alle Beteiligten relevant und zugänglich ist.

Um integrative Veränderungsmaßnahmen zu entwickeln, ist es wichtig, zunächst die Vielfalt innerhalb der Organisation anzuerkennen und zu würdigen. Dazu gehört nicht nur die demografische Vielfalt, sondern auch die Vielfalt der Perspektiven, Erfahrungen und Denkweisen. Die Anerkennung dieser Vielfalt schafft die Voraussetzungen für einen integrativen Ansatz. Es ist von entscheidender Bedeutung, dass alle Teile der Organisation im Veränderungsprozess vertreten sind. Diese Vertretung sollte Personen aus verschiedenen Abteilungen, Funktionen, Führungsebenen und mit unterschiedlichem Hintergrund umfassen. Eine so vielfältige Vertretung stellt sicher, dass die Veränderungsstrategie auf einem breiten Spektrum von Erkenntnissen und Erfahrungen beruht.

Die Kommunikationsstrategien sollten so gestaltet sein, dass sie alle Menschen erreichen und einbeziehen. Dazu kann es gehören, Informationen in mehreren Sprachen zur Verfügung zu stellen, verschiedene Kommunikationskanäle zu nutzen und sicherzustellen, dass die Materialien für Menschen mit Behinderungen zugänglich sind. Das Ziel ist es, sicherzustellen, dass niemand ausgeschlossen oder benachteiligt wird, wenn es darum geht, Informationen über die Veränderung zu erhalten und zu verstehen. Die aktive Einholung von Rückmeldungen und Beiträgen von einer Vielzahl von Mitarbeitern ist von entscheidender Bedeutung. Dies kann durch Umfragen, Fokusgruppen, Bürgerversammlungen und Vorschlagskästen erreicht werden. Wenn man allen die Möglichkeit gibt, ihre Gedanken und Bedenken mitzuteilen, erhält man nicht nur wertvolle Erkenntnisse, sondern die Mitarbeiter fühlen sich auch wertgeschätzt und in den Prozess einbezogen.

Die während der Umstellung angebotenen Schulungen und Unterstützungsmaßnahmen sollten auf die verschiedenen Lernstile und Bedürfnisse eingehen. Eine Mischung aus verschiedenen Schulungsformaten, wie z. B. persönliche Sitzungen, Online-Module und praktische Workshops, stellt sicher, dass sich alle Mitarbeiter auf die Art und Weise mit der Veränderung auseinandersetzen können, die ihnen am besten entspricht. Es ist wichtig, sichere Räume für offene und ehrliche Gespräche über den Wandel zu schaffen. Diese Räume sollten frei von Urteilen und Vergeltungsmaßnahmen sein und die Mitarbeiter ermutigen, ihre Ansichten und Bedenken ohne Angst zu äußern.

Führungskräfte und Change Agents sollten in integrativen Praktiken geschult werden. Dazu gehört das Verständnis unbewusster Vorurteile, kultureller Kompetenzen und der Fähigkeit, integrative Dialoge zu führen. Führungskräfte, die über diese Fähigkeiten verfügen, können vielfältige Teams effektiver durch den Veränderungsprozess führen. Regelmäßige Überprüfungen und Anpassungen des Veränderungsansatzes auf der Grundlage von Feedback und Ergebnissen sind notwendig, um die Inklusivität zu erhalten. Dazu gehört die Bereitschaft, Strategien und Taktiken zu ändern, wenn sich herausstellt, dass sie bestimmte Gruppen ausschließen oder benachteiligen.

Die Entwicklung von Befürwortern und Verfechtern des Wandels ist ein strategischer Schritt, um eine Kultur zu kultivieren, die sich dem Wandel nicht nur anpasst, sondern ihn auch annimmt. Diese Personen spielen eine entscheidende Rolle, wenn es darum geht, den Veränderungsprozess voranzutreiben, ihre Kollegen zu beeinflussen und eine positive Dynamik innerhalb der Organisation zu schaffen.

1. Identifizierung potenzieller Vorreiter der Veränderung: Der erste Schritt besteht darin, Personen zu finden, die von der Veränderung begeistert sind und über den nötigen Einfluss, Respekt und die Kommunikationsfähigkeiten verfügen, um

andere zu führen. Diese Personen können von jeder Ebene innerhalb der Organisation kommen und sollten die Einstellungen und Verhaltensweisen verkörpern, die mit der Veränderung gefördert werden sollen.

2. Befähigung der Vorreiter: Sobald sie identifiziert sind, sollten sie mit dem Wissen, den Ressourcen und der Autorität ausgestattet werden, die sie benötigen, um sich effektiv für die Veränderung einzusetzen. Dazu gehört, dass sie ausführliche Informationen über die Veränderungsinitiative, Schulungen zu den Grundsätzen des Veränderungsmanagements und die für die Kommunikation und Umsetzung der Veränderung erforderlichen Instrumente erhalten.

3. Schulung und Unterstützung: Change Champions benötigen möglicherweise eine spezielle Schulung, um ihre Führungs- und Kommunikationsfähigkeiten zu verbessern. Außerdem sollten sie bei der Bewältigung ihrer Aufgaben regelmäßig unterstützt und angeleitet werden, auch bei der Bewältigung von Herausforderungen, auf die sie in diesem Prozess stoßen.

4. Klärung der Rollen: Es ist wichtig, die Rollen und Verantwortlichkeiten der Change Champions klar zu definieren. Dazu gehört auch die Festlegung ihrer spezifischen Aufgaben, wie z. B. die Übermittlung von Schlüsselbotschaften, die Bereitstellung von Feedback an das Change Management Team oder die Begleitung ihrer Kollegen durch den Übergang.

5. Schaffung eines Netzwerks von Champions: Der Aufbau eines Netzwerks von Verfechtern des Wandels über verschiedene Abteilungen und Ebenen hinweg kann die Reichweite und die Wirkung der Veränderungsinitiative erhöhen. Dieses Netzwerk kann als Plattform für den Austausch von Ideen, Strategien und Feedback dienen und einen kollaborativen Ansatz für die Umsetzung von Veränderungen schaffen.

6. Anerkennung und Belohnung: Die Anerkennung und Belohnung der Bemühungen der Verfechter des Wandels ist

von entscheidender Bedeutung. Diese Anerkennung kann in verschiedenen Formen erfolgen, z. B. durch öffentliche Anerkennungen, Auszeichnungen oder berufliche Entwicklungsmöglichkeiten. Sie trägt dazu bei, den Wert zu unterstreichen, den die Organisation ihrer Rolle und ihren Beiträgen beimisst.

7. Ermutigung des Einflusses von Gleichaltrigen: Change Champions können ihren Einfluss unter Gleichgesinnten nutzen, um eine positive Haltung gegenüber der Veränderung zu fördern. Indem sie ihre Erfahrungen weitergeben, Bedenken ansprechen und die Vorteile der Veränderung aufzeigen, können sie eine Schlüsselrolle bei der Verringerung des Widerstands und der Steigerung der Unterstützung spielen.

8. Feedback-Schleife: Change Champions können auch als wichtige Feedback-Schleife für die Unternehmensführung dienen. Sie können Aufschluss darüber geben, wie die Veränderung auf den verschiedenen Ebenen wahrgenommen wird, und Vorschläge zur Verbesserung der Wirksamkeit unterbreiten.

Befürworter und Verfechter des Wandels spielen eine zentrale Rolle bei der Förderung des kulturellen Wandels in Organisationen. Sie fungieren als Katalysatoren und Vermittler des Wandels, indem sie die Kluft zwischen der Veränderungsinitiative und der breiteren Mitarbeiterbasis überbrücken. Ihr Einfluss und ihre Mitwirkung sind von entscheidender Bedeutung für die Gestaltung und Lenkung der Unternehmenskultur im Hinblick auf die Akzeptanz und Nachhaltigkeit des Wandels. Als sichtbare und aktive Befürworter des Wandels tragen diese Personen dazu bei, eine Dynamik zu schaffen und aufrechtzuerhalten. Sie tun dies, indem sie den Wandel, für den sie eintreten, verkörpern und die Verhaltensweisen und Einstellungen vorleben, die in der neuen Kultur geschätzt werden. Ihr Engagement dient als Vorbild für andere und zeigt die Vorteile und positiven Aspekte der Veränderung auf.

Befürworter und Verfechter des Wandels werden innerhalb der Organisation oft als zugängliche und ansprechbare Personen angesehen, was sie zu effektiven Kommunikatoren macht. Sie können die Vision und die Ziele der Veränderungsinitiative in praktische und verständliche Begriffe für ihre Kollegen übersetzen. Diese Fähigkeit zur effektiven Kommunikation trägt dazu bei, den Veränderungsprozess zu entmystifizieren und Missverständnisse oder Ängste auszuräumen. In ihrer Rolle als Befürworter und Verfechter des Wandels dienen sie auch als Unterstützungsressource für ihre Kollegen. Sie bieten Anleitung, Ermutigung und Unterstützung für andere bei der Bewältigung des Veränderungsprozesses. Diese Unterstützung kann vor allem in Zeiten der Ungewissheit oder wenn die Veränderung für die Mitarbeiter eine große Herausforderung darstellt, entscheidend sein.

Als Befürworter und Verfechter des Wandels an vorderster Front sind sie in einer guten Position, um Feedback von verschiedenen Ebenen innerhalb des Unternehmens einzuholen. Sie sind in der Lage, den Puls der Belegschaft zu fühlen und die Reaktionen, Bedenken und Vorschläge bezüglich der Veränderung zu erfassen. Dieses Feedback ist von unschätzbarem Wert für die kontinuierliche Verbesserung und Anpassung der Veränderungsstrategie. Bei der Förderung des kulturellen Wandels spielen diese Befürworter und Verfechter auch eine Schlüsselrolle bei der Förderung eines kollaborativen Umfelds. Sie regen den Dialog an, fördern den Austausch von Ideen und moderieren Diskussionen, die es ermöglichen, unterschiedliche Sichtweisen einzubringen. Dieser kollaborative Ansatz ist wichtig, um bei den Mitarbeitern ein Gefühl der Eigenverantwortung und der Akzeptanz zu schaffen.

Befürworter und Verfechter des Wandels tragen oft dazu bei, den Widerstand gegen Veränderungen zu brechen. Indem sie Bedenken ansprechen, Erfolgsgeschichten erzählen und die positiven Auswirkungen der Veränderung belegen, können sie Ängste und Skepsis abbauen und ihren Kollegen helfen, von Widerstand zu Akzeptanz und Unterstützung überzugehen. Ihre Rolle erstreckt sich auch auf die Stärkung der neuen Kultur, wenn die ersten Phasen der Veränderung abgeschlossen sind. Indem sie die gewünschten Verhaltensweisen und Praktiken weiterhin fördern und vorleben, tragen sie dazu bei, dass der Wandel nicht nur eine vorübergehende Veränderung ist, sondern eine dauerhafte Umgestaltung der Unternehmenskultur.

Auf dem Weg zum Aufbau einer veränderungsfreundlichen Kultur ist es von entscheidender Bedeutung, Personen zu identifizieren und zu fördern, die den Wandel aktiv vorantreiben. Dabei geht es darum, diejenigen innerhalb der Organisation zu erkennen, die sich von Natur aus für Veränderungen und Innovationen interessieren. Diese "Change Agents" oder "Champions" zeichnen sich häufig durch ihre Begeisterung für neue Ideen, effektive Kommunikationsfähigkeiten und die Fähigkeit aus, andere zu inspirieren und zu motivieren. Sie werden in der Regel von ihren Kollegen respektiert und haben ein Händchen dafür, andere positiv zu beeinflussen.

Der Prozess beginnt damit, dass man diejenigen ausfindig macht, die unabhängig von ihrer formalen Position innerhalb des Unternehmens Führungsqualitäten und eine Neigung zu Veränderungen aufweisen. Diese Personen verfügen oft über ein breites Netzwerk und gelten bei ihren Kollegen als glaubwürdig und vertrauenswürdig, was sie zu idealen Kandidaten macht, um den Wandel über verschiedene Abteilungen und Ebenen hinweg voranzutreiben. Sobald diese Personen identifiziert sind, besteht der nächste Schritt darin, sie mit den erforderlichen Fähigkeiten und Kenntnissen auszustatten. Dies geschieht durch gezielte Schulungen zu den Grundsätzen des Veränderungsmanagements, zu Kommunikationsstrategien und zu Führungsqualitäten. Außerdem muss sichergestellt werden, dass sie die Ziele und erwarteten Ergebnisse der Veränderungsinitiative genau kennen.

Entscheidend ist auch die Unterstützung dieser Akteure des Wandels. Diese Unterstützung kann von den Führungskräften und dem Veränderungsmanagementteam kommen, indem sie ihnen Anleitung, Ressourcen und Hilfe bei der Bewältigung ihrer Aufgaben bieten. Wenn man ihnen ein gewisses Maß an Autonomie einräumt, damit sie Entscheidungen treffen und

Maßnahmen ergreifen können, die die Veränderungsinitiative unterstützen, kann dies ihre Effektivität und Motivation weiter steigern. Es kann auch von Vorteil sein, diesen Akteuren die Möglichkeit zu geben, sich untereinander zu vernetzen und zusammenzuarbeiten. Eine solche Vernetzung ermöglicht den Austausch von Ideen, Strategien und Erfahrungen und fördert so einen kohärenteren und fundierteren Ansatz für das Veränderungsmanagement.

Regelmäßige Überprüfungen und Rückmeldungen sind wichtig, um ihre Fortschritte zu bewerten und eventuelle Herausforderungen zu bewältigen. Die Anerkennung und Würdigung ihrer Bemühungen ist entscheidend für ihre weitere Motivation und Entwicklung. Es ist wichtig, die Rolle eines Change Agents als einen Weg zur persönlichen und beruflichen Weiterentwicklung zu betrachten. Das Aufzeigen von Möglichkeiten zur Weiterentwicklung und zum beruflichen Aufstieg kann ihr Engagement für die Förderung und Aufrechterhaltung des Wandels in der Organisation verstärken.

Die Befähigung von Befürwortern und Verfechtern, andere zu beeinflussen und zu inspirieren, ist ein entscheidender Aspekt bei der Förderung erfolgreicher Veränderungen in einer Organisation. Diese Personen können die Akzeptanz und den Erfolg von Veränderungsinitiativen erheblich beeinflussen, indem sie ihren Einfluss nutzen, um ihre Kollegen zu motivieren und durch den Übergang zu führen.

- Versorgen Sie sie mit detailliertem Wissen: Befürworter und Verfechter des Wandels sollten gut über die Details der Veränderungsinitiative informiert sein. Wenn sie umfassend über die Gründe für die Veränderung, ihre Vorteile und ihre Umsetzung informiert sind, können sie selbstbewusst und präzise mit anderen kommunizieren.

- Rüsten Sie sie mit effektiven Kommunikationsfähigkeiten aus: Entscheidend ist, dass die Befürworter des Wandels über gute Kommunikationsfähigkeiten verfügen. Schulungen in Bereichen wie überzeugende Kommunikation,

Geschichtenerzählen und aktives Zuhören können ihre Fähigkeit verbessern, effektiv mit ihren Kollegen zu kommunizieren und die Vision der Veränderung überzeugend zu vermitteln.

- Gewähren Sie Autorität und Sichtbarkeit: Damit Befürworter und Verfechter wirksam sein können, muss ihnen ein gewisses Maß an Autorität und Sichtbarkeit innerhalb der Organisation eingeräumt werden. Dies könnte die öffentliche Bestätigung durch leitende Angestellte, die formale Anerkennung ihrer Rolle und die Beteiligung an Entscheidungsprozessen im Zusammenhang mit der Veränderung beinhalten.

- Plattformen für den Austausch schaffen: Schaffen Sie Plattformen, auf denen Befürworter des Wandels ihre Erkenntnisse, Erfahrungen und Erfolgsgeschichten austauschen können. Dies kann über interne Social-Media-Kanäle, Unternehmenstreffen, Newsletter oder informelle Zusammenkünfte geschehen. Solche Plattformen ermöglichen es ihnen, ein breiteres Publikum zu erreichen und als Quelle der Inspiration und Motivation für andere zu dienen.

- Ermutigung zum Engagement unter Gleichgesinnten: Ermutigen Sie die Befürworter des Wandels, direkt mit ihren Kollegen in Kontakt zu treten. Dies kann in Form von Einzelgesprächen, der Leitung von Kleingruppendiskussionen oder der Moderation von Workshops geschehen. Die Einbindung von Gleichgesinnten kann ein wirksames Instrument sein, um Bedenken anzusprechen und Unterstützung für die Veränderung zu gewinnen.

- Unterstützung ihrer Initiativen: Unterstützen Sie die Initiativen der Verfechter des Wandels. Diese Unterstützung kann in Form von Ressourcen, Zeit oder Anleitung erfolgen. Wenn sich die Befürworter in ihren Bemühungen unterstützt fühlen, sind sie eher bereit, proaktive Schritte zur Förderung des Wandels zu unternehmen.

- Bieten Sie kontinuierliche Schulung und Entwicklung an: Die Rolle eines Befürworters des Wandels kann sich mit dem Fortschreiten der Veränderungsinitiative weiterentwickeln. Das Angebot kontinuierlicher Schulungs- und Entwicklungsmöglichkeiten hilft ihnen, ihre Fähigkeiten auszubauen und ihre Rolle im Laufe der Zeit effektiv auszufüllen.

- Geben Sie Feedback und Anerkennung: Regelmäßiges Feedback ist wichtig, damit die Befürworter des Wandels die Auswirkungen ihrer Bemühungen verstehen und ihren Ansatz verfeinern können. Die öffentliche Anerkennung ihrer Beiträge kann auch ihre Moral steigern und die Bedeutung ihrer Rolle innerhalb der Organisation unterstreichen.

- Ermutigen Sie zu gemeinsamer Problemlösung: Beziehen Sie die Befürworter der Veränderung in gemeinsame Problemlösungssitzungen im Zusammenhang mit der Veränderung ein. Dadurch werden nicht nur ihre einzigartigen Erkenntnisse genutzt, sondern auch ihre Rolle als wichtige Akteure im Veränderungsprozess gestärkt.

Die Sicherstellung, dass der Wandel zu einem integralen Bestandteil der Unternehmens-DNA wird, ist ein vielschichtiger Prozess, der einen strategischen Ansatz erfordert, um den Wandel tief und nachhaltig im Unternehmen zu verankern. Beginnen Sie damit, die Veränderungsinitiativen auf die Kernwerte und den Auftrag der Organisation abzustimmen. Dadurch wird sichergestellt, dass der Wandel nicht als separater oder vorübergehender Aufwand betrachtet wird, sondern als natürliche Erweiterung der laufenden Entwicklung des Unternehmens. Es ist wichtig zu kommunizieren, wie die Veränderung die grundlegenden Prinzipien und Ziele der Organisation unterstützt und verbessert.

Das Engagement und die Vorbildfunktion der Führungskräfte sind entscheidend dafür, dass der Wandel zu einem Teil der DNA des Unternehmens wird. Die Führungskräfte sollten die mit der

Veränderung verbundenen Verhaltensweisen und Einstellungen konsequent vorleben und so die Bedeutung und Legitimität der Veränderung unterstreichen. Ihre Handlungen und Entscheidungen sollten die Veränderungsprinzipien widerspiegeln und ein klares Beispiel für den Rest der Organisation darstellen. Integrieren Sie den Wandel auf allen Ebenen der Organisation. Das bedeutet, dass veränderungsbezogene Ziele und Verhaltensweisen in Stellenbeschreibungen, Leistungsbewertungen und Beförderungskriterien aufgenommen werden. Auf diese Weise wird der Wandel zu einem Kriterium für Erfolg und Beförderung innerhalb der Organisation.

Entwicklung von Richtlinien und Verfahren, die den Wandel unterstützen. Dazu könnte die Überarbeitung bestehender oder die Schaffung neuer Richtlinien gehören, die die gewünschten Verhaltensweisen und Praktiken erleichtern. Die Sicherstellung, dass die betrieblichen Richtlinien und Verfahren mit den Veränderungszielen übereinstimmen, hilft bei der Institutionalisierung der Veränderung. Beziehen Sie die Mitarbeiter auf allen Ebenen in den Veränderungsprozess ein. Dabei geht es nicht nur darum, sie über die Veränderung zu informieren, sondern sie aktiv in die Umsetzung einzubeziehen. Ermutigen Sie die Mitarbeiter zu Input und Feedback und geben Sie ihnen die Möglichkeit, zum Veränderungsprozess beizutragen. Diese Einbeziehung fördert das Gefühl der Eigenverantwortung und das Engagement für die Veränderung.

Regelmäßige Schulungs- und Entwicklungsprogramme sind unerlässlich, um den Wandel zu unterstützen und die erforderlichen Fähigkeiten und Kenntnisse zu entwickeln. Kontinuierliche Lernangebote helfen den Mitarbeitern, sich an die neuen Arbeitsweisen anzupassen und sie auf die Veränderungsziele auszurichten. Messen und überwachen Sie die Auswirkungen der Veränderung. Mithilfe von Messgrößen und Leistungsindikatoren lässt sich beurteilen, wie sich die Veränderung auf die verschiedenen Aspekte des Unternehmens auswirkt. Diese fortlaufende Bewertung hilft dabei, die

Wirksamkeit der Veränderung zu verstehen und Bereiche mit Verbesserungsbedarf zu ermitteln.

Feiern Sie Erfolge und Meilensteine im Zusammenhang mit der Veränderung. Das Anerkennen und Feiern von Erfolgen trägt dazu bei, den Wert der Veränderung und ihre Vorteile zu unterstreichen. Außerdem werden dadurch die Begeisterung und das Engagement für den laufenden Veränderungsprozess aufrechterhalten.

Die Nutzung von Instrumenten und Werkzeugen zur Institutionalisierung von Veränderungen in Organisationen ist entscheidend für die Einbettung neuer Prozesse, Verhaltensweisen und Denkweisen in die Organisationsstruktur. Diese Instrumente und Ressourcen helfen dabei, den Wandel strukturierter, nachvollziehbarer und nachhaltiger zu gestalten.

1. Software für Veränderungsmanagement: Plattformen wie das ADKAR-Modell von Prosci oder die Change Management Software von Kotter bieten robuste Funktionen für die Planung, Durchführung, Überwachung und Berichterstattung von Veränderungsinitiativen. Das Toolset von Prosci umfasst beispielsweise Bewertungen, Planungsvorlagen und Funktionen zur Fortschrittsverfolgung, die eine bessere Koordinierung und Kommunikation innerhalb einer Organisation ermöglichen.

2. Leistungsmanagement-Systeme: Die Aktualisierung von Systemen wie Oracles Performance Management oder SAP SuccessFactors, um die neuen, mit dem Wandel verbundenen Ziele zu berücksichtigen, kann den Wandel institutionalisieren. Indem sie die individuellen Leistungskennzahlen auf die gewünschten Ergebnisse der Veränderung abstimmen, verstärken diese Systeme die neuen Verhaltensweisen und Praktiken.

3. Interne Kommunikationsplattformen: Plattformen wie Slack oder Microsoft Teams sorgen für eine konsistente und weitreichende Verbreitung von Informationen im

Zusammenhang mit der Veränderung. Diese Tools können für Aktualisierungen, den Austausch von Erfolgsgeschichten und die Verstärkung von Schlüsselbotschaften genutzt werden, wie bei Unternehmen wie IBM und Google zu sehen ist, bei denen die interne Kommunikation eine zentrale Rolle für ihre Veränderungsstrategien spielt.

4. Schulungs- und Entwicklungsprogramme: Online-Lernplattformen wie LinkedIn Learning oder Coursera bieten eine Vielzahl von Modulen, um den Mitarbeitern die für neue Arbeitsweisen erforderlichen Fähigkeiten zu vermitteln. Diese Plattformen bieten Flexibilität und eine breite Palette von Themen, von Führungsqualitäten bis hin zu technischen Fähigkeiten, die für die Unterstützung des Wandels unerlässlich sind.

5. Feedback- und Umfrage-Tools: Tools wie SurveyMonkey oder Google Forms erleichtern die Erfassung von Feedback. Diese Plattformen werden von Unternehmen genutzt, um die Gefühle und Reaktionen der Mitarbeiter auf die Veränderung zu messen und so eine laufende Anpassung der Veränderungsstrategie zu ermöglichen.

6. Tools für die Zusammenarbeit: Software wie Asana oder Trello unterstützt neue Arbeitsweisen und fördert die Teamarbeit im Rahmen von Veränderungsinitiativen. Diese Tools werden für das Projektmanagement eingesetzt und ermöglichen es den Teams, effektiv zusammenzuarbeiten und sich an den Veränderungszielen zu orientieren.

7. Anerkennungs- und Belohnungssysteme: Systeme zur Anerkennung und Belohnung von Verhaltensweisen und Leistungen im Zusammenhang mit Veränderungen sind von entscheidender Bedeutung. Salesforce verwendet beispielsweise ein Anerkennungssystem, das Auszeichnungen und Anerkennungen in Unternehmensbesprechungen beinhaltet und die Bedeutung der Anpassung an den Wandel unterstreicht.

8. Datenanalyse-Tools: Analysetools wie Tableau oder Google Analytics bieten Einblicke in die Auswirkungen von Veränderungen. Durch die Analyse von Daten in Bezug auf Produktivität, Engagement und andere relevante Metriken können Unternehmen die Wirksamkeit ihrer Veränderungsbemühungen nachvollziehen.

9. Advocacy-Gruppen für Veränderungen: Die Einrichtung formeller Gruppen oder Ausschüsse, ähnlich den gTeams von Google oder den funktionsübergreifenden Teams von Apple, die sich der Förderung und Lenkung des Wandels widmen, kann sehr hilfreich sein. Diese Gruppen bieten Unterstützung, tauschen bewährte Verfahren aus und tragen dazu bei, die Dynamik des Wandels aufrechtzuerhalten, um seinen Erfolg und seine Nachhaltigkeit zu gewährleisten.

Diese Instrumente und Ressourcen spielen, wenn sie effektiv eingesetzt werden, eine wichtige Rolle bei der Institutionalisierung des Wandels in Organisationen. Sie strukturieren und verfolgen nicht nur den Fortschritt von Veränderungsinitiativen, sondern sorgen auch dafür, dass diese Veränderungen in der DNA der Organisation verankert werden und zu einer dauerhaften Veränderung führen. Die Schaffung von Mechanismen zur Aufrechterhaltung der Veränderungskultur im Laufe der Zeit beinhaltet die Umsetzung einer Reihe von strategischen Maßnahmen und Richtlinien, die den gewünschten Kulturwandel kontinuierlich verstärken und unterstützen. Es geht darum, sicherzustellen, dass die Veränderungen zu tief verwurzelten und dauerhaften Aspekten der Organisation werden.

Ein wirksamer Ansatz ist die Integration von Veränderungszielen in den strategischen Planungsprozess der Organisation. Dadurch wird sichergestellt, dass die Veränderungsinitiativen mit den langfristigen Zielen und der Vision der Organisation übereinstimmen und somit grundlegend für deren Ausrichtung und Erfolg sind. Eine regelmäßige Überprüfung und Aktualisierung der Unternehmensrichtlinien, -verfahren und -praktiken zur Berücksichtigung der Veränderungskultur ist ebenfalls von entscheidender Bedeutung. Dies kann die

Überarbeitung der Personalpolitik, der betrieblichen Richtlinien und der Kommunikationsstrategien umfassen, um sicherzustellen, dass sie mit den neuen Normen und Werten übereinstimmen.

Fortlaufende Schulung und Entwicklung sind für die Aufrechterhaltung der Veränderungskultur von entscheidender Bedeutung. Den Mitarbeitern sollten kontinuierliche Lernmöglichkeiten geboten werden, um sie über neue Fähigkeiten, Technologien und Methoden im Zusammenhang mit dem Wandel auf dem Laufenden zu halten. Dies trägt auch dazu bei, die Bedeutung von Anpassungsfähigkeit und Wachstum zu stärken. Die Aufrechterhaltung offener Kommunikationskanäle ist der Schlüssel zur Aufrechterhaltung einer veränderungsfreundlichen Kultur. Regelmäßige Updates über den Fortschritt von Veränderungsinitiativen, Erfolgsgeschichten und gelernte Lektionen sollten in der gesamten Organisation ausgetauscht werden. Diese Transparenz trägt dazu bei, die Dynamik aufrechtzuerhalten, und fördert das Gefühl einer gemeinsamen Reise.

Es ist wichtig, Messgrößen und wichtige Leistungsindikatoren festzulegen, um die Auswirkungen der Veränderungskultur zu messen. Die regelmäßige Verfolgung dieser Kennzahlen hilft dabei, die Wirksamkeit der Veränderungsinitiativen zu verstehen und künftige Verbesserungen anzuleiten. Die Schaffung von Foren für Feedback und Diskussionen ermöglicht es den Mitarbeitern, ihre Meinungen und Vorschläge zur Veränderung zu äußern. Dies kann durch regelmäßige Umfragen, Bürgerversammlungen oder Fokusgruppen geschehen. Solche Foren fördern das Gefühl der Beteiligung und Eigenverantwortung der Mitarbeiter.

Das Anerkennen und Feiern von Erfolgen im Zusammenhang mit der Veränderungskultur stärkt deren Wert. Regelmäßige Anerkennungen, Belohnungen und Feiern von Meilensteinen tragen dazu bei, dass der Geist der Veränderung lebendig bleibt und geschätzt wird. Die Führung spielt eine kontinuierliche Rolle bei der Modellierung der Veränderungskultur. Die Führungskräfte sollten die mit der neuen Kultur verbundenen Verhaltensweisen und Einstellungen konsequent vorleben und so deren Bedeutung und Legitimität verstärken. Die Entwicklung einer Kultur der kontinuierlichen Verbesserung gewährleistet, dass die Organisation anpassungsfähig bleibt und auf künftige Veränderungen reagieren kann. Durch die Förderung von Innovationen, Experimenten und das Lernen aus Erfolgen und Misserfolgen bleibt die Kultur dynamisch und entwicklungsfähig.

Kapitel 8: Von Pionieren der Veränderung lernen

Dieses Kapitel beginnt mit einer Untersuchung von Fallstudien über Pioniere des Wandels - Führungspersönlichkeiten und Organisationen, die dafür bekannt sind, dass sie bedeutende Veränderungen erfolgreich durchlaufen und umgesetzt haben. Durch diese Fallstudien erhalten wir einen tiefen Einblick in die Strategien, Herausforderungen und Triumphe dieser Pioniere. Diese Geschichten dienen nicht nur als Inspirationsquellen, sondern auch als praktische Leitfäden, die mit umsetzbaren Lektionen gefüllt sind. Sie bieten einen Einblick in die reale Anwendung von Veränderungstheorien und -grundsätzen und geben den abstrakten Aspekten des Veränderungsmanagements einen greifbaren Kontext.

Die Erfolgsgeschichten der Pioniere des Wandels sind sehr unterschiedlich und spiegeln die Vielfalt der Veränderungsinitiativen in verschiedenen Branchen und Umgebungen wider. Diese Fallstudien zeigen auch kleinere, aber ebenso wirkungsvolle Veränderungen in gemeinnützigen Organisationen, Regierungsbehörden und Start-ups. Sie veranschaulichen, dass die Grundsätze des effektiven Veränderungsmanagements universell sind und sich an verschiedene Größenordnungen und Kontexte anpassen lassen. Wir werden uns ansehen, wie diese Pioniere die Notwendigkeit von Veränderungen erkannten, ihre Vision entwickelten, ihre Stakeholder einbanden, Widerstände überwanden und schließlich die Veränderung in ihre Organisationsstruktur einbetteten.

Die Analyse dieser Fallstudien dient dazu, praktische Erkenntnisse und Lehren zu gewinnen, die in verschiedenen organisatorischen Umgebungen angewendet werden können. Die Leser werden ermutigt, Parallelen zwischen diesen Geschichten und ihren eigenen Erfahrungen zu ziehen und daraus relevante

Strategien und Ideen abzuleiten, die auf ihre eigenen Veränderungsinitiativen zugeschnitten werden können.

Fallbeispiele in Kürze

Ein bemerkenswertes Beispiel ist die Umgestaltung von Microsoft unter der Leitung von Satya Nadella. Als Nadella das Ruder übernahm, verlagerte er den Schwerpunkt von Microsoft von einem primär Windows-zentrierten Modell zu einem Cloud-first- und Mobile-first-Ansatz. Diese Umstellung erforderte nicht nur technologische Innovationen, sondern auch einen erheblichen kulturellen Wandel innerhalb des Unternehmens.

Ein weiteres Beispiel ist der radikale Wandel von Netflix von einem DVD-Verleih zu einem Streaming-Riesen und Anbieter von Inhalten. Dieser Wandel wurde durch Weitsicht und Anpassungsfähigkeit vorangetrieben und zeigt, wie das Verständnis und die Antizipation von Markttrends für das Überleben und Wachstum eines Unternehmens entscheidend sein können.

Die Turnaround-Geschichte von LEGO ist auch ein bemerkenswertes Beispiel für Change Management. Angesichts finanzieller Schwierigkeiten und des Verlusts an Marktrelevanz strukturierte LEGO seinen Betrieb um, konzentrierte sich auf seine Kernproduktlinien und ging aktiver auf seine Kunden zu, was zu einer dramatischen Wiederbelebung der Marke führte.

Ein weiteres klassisches Beispiel ist die Umstellung von IBM von einem hardwarezentrierten Unternehmen auf Software und Dienstleistungen unter der Leitung von Lou Gerstner in den 1990er Jahren. Dieser Wandel umfasste nicht nur eine Änderung des Produktangebots des Unternehmens, sondern auch eine Änderung der Unternehmenskultur und des Ansatzes für den Kundenservice.

Das erfolgreiche Rebranding und die Marktexpansion von Old Spice durch Procter & Gamble zeigen, wie Veränderungsmanagement im Marketing und bei der

Markenpositionierung wirksam eingesetzt werden kann. Durch die Neudefinition der Zielgruppe und die Überarbeitung des Werbekonzepts konnte Old Spice seine Anziehungskraft und seinen Marktanteil erheblich steigern.

1. Die Transformationsreise von Microsoft unter Satya Nadella

Der Wandel von Microsoft unter Satya Nadella ist ein bemerkenswertes Beispiel dafür, wie eine visionäre Führung den Weg eines Unternehmens neu definieren kann. Als Nadella 2014 das Amt des CEO übernahm, stand er vor der Herausforderung, einen Tech-Giganten neu zu beleben, der in einer zunehmend mobilen und cloudbasierten Welt an Bedeutung zu verlieren schien.

Nadellas Vision war es, Microsoft von einem primär Windows-zentrierten Modell zu einem Cloud-first- und Mobile-first-Ansatz zu führen. Bei dieser strategischen Neuausrichtung ging es nicht nur um die Änderung des Produktangebots, sondern auch um die Umgestaltung der Kernphilosophie und -kultur des Unternehmens.

Eine der ersten großen Veränderungen war die Entwicklung und Verbesserung von Microsofts Cloud Computing-Dienst Azure. Nadellas Fokussierung auf Cloud Computing war eine deutliche Abkehr von der traditionellen Ausrichtung des Unternehmens auf den Softwareverkauf. Azure entwickelte sich bald zu einem führenden Anbieter auf dem Markt für Cloud-Dienste und konkurrierte mit Giganten wie Amazon Web Services und Google Cloud.

Parallel dazu wurde ein starker Schwerpunkt auf mobile Technologien und Anwendungen gelegt. Microsoft erkannte den aufkeimenden mobilen Markt und begann, stärker in die Entwicklung von Anwendungen und Diensten für eine Vielzahl mobiler Plattformen zu investieren, anstatt sich ausschließlich auf Windows zu konzentrieren.

Neben der technologischen Innovation hat Nadella auch einen tiefgreifenden kulturellen Wandel bei Microsoft eingeleitet. Er förderte eine Mentalität des "Alles-Lernens" anstelle des "Alles-Wissens" und förderte ein Umfeld des kontinuierlichen Lernens und Wachstums. Dieser Kulturwandel war ausschlaggebend für die Innovations- und Anpassungsfähigkeit der Mitarbeiter.

Nadella legte auch großen Wert auf Zusammenarbeit und Integration und brach Silos innerhalb der Organisation auf. Er setzte sich für die Idee der synergetischen Zusammenarbeit und die Nutzung der unterschiedlichen Stärken der Mitarbeiter ein. Dieser Ansatz verbesserte nicht nur die interne Zusammenarbeit, sondern führte auch zu einer stärker integrierten und innovativen Produktentwicklung.

Unter Nadellas Führung setzte Microsoft auch auf Partnerschaften und Zusammenarbeit mit Unternehmen, die einst als Rivalen galten. Diese offene Herangehensweise markierte einen bedeutenden Wandel in der Strategie von Microsoft und spiegelt eine umfassendere Vision von Technologie als Ökosystem und nicht als Schlachtfeld wider.

Die Auswirkungen dieses Wandels waren beträchtlich. Microsoft hat nicht nur seine Position als Technologieführer zurückgewonnen, sondern auch ein beträchtliches finanzielles Wachstum verzeichnet. Der Marktwert und der Aktienkurs des Unternehmens sind in die Höhe geschnellt, was das Vertrauen der Anleger in die neue Ausrichtung widerspiegelt.

Der Transformationsprozess von Microsoft unter Satya Nadella ist ein eindrucksvolles Beispiel dafür, wie eine strategische Vision in Verbindung mit einem kulturellen und technologischen Wandel ein globales Unternehmen verjüngen kann. Sie unterstreicht die Bedeutung einer anpassungsfähigen Führung und einer Unternehmenskultur, die angesichts der Entwicklung der Branche kontinuierliches Lernen und Innovation fördert.

2. Die radikale Umgestaltung von Netflix

Die Entwicklung von Netflix von einem DVD-Verleih zu einem globalen Streaming-Giganten und einflussreichen Anbieter von Inhalten ist ein Paradebeispiel für die Anpassungsfähigkeit und den Weitblick eines Unternehmens. Diese Entwicklung ist ein Beweis dafür, dass das Verständnis und die Vorwegnahme von Markttrends für das Überleben und das Wachstum eines Unternehmens entscheidend sein können.

Als Netflix 1997 gegründet wurde, war es zunächst ein DVD-Verleih per Post. Reed Hastings und Marc Randolph, die Gründer von Netflix, erkannten jedoch schnell das Potenzial des Internets, die Art und Weise, wie Menschen auf Unterhaltung zugreifen und diese konsumieren, zu revolutionieren. Diese Erkenntnis markierte den Beginn eines Transformationsprozesses, der die Unterhaltungsindustrie umgestalten sollte.

Im Jahr 2007 wagte Netflix einen kühnen Schritt und führte Streaming-Dienste ein, mit denen Abonnenten Fernsehsendungen und Filme über das Internet ansehen konnten. Dies war eine bedeutende Abkehr von seinem DVD-Verleihmodell, insbesondere zu einer Zeit, als die Streaming-Technologie noch in den Kinderschuhen steckte. Diese Umstellung machte sich die zunehmende Verfügbarkeit von Hochgeschwindigkeits-Internet und die wachsende Vorliebe der Verbraucher für Inhalte auf Abruf zunutze.

Die Einführung von Streaming erforderte nicht nur technologische Innovationen, sondern auch eine Änderung der Geschäftsstrategie. Netflix musste Verträge mit Inhaltsanbietern abschließen, ein robustes Netzwerk zur Bereitstellung von Inhalten entwickeln und erheblich in seine IT-Infrastruktur investieren.
Der Wandel von Netflix beschränkte sich nicht nur auf das Streaming, sondern das Unternehmen entwickelte sich weiter, indem es sich an die Erstellung von Inhalten wagte. Mit dem Start seiner ersten Originalserie, "House of Cards", im Jahr 2013 brach Netflix mit den traditionellen TV-Produktions- und Vertriebsmodellen. Die Erstellung eigener Inhalte ermöglichte Netflix eine bessere Kontrolle über sein Angebot und trug dazu

bei, dass sich der Dienst in einem überfüllten Markt abheben konnte.

Dieser Schritt in die Inhaltserstellung wurde durch Datenanalysen vorangetrieben. Netflix nutzte die Daten seiner Millionen von Abonnenten, um die Sehgewohnheiten zu verstehen, und entschied auf dieser Grundlage, welche Art von Inhalten produziert werden sollten. Dieser datengesteuerte Ansatz zur Erstellung von Inhalten erwies sich als äußerst erfolgreich und führte zu von der Kritik gefeierten Serien wie "Stranger Things" und "The Crown".

Der Erfolg der Umgestaltung von Netflix zeigt sich in seinem beträchtlichen Abonnentenwachstum, seiner internationalen Expansion und seinen Auswirkungen auf die Unterhaltungsindustrie. Das Modell von Netflix hat das traditionelle Kabelfernsehen und die Kinos herausgefordert und diese Branchen gezwungen, sich anzupassen und zu erneuern. Die Entwicklung von Netflix macht deutlich, wie wichtig organisatorische Agilität ist. Die Bereitschaft des Unternehmens, sich neu auszurichten, zu experimentieren und neue Technologien zu nutzen, war entscheidend für seine Fähigkeit, in einer sich schnell verändernden Branche die Nase vorn zu haben.

Der Wandel von Netflix von einem DVD-Verleihdienst zu einem Streaming- und Content Creation Powerhouse zeigt die Stärke von Voraussicht, Anpassungsfähigkeit und datengesteuerten Entscheidungen. Es ist eine fesselnde Geschichte darüber, wie ein Unternehmen eine Branche neu definieren und sein Wachstum aufrechterhalten kann, indem es sein Geschäftsmodell kontinuierlich weiterentwickelt, um mit der sich ändernden Marktdynamik und dem Verbraucherverhalten Schritt zu halten.

3. Die Turnaround-Geschichte von LEGO

Der Turnaround der LEGO Gruppe ist ein Paradebeispiel für effektives Veränderungsmanagement und zeigt, wie ein Unternehmen durch die Rückbesinnung auf seine Kernkompetenzen und den intensiven Kontakt mit seinen Kunden wieder auf die Beine kommen kann. Anfang der 2000er Jahre hatte LEGO mit erheblichen finanziellen Schwierigkeiten und einem Verlust an Marktrelevanz zu kämpfen, was das Unternehmen an den Rand des Konkurses brachte.

Eines der Hauptprobleme von LEGO war die zu starke Diversifizierung. Das Unternehmen hatte in Bereiche wie Themenparks, Videospiele und Bekleidung expandiert, was seine Marke verwässerte und seine finanziellen Ressourcen belastete. Diese Ausweitung in Verbindung mit dem zunehmenden Wettbewerb und den veränderten Spielgewohnheiten der Kinder führte zu einer kritischen Situation.

Die Trendwende begann mit der Ernennung von Jørgen Vig Knudstorp zum CEO im Jahr 2004. Knudstorp brachte eine neue Perspektive ein und konzentrierte sich auf die operative Effizienz. Einer seiner ersten Schritte war eine gründliche Analyse der finanziellen Situation und des Geschäftsmodells von LEGO. Diese Analyse ergab, dass ein erheblicher Teil der Produktpalette unrentabel war. Knudstorp leitete einen umfassenden Umstrukturierungsprozess ein. Er straffte den Betrieb, indem er die Kosten senkte, nicht zum Kerngeschäft gehörende Vermögenswerte wie die LEGO Themenparks verkaufte und die Belegschaft reduzierte. Dies waren zwar schwierige Entscheidungen, aber sie waren notwendig, um das Unternehmen finanziell zu stabilisieren.

Vor allem aber konzentrierte sich LEGO wieder auf seine Kernprodukte: die legendären LEGO Steine und Sets. Im Zuge dieser Neuausrichtung wurde das Produktportfolio gestrafft, um sich auf Produktlinien zu konzentrieren, die mit der Tradition von LEGO im Einklang stehen und bei den Kunden beliebt sind. Das Unternehmen verbesserte auch seine Lieferkette und seine Produktionsprozesse, um sicherzustellen, dass die beliebten Produkte immer verfügbar sind. Ein weiterer wichtiger Bestandteil der Strategie zur Wiederbelebung von LEGO war die Rückbesinnung auf den Kundenstamm, insbesondere auf die engagierte Gemeinschaft der erwachsenen LEGO Fans. LEGO begann, aktiv das Feedback seiner Fans einzuholen und ihre Ideen in neue Produkte einfließen zu lassen. So wurde die Plattform LEGO Ideas ins Leben gerufen, auf der die Fans Ideen für neue Sets einreichen und darüber abstimmen konnten.

LEGO verfolgte auch neue Marketingstrategien und nutzte das Storytelling und Partnerschaften mit beliebten Marken wie Star Wars, Harry Potter und Batman. Diese Kooperationen führten zu äußerst erfolgreichen Produktlinien, die sowohl Kinder als auch Erwachsene ansprachen.

Bemerkenswert waren auch die Bemühungen des Unternehmens, sich auf das digitale Zeitalter einzulassen. Während LEGO anfangs Schwierigkeiten hatte, in der digitalen Welt Fuß zu fassen, hat das Unternehmen sie schließlich durch die Entwicklung von Videospielen, mobilen Apps und sogar einer äußerst erfolgreichen Filmreihe für sich entdeckt. Diese Unternehmungen ermöglichten es LEGO, in einer zunehmend digitalen Welt relevant zu bleiben.

Das Ergebnis dieser konzertierten Bemühungen war eine dramatische Wiederbelebung der Marke LEGO. Im Jahr 2015 war LEGO, gemessen am Umsatz, das weltweit größte Spielzeugunternehmen und überholte Branchenriesen wie Mattel. Der Fall LEGO ist ein eindrucksvolles Beispiel dafür, wie effektiv es ist, sich auf seine Kernkompetenzen zu konzentrieren, auf die Kunden einzugehen und sich an Veränderungen anzupassen.

Die Geschichte des Turnarounds von LEGO ist ein bemerkenswertes Beispiel für richtiges Change Management. Sie zeigt, wie die Konzentration auf die Kernprodukte, die betriebliche Effizienz, das Kundenengagement und die Anpassung an neue Marktgegebenheiten zu einer dramatischen Wiederbelebung einer Marke und zu anhaltendem Erfolg führen kann.

4. Die Transformation von IBM unter Lou Gerstner

Die Umgestaltung von IBM in den 1990er Jahren unter der Leitung von Lou Gerstner ist ein klassisches Beispiel für ein

Unternehmen, das einen tiefgreifenden Wandel seines Geschäftsmodells und seiner Unternehmenskultur erfolgreich bewältigt hat. Als Gerstner 1993 das Amt des CEO übernahm, stand IBM am Rande des Zusammenbruchs, litt unter erheblichen finanziellen Verlusten und einem sich rasch verändernden Technologiemarkt.

Gerstners Ankunft markierte den Beginn einer entscheidenden Verlagerung von IBMs traditionellem Schwerpunkt auf Hardware hin zu einem neuen Schwerpunkt auf Software und Dienstleistungen. Dieser strategische Wechsel wurde durch die Erkenntnis vorangetrieben, dass sich die Technologiebranche von einer Hardware-dominierten Landschaft zu einer Landschaft entwickelt, in der Softwarelösungen und IT-Dienstleistungen zunehmend geschätzt werden.

Eine der ersten Herausforderungen, denen sich Gerstner stellte, war die Organisationsstruktur von IBM. Zu dieser Zeit war das Unternehmen stark dezentralisiert, und die verschiedenen Abteilungen arbeiteten fast unabhängig voneinander. Gerstner verfolgte einen stärker integrierten Ansatz, indem er die Aktivitäten des Unternehmens konsolidierte, um eine bessere Koordination und eine einheitliche Strategie zu fördern. Die Änderung des Produktangebots von IBM beinhaltete nicht nur die Entwicklung neuer Fähigkeiten in den Bereichen Software und Dienstleistungen, sondern auch eine Änderung der Sichtweise des Unternehmens auf seinen Markt. Gerstner verlagerte den Schwerpunkt von IBM auf die Bereitstellung integrierter Lösungen für komplexe IT-Probleme, anstatt nur Hardwareprodukte zu verkaufen. Dies erforderte beträchtliche Investitionen in die Entwicklung des Fachwissens des Unternehmens in den Bereichen Softwareentwicklung, Beratung und IT-Services.

Einer der vielleicht wichtigsten Aspekte der Umgestaltung von IBM unter Gerstner war der Wandel der Unternehmenskultur. Gerstner erkannte, dass ein kundenorientierter Ansatz für die Wiederbelebung von IBM unerlässlich war. Er setzte sich für eine Kultur ein, die den Kundenservice und die Reaktionsfähigkeit in den Vordergrund stellte, und löste sich damit von der nach innen gerichteten, bürokratischen Kultur, die IBM zuvor geprägt hatte. Unter der Führung von Gerstner änderte IBM auch seinen Ansatz für Innovationen. Statt sich ausschließlich auf technologische Durchbrüche zu konzentrieren, begann das Unternehmen, den Schwerpunkt auf die praktische Anwendung von Technologien zur Lösung realer Geschäftsprobleme zu legen. Dieser Wandel brachte IBM nicht nur mit den Anforderungen des Marktes in Einklang, sondern förderte auch einen kooperativeren und pragmatischeren Ansatz für Innovationen.

In Gerstners Amtszeit tätigte IBM auch strategische Akquisitionen in den Bereichen Software und IT-Services, um seine Fähigkeiten in diesen Bereichen zu stärken. Diese Akquisitionen waren wesentlich für die Erweiterung des IBM-Portfolios und der Kompetenzen im schnell wachsenden Bereich der IT-Dienstleistungen. Die Auswirkungen dieses Wandels waren tiefgreifend. IBM hat sich erfolgreich neu erfunden, seinen finanziellen Niedergang aufgehalten und seine Position als führendes Unternehmen auf dem globalen Technologiemarkt wiederhergestellt. Die erfolgreiche Umstellung des Unternehmens von Hardware auf Software und Dienstleistungen ist weithin als Modell dafür untersucht worden, wie sich große Unternehmen an die sich verändernde Branchenlandschaft anpassen können.

Die Transformation von IBM unter Lou Gerstner in den 1990er Jahren ist ein Beweis für die Kraft der strategischen Neuausrichtung und des kulturellen Wandels bei der Wiederbelebung eines angeschlagenen Unternehmens. Sie unterstreicht die Bedeutung von Kundenorientierung, organisatorischer Integration und einem pragmatischen Innovationsansatz für eine erfolgreiche Unternehmenstransformation.

5. Das Rebranding und die Marktexpansion von Old Spice

Die Umgestaltung von Old Spice unter der Leitung von Procter & Gamble ist eine bemerkenswerte Fallstudie über Veränderungsmanagement, insbesondere in den Bereichen

Marketing und Markenpositionierung. Old Spice, das einst als Marke für eine ältere Generation wahrgenommen wurde, unterzog sich einem dramatischen Rebranding und einer Marktexpansion, die sein Image wiederbelebte, seine Anziehungskraft vergrößerte und seinen Marktanteil erhöhte.

Vor der Umgestaltung wurde Old Spice häufig mit einer älteren Zielgruppe in Verbindung gebracht, und seine Marktposition stagnierte. Procter & Gamble, das Old Spice 1990 erwarb, erkannte die Notwendigkeit einer Veränderung und machte sich daran, die Marke zu verjüngen und ein jüngeres, vielfältigeres Publikum anzusprechen.

Der Eckpfeiler der Umgestaltung von Old Spice war eine kühne Neudefinition der Zielgruppe. Procter & Gamble verlagerte den Schwerpunkt der Marke von älteren Männern auf eine jüngere, trendigere Zielgruppe. Diese Neupositionierung war entscheidend für die Erschließung eines größeren und dynamischeren Marktsegments.

Die Überarbeitung des Werbekonzepts von Old Spice spielte bei diesem Wandel eine entscheidende Rolle. Die Marke lancierte eine Reihe innovativer, humorvoller und ausgefallener Marketingkampagnen, die sich von traditionellen männlichen Stereotypen lösten. Die bemerkenswerteste dieser Kampagnen war die Kampagne "The Man Your Man Could Smell Like" mit Isaiah Mustafa. Diese Kampagne wurde zu einer viralen Sensation und steigerte das Profil und die Attraktivität der Marke bei jüngeren Verbrauchern erheblich.

Diese Marketingbemühungen wurden durch eine Diversifizierung der Produktpalette ergänzt. Old Spice führte neue Produktreihen ein, darunter Körperwaschmittel und Deodorants, die den sich wandelnden Vorlieben des jüngeren Marktes Rechnung tragen. Diese Diversifizierung hat nicht nur das Image der Marke aufgefrischt, sondern auch dazu beigetragen, einen größeren Anteil des Marktes für Körperpflegeprodukte zu erobern. Neben der traditionellen Werbung nutzte Old Spice auch Social-Media-Plattformen, um direkt mit den Verbrauchern in Kontakt zu treten.

Auf diese Weise konnte die Marke eine solide Online-Präsenz aufbauen, die ihre Anziehungskraft auf ein technikaffines, jüngeres Publikum noch verstärkte.

Der Erfolg dieser Strategien zeigte sich in der Steigerung des Marktanteils und der Markenbekanntheit. Old Spice wandelte sich von einer als veraltet wahrgenommenen Marke zu einer Marke, die als Synonym für Jugend, Vitalität und Humor steht. Das erfolgreiche Rebranding trug dazu bei, neue Kundensegmente zu erschließen und die Marktpräsenz zu beleben.

Die Transformation von Old Spice unter Procter & Gamble ist ein Beweis für die Kraft eines effektiven Veränderungsmanagements im Bereich Marketing und Markenpositionierung. Es zeigt, wie das Verständnis von Markttrends, die Neudefinition von Zielgruppen, innovative Werbung, Produktdiversifizierung und die effektive Nutzung digitaler Plattformen gemeinsam eine Marke verjüngen und ihr Wachstum in einem wettbewerbsintensiven Markt vorantreiben können.

Bei der Analyse der Veränderungsprozesse in den oben genannten Fällen - Microsoft, Netflix, LEGO, IBM und Old Spice - treten bestimmte Muster und Dynamiken zutage, die tiefere Einblicke in ein erfolgreiches Veränderungsmanagement ermöglichen.

1. Vision und Führung: Ein gemeinsamer Nenner dieser Fälle ist das Vorhandensein einer starken, visionären Führung. Führungspersönlichkeiten wie Satya Nadella, Reed Hastings und Lou Gerstner spielten eine entscheidende Rolle bei der Planung des Wandels und der Steuerung ihrer Unternehmen durch den Transformationsprozess. Bei ihrer Führung ging es nicht nur darum, eine neue Richtung vorzugeben, sondern auch darum, die Belegschaft zu inspirieren und zu motivieren, den Wandel anzunehmen.

2. Anpassungsfähigkeit an Markttrends: Jedes dieser Unternehmen hat eine bemerkenswerte Fähigkeit bewiesen, sich an Markttrends und Verbraucherverhalten anzupassen. So war beispielsweise die Umstellung von Netflix auf Streaming-

Dienste eine direkte Reaktion auf die sich verändernde Art und Weise, wie das Publikum Medien konsumiert. In ähnlicher Weise waren die Rebranding-Bemühungen von Old Spice auf die veränderte Wahrnehmung von Männlichkeit in der Gesellschaft ausgerichtet. Diese Anpassungsfähigkeit war entscheidend, um ihre Relevanz und Wettbewerbsfähigkeit zu gewährleisten.

3. Kundenorientierter Ansatz: Bei diesen Umstrukturierungen wurde ein starker Fokus auf die Bedürfnisse und Präferenzen der Kunden gelegt. LEGOs Einbindung seiner Kunden für Feedback und Produktideen und IBMs Umstellung auf ein kundenorientiertes Servicemodell sind Beispiele für diese Ausrichtung. Das Verständnis der Kundenbedürfnisse und die Reaktion darauf haben diesen Unternehmen geholfen, ihre Angebote und Strategien effektiv neu auszurichten.

4. Innovation und Risikobereitschaft: Innovation spielte eine wichtige Rolle bei der Transformation dieser Unternehmen. Der Einstieg von Netflix in die Erstellung von Inhalten und die gewagten Werbekampagnen von Old Spice sind Beispiele für innovative Strategien, die mit den Normen der Branche brechen. Diese Schritte waren mit erheblichen Risiken verbunden, haben sich aber letztlich ausgezahlt, da sich diese Unternehmen von ihren Konkurrenten abheben.

5. Kultureller Wandel: Neben den strategischen und operativen Veränderungen war die Veränderung der Unternehmenskultur eine Schlüsselkomponente dieser Umstrukturierungen. Microsofts kultureller Wandel hin zu einem kollaborativeren und offeneren Umfeld unter Nadella und der Schritt von LEGO, eine Kultur der Innovation und Kreativität zu fördern, waren wesentlich für die Unterstützung und Nachhaltigkeit des Wandels.

6. Effektive Kommunikation: Wirksame Kommunikation war für diese Veränderungsprozesse von zentraler Bedeutung. Ob es sich um die interne Kommunikation der Vision und Strategie an die Mitarbeiter oder um die externe Vermarktung

des neuen Markenimages an die Kunden handelte, eine klare und konsistente Kommunikation trug dazu bei, die Akzeptanz zu erhöhen und eine Dynamik für den Wandel zu schaffen.

7. Kontinuierliche Entwicklung: Schließlich betrachteten diese Unternehmen den Wandel nicht als einmaliges Ereignis, sondern als einen kontinuierlichen Prozess. Sie entwickelten sich kontinuierlich weiter, indem sie die Marktbedingungen und den internen Fortschritt neu bewerteten und ihre Strategien entsprechend anpassten. Dieser Ansatz der kontinuierlichen Weiterentwicklung half ihnen, in den sich schnell verändernden Branchen die Nase vorn zu haben.

Die erfolgreichen Veränderungsprozesse dieser Unternehmen zeichneten sich durch visionäre Führung, Anpassungsfähigkeit an Markttrends, einen kundenorientierten Ansatz, Innovations- und Risikobereitschaft, kulturellen Wandel, effektive Kommunikation und eine Denkweise der kontinuierlichen Weiterentwicklung aus. Aus diesen Mustern und Dynamiken können Unternehmen, die sich auf eine eigene Transformationsreise begeben wollen, wertvolle Lehren ziehen.

Die Wirkung von Pionieren des Wandels ist vielschichtig. Erstens sorgen sie oft für einen bedeutenden finanziellen Umschwung und Wachstum. So retteten beispielsweise die von Apple unter Steve Jobs durchgeführten strategischen Veränderungen, zu denen auch die Einführung bahnbrechender Produkte wie das iPhone und das iPad gehörten, das Unternehmen nicht nur vor dem drohenden Bankrott, sondern katapultierten es auch auf ein noch nie dagewesenes Niveau der Rentabilität und Marktführerschaft. Pioniere des Wandels revolutionieren häufig Branchenstandards und Verbrauchererwartungen. Amazon hat unter Jeff Bezos die Einzelhandelsbranche mit seinem kundenorientierten Ansatz, der großen Auswahl und der schnellen Lieferung verändert und damit die Art und Weise, wie Menschen einkaufen und was sie von Einzelhandelsdienstleistungen erwarten, grundlegend verändert.

In einigen Fällen waren die Pioniere des Wandels für den technologischen Fortschritt und die Innovation verantwortlich. Die kontinuierliche Entwicklung von Google beispielsweise hat die Technologiebranche maßgeblich geprägt und Bereiche wie Online-Suche und Werbung, künstliche Intelligenz und Cloud Computing beeinflusst. Pioniere des Wandels sind oft auch Vorreiter bei der Einführung und Förderung nachhaltiger und ethischer Geschäftspraktiken. Die Vorreiterrolle von Unternehmen wie Patagonia bei der Förderung des Umweltschutzes und nachhaltiger Geschäftspraktiken hat nicht nur den operativen Ansatz des Unternehmens verändert, sondern auch neue Branchenstandards für die Unternehmensverantwortung gesetzt.

Diese Führungskräfte können die Unternehmenskultur nachhaltig beeinflussen. Microsofts Wandel unter Satya Nadella hin zu einer kollaborativeren und offeneren Arbeitskultur, die den Schwerpunkt auf Lernen und Innovation legt, ist ein Paradebeispiel dafür, wie Veränderungen an der Spitze ein ganzes Unternehmen durchdringen und sich auf das Engagement und die Produktivität der Mitarbeiter auswirken können. Der Einfluss von Pionieren des Wandels geht über den unmittelbaren organisatorischen oder finanziellen Erfolg hinaus. Sie hinterlassen oft ein Vermächtnis, das künftige Führungsstile, Geschäftsmodelle und Unternehmensstrategien prägt. Ihre Ansätze werden zu Fallstudien und Entwürfen für andere Führungskräfte und Organisationen, die sich in einer sich ständig verändernden Geschäftswelt anpassen und auszeichnen wollen. Bei der Untersuchung der Veränderungsprozesse, die von verschiedenen Pionieren in unterschiedlichen Branchen durchgeführt wurden, treten bestimmte gemeinsame Muster und Dynamiken zutage, die wertvolle Einblicke in das Wesen eines erfolgreichen Veränderungsmanagements bieten.

- Klare Vision und strategische Ausrichtung: Pioniere des Wandels haben stets eine klare und überzeugende Vision für die Zukunft. Diese Vision wirkt wie ein Nordstern, der das Unternehmen durch die Turbulenzen des Wandels leitet. Ob die Vision von Steve Jobs für Apple oder die von Howard

Schultz für Starbucks - eine klare strategische Ausrichtung ist entscheidend, um das Unternehmen zu mobilisieren und den Kurs für den Wandel festzulegen.

- Engagement und Mitwirkung der Führungskräfte: Erfolgreiche Veränderungsinitiativen werden oft von Führungskräften vorangetrieben, die sich stark engagieren und aktiv in den Veränderungsprozess einbringen. Diese Führungskräfte delegieren nicht einfach nur, sie sind die Vorreiter des Wandels und engagieren sich persönlich für die Durchführung der Umgestaltung. Dieses hohe Maß an Beteiligung seitens der Führungskräfte gewährleistet die Ausrichtung und das Engagement im gesamten Unternehmen.

- Kunden- und Marktorientierung: Pioniere des Wandels konzentrieren sich stark auf die Bedürfnisse der Kunden und des Marktes. Sie sammeln ständig Erkenntnisse über Kundenpräferenzen, Markttrends und Wettbewerbsdynamik. Diese Orientierung ermöglicht es ihnen, Veränderungen auf dem Markt zu antizipieren und ihre Strategien entsprechend anzupassen, wie das Beispiel des kundenzentrierten Ansatzes von Amazon unter Jeff Bezos zeigt.

- Kultur der Innovation und Beweglichkeit: Pioniere des Wandels fördern eine Kultur, die Innovation, Flexibilität und Agilität schätzt. Sie ermutigen zum Experimentieren, sind offen für neue Ideen und passen sich schnell an veränderte Umstände an. Googles Innovationskultur und Facebooks Mantra "move fast and break things" in den Anfangstagen sind Beispiele für ein solches Umfeld.

- Effektive Kommunikation und Einbeziehung von Interessengruppen: Wirksame Kommunikation ist ein Markenzeichen erfolgreicher Veränderungsprozesse. Pioniere stellen sicher, dass ihre Vision und die Gründe für den Wandel auf allen Ebenen des Unternehmens klar und einheitlich kommuniziert werden. Sie beziehen auch verschiedene

Interessengruppen - Mitarbeiter, Kunden und Partner - ein, um Unterstützung zu gewinnen und Bedenken auszuräumen.

- Mitarbeiter befähigen und zu Eigenverantwortung ermutigen: Viele Führungspersönlichkeiten, die Veränderungen herbeiführen, befähigen ihre Mitarbeiter, die Verantwortung für die Veränderung zu übernehmen. Diese Befähigung fördert das Verantwortungsgefühl und das Engagement der Mitarbeiter. Toyotas schlanke Produktion und die damit verbundene Kaizen-Praxis ist ein Beispiel dafür, dass die Befähigung der Mitarbeiter eine zentrale Rolle bei der kontinuierlichen Verbesserung spielt.

- Kontinuierliches Lernen und Anpassen: Erfolgreiche Veränderungsprozesse zeichnen sich durch kontinuierliches Lernen und Anpassung aus. Pioniere nutzen Feedback-Schleifen, um aus Erfolgen und Misserfolgen zu lernen, und passen ihre Strategien schnell an neue Informationen oder veränderte Marktbedingungen an.

- Kurzfristige Bedürfnisse mit langfristigen Zielen in Einklang bringen: Pioniere des Wandels konzentrieren sich zwar auf langfristige strategische Ziele, bewältigen aber auch die kurzfristigen Herausforderungen des Wandels. Sie balancieren unmittelbare betriebliche Erfordernisse mit der langfristigen Vision aus und sorgen dafür, dass die Organisation während der Übergangsphase stabil und funktionsfähig bleibt.

Die Erfahrungen und die Weisheit von Pionieren des Wandels zu nutzen, ist eine Übung, um die Tiefen ihres Weges zu verstehen und wertvolle Lehren aus ihren Erfolgen und Rückschlägen zu ziehen. Diese Pioniere bieten eine Fülle von Kenntnissen, die aktuellen und künftigen Führungskräften bei ihren eigenen Umgestaltungen helfen können. Es ist wichtig, sowohl die Erfolge als auch die Herausforderungen dieser Führungskräfte zu verstehen. Der Weg von Howard Schultz, der Starbucks nicht nur zu einer globalen Marke aufbaute, sondern das Unternehmen auch nach einem Abschwung wiederbelebte, bietet tiefe Einblicke in die Widerstandsfähigkeit und den strategischen Weitblick. In ähnlicher Weise können der Führungsstil und die Entscheidungsprozesse von Pionieren wie Indra Nooyi bei PepsiCo wichtige Erkenntnisse über visionäre Führung und die Integration von Unternehmensverantwortung in das Geschäftsmodell liefern.

Anpassungsfähigkeit und Widerstandsfähigkeit sind wiederkehrende Themen in den Erzählungen dieser Führungspersönlichkeiten des Wandels. Satya Nadellas transformative Führung bei Microsoft beispielsweise zeigt, wie Anpassungsfähigkeit den Kurs eines Unternehmens entscheidend neu ausrichten kann. Die Rolle von Innovation und Risikobereitschaft ist in diesen Geschichten ebenfalls von zentraler Bedeutung, wie der Ansatz von Jeff Bezos bei Amazon zeigt, der das Unternehmen immer wieder in neue Bereiche vorantreibt. Effektives Stakeholder-Engagement und Kommunikation sind entscheidende Aspekte der Strategien dieser Führungskräfte. Die Art und Weise, wie sie es geschafft haben, sowohl die interne als auch die externe Kommunikation zu steuern, bietet Strategien für ein effektives Engagement und Messaging. Darüber hinaus haben viele dieser Pioniere einen bedeutenden kulturellen Wandel in ihren Unternehmen herbeigeführt. Von ihren Ansätzen zur Veränderung der Unternehmenskultur zu lernen, wie z. B. Googles Schwerpunkt auf Offenheit und Innovation, kann wertvolle Erkenntnisse liefern.

Der Einsatz von Technologie und Daten zur Förderung des Wandels wird im heutigen digitalen Zeitalter immer wichtiger. Die Verwendung von Datenanalysen durch Netflix als Grundlage für seine Inhaltsstrategie ist ein Beispiel für die effektive Nutzung von Technologie und Daten bei der Entscheidungsfindung. Darüber hinaus ist das Gleichgewicht zwischen dem Umgang mit kurzfristigem Druck und der Konzentration auf langfristige strategische Ziele ein heikles Thema. Die Nachhaltigkeitsinitiativen, für die sich Paul Polman während seiner Zeit bei Unilever einsetzte, unterstreichen die Bedeutung langfristigen Denkens für den nachhaltigen Unternehmenserfolg.

Aus den Erfahrungen von Pionieren des Wandels in verschiedenen Branchen lassen sich wichtige Erkenntnisse und Lehren ableiten, die für jeden, der sich auf den Weg des Veränderungsmanagements begibt, von unschätzbarem Wert sind. Diese Lehren, die aus den Erfolgen und Herausforderungen dieser Führungspersönlichkeiten gezogen wurden, bieten einen Fahrplan für die effektive Bewältigung von Veränderungen.

1. Visionäre Führung ist von entscheidender Bedeutung: Es kann nicht genug betont werden, wie wichtig es ist, eine klare und überzeugende Vision zu haben. Führungspersönlichkeiten wie Steve Jobs und Howard Schultz hatten eine klare Vision für die Zukunft und waren in der Lage, diese Vision so zu formulieren, dass sie andere inspirierte. Eine starke Vision gibt Richtung und Zweck vor und dient als Wegweiser durch die Komplexität des Wandels.

2. Anpassungsfähigkeit an die sich verändernde Marktdynamik: Die Fähigkeit, sich an veränderte Marktbedingungen anzupassen, ist ein entscheidendes Merkmal für erfolgreiches Change Management. Der Übergang von Netflix zu Streaming-Diensten als Reaktion auf das sich ändernde Verbraucherverhalten ist ein Beispiel für die Notwendigkeit, flexibel zu bleiben und auf externe Marktdynamiken zu reagieren.

3. Ein kundenorientierter Ansatz führt zum Erfolg: Ein tiefes Verständnis der Kundenbedürfnisse und die Konzentration auf diese kann zu einem erfolgreichen Wandel führen. Amazons kundenorientierter Ansatz unter Jeff Bezos zeigt, wie die Ausrichtung von Unternehmensstrategien auf Kundenbedürfnisse zu Wachstum und Innovation führt.

4. Kultureller Wandel ist von grundlegender Bedeutung: Beim Wandel geht es nicht nur um Strategie und Betrieb, sondern auch um die Kultur. Satya Nadellas Betonung des Wandels der Microsoft-Kultur hin zu einer Kultur, die Lernen und Zusammenarbeit schätzt, unterstreicht die Notwendigkeit

eines kulturellen Wandels als Teil eines erfolgreichen Veränderungsmanagements.

5. Effektive Kommunikation ist der Schlüssel: Eine klare und konsistente Kommunikation ist während des gesamten Veränderungsprozesses unerlässlich. Es ist wichtig, nicht nur das "Was" und das "Wie" zu kommunizieren, sondern auch das "Warum" des Wandels, denn eine effektive Kommunikation schafft Vertrauen und verringert den Widerstand.

6. Einbindung und Befähigung der Mitarbeiter: Die Einbeziehung der Mitarbeiter in den Veränderungsprozess und ihre Befähigung, einen Beitrag zu leisten, können zu erfolgreicheren Ergebnissen führen. Wenn die Mitarbeiter das Gefühl haben, Teil des Veränderungsprozesses zu sein, sind sie eher bereit, den Wandel zu unterstützen und voranzutreiben.

7. Innovation und Risikobereitschaft: Innovation und die Bereitschaft, kalkulierte Risiken einzugehen, können zu erheblichen Gewinnen führen. Unternehmen wie Google sind erfolgreich, weil sie ständig innovativ sind und sich nicht scheuen, neue Wege zu beschreiten.

8. Kurzfristige Herausforderungen mit langfristiger Vision in Einklang bringen: Erfolgreiches Veränderungsmanagement bedeutet, die unmittelbaren, operativen Herausforderungen zu bewältigen und gleichzeitig die langfristigen strategischen Ziele im Auge zu behalten. Dieses Gleichgewicht ist entscheidend, um sicherzustellen, dass die Organisation durch den Wandel navigiert, ohne ihre endgültigen Ziele aus den Augen zu verlieren.

9. Kontinuierliches Lernen und Verbessern: Der Wandel ist kein einmaliges Ereignis, sondern ein fortlaufender Prozess. Die erfolgreichsten Change Leader fördern eine Kultur des kontinuierlichen Lernens und der Verbesserung in ihren Organisationen.

10. Datengestützte Entscheidungsfindung: Die Nutzung von Daten als Entscheidungsgrundlage wird immer wichtiger. Netflix' Einsatz von Datenanalysen für die Erstellung von Inhalten und die Einbindung von Kunden ist ein Paradebeispiel für datengesteuerte Entscheidungsfindung in der Praxis.

Diese wichtigen Erkenntnisse und Lehren aus den Erfahrungen von Pionieren des Wandels bieten eine Blaupause für ein effektives Veränderungsmanagement. Sie unterstreichen die Bedeutung von visionärer Führung, Anpassungsfähigkeit, Kundenorientierung, kulturellem Wandel, Kommunikation, Mitarbeiterengagement, Innovation, Ausgewogenheit, kontinuierlichem Lernen und datengestützter Entscheidungsfindung für die erfolgreiche Bewältigung von Veränderungen.

Die Umsetzung der von den Pionieren des Wandels gelernten Lektionen in umsetzbare Strategien erfordert einen Prozess der Anpassung und Anwendung, der an den heutigen organisatorischen Kontext angepasst ist. Dieser Übergang von der Erkenntnis zum Handeln ist für Führungskräfte, die ein wirksames Veränderungsmanagement in ihren Organisationen umsetzen wollen, von entscheidender Bedeutung. Erstens ist die Entwicklung einer klaren und inspirierenden Vision auf der Grundlage dieser Lehren von wesentlicher Bedeutung. Führungskräfte müssen eine Vision entwerfen, die nicht nur mit den Werten und Zielen der Organisation übereinstimmt, sondern auch die Mitarbeiter anspricht und motiviert. Diese Vision sollte als Kompass für alle Entscheidungen und Maßnahmen im Zusammenhang mit Veränderungen dienen.

Die Anpassung an Marktveränderungen erfordert von den Führungskräften eine konsequente Beobachtungsgabe und Reaktionsfähigkeit. Sie sollten eine Unternehmenskultur kultivieren, in der Agilität und eine schnelle Reaktion auf Marktveränderungen geschätzt werden, um sicherzustellen, dass das Unternehmen wettbewerbsfähig und relevant bleibt. Die Betonung eines kundenorientierten Ansatzes beinhaltet das regelmäßige Sammeln und Analysieren von Kundenfeedback und Marktdaten. Diese Informationen sollten die Entwicklung und Verfeinerung von Produkten, Dienstleistungen und allgemeinen Geschäftsstrategien leiten.

Der kulturelle Wandel ist eine weitere wichtige Strategie. Führungskräfte sollten darauf hinarbeiten, ein Umfeld zu schaffen, das Anpassungsfähigkeit, Innovation und Lernen unterstützt und belohnt. Dies kann die Überarbeitung von Richtlinien, die Neudefinition von Werten und die Einführung neuer Praktiken beinhalten, die eine positive Einstellung zum Wandel fördern. Wirksame Kommunikation ist das A und O. Führungskräfte sollten einen Kommunikationsplan entwickeln, der die Gründe für den Wandel, die damit verbundenen Vorteile und die einzelnen Schritte des Prozesses klar darlegt. Eine regelmäßige und transparente Kommunikation kann dazu beitragen, Unsicherheiten abzubauen und Vertrauen zwischen den Beteiligten aufzubauen.

Eine weitere Schlüsselstrategie besteht darin, die Mitarbeiter zu befähigen, eine aktive Rolle im Veränderungsprozess zu übernehmen. Dies kann erreicht werden, indem man sie in die Entscheidungsfindung einbezieht, sie zu Eigeninitiative ermutigt und ihnen Möglichkeiten bietet, ihre Ideen und Fähigkeiten einzubringen. Innovation sollte als ein zentraler Unternehmenswert gefördert werden. Die Führungskräfte sollten kreatives Denken und Risikobereitschaft fördern und die notwendigen Ressourcen und Unterstützung für Experimente und die Entwicklung neuer Ideen bereitstellen. Das Gleichgewicht zwischen kurzfristigen Bedürfnissen und der langfristigen Vision der Organisation erfordert eine sorgfältige Planung und Prioritätensetzung. Die Führungskräfte sollten sicherstellen, dass die unmittelbaren betrieblichen Anforderungen nicht die strategischen Ziele der Veränderungsinitiative überschatten.

Die Förderung einer Kultur des kontinuierlichen Lernens und der Verbesserung ist von entscheidender Bedeutung. Dies kann durch regelmäßige Schulungsprogramme, Workshops und Lernmöglichkeiten geschehen, die die Mitarbeiter auf dem

Laufenden halten und auf die sich entwickelnden Bedürfnisse des Unternehmens abstimmen. Schließlich gewährleistet ein datengestützter Ansatz bei der Entscheidungsfindung, dass die Strategien auf faktischen Erkenntnissen beruhen. Führungskräfte sollten Datenanalysen nutzen, um ihre Strategien zu untermauern, die Auswirkungen von Veränderungsinitiativen zu bewerten und fundierte Anpassungen vorzunehmen. Die Geschichten und Lehren dieser Pioniere dienen nicht nur als Wissensquelle, sondern auch als Leuchtfeuer der Inspiration für aktuelle und angehende Führungskräfte.

- Den Geist der visionären Führung verkörpern: Führungspersönlichkeiten, die Veränderungen herbeiführen wollen, werden ermutigt, den Geist der visionären Führung zu verkörpern, den diese Pioniere vorleben. Dazu gehören eine klare, überzeugende Vision, der Mut, den Status quo in Frage zu stellen, und die Fähigkeit, andere für ein gemeinsames Ziel zu begeistern und mitzureißen.

- Anpassungsfähigkeit und Resilienz: Die Erfahrungen von Pionieren des Wandels zeigen, wie wichtig es ist, angesichts von Herausforderungen und Ungewissheiten anpassungsfähig und belastbar zu sein. Führungskräfte sollten diese Qualitäten kultivieren und verstehen, dass der Weg des Wandels oft unvorhersehbar ist und die Fähigkeit erfordert, Strategien zu ändern und Schwierigkeiten durchzustehen.

- Förderung einer Kultur der Innovation und des kontinuierlichen Lernens: So wie die Pioniere des Wandels in ihren Unternehmen eine Kultur der Innovation und des Lernens gefördert haben, sind die Führungskräfte von heute motiviert, das Gleiche zu tun. Die Förderung von Kreativität, Experimenten und das Lernen aus Erfolgen und Misserfolgen sind entscheidend für einen nachhaltigen Wandel.

- Einbindung und Befähigung von Teams: Führungskräfte werden dazu angeregt, ihre Teams aktiv einzubinden und zu befähigen, so wie es die Pioniere getan haben. Die

Einbeziehung der Mitarbeiter in den Veränderungsprozess, die Wertschätzung ihrer Beiträge und die Förderung des Gefühls der Eigenverantwortung und der Zusammenarbeit sind der Schlüssel zu einem effektiven Veränderungsmanagement.

- Führen mit Einfühlungsvermögen und Integrität: In den Berichten erfolgreicher Führungspersönlichkeiten wird häufig betont, wie wichtig es ist, mit Empathie und Integrität zu führen. Das Verstehen und Eingehen auf die Anliegen und Bedürfnisse von Mitarbeitern, Stakeholdern und Kunden ist entscheidend für den Aufbau von Vertrauen und die Nachhaltigkeit von Veränderungen.

- Der langfristigen Vision verpflichtet bleiben: Wie die Pioniere gezeigt haben, ist die Konzentration auf die langfristige Vision auch bei kurzfristigen Herausforderungen eine wesentliche Voraussetzung für eine erfolgreiche Führung des Wandels. Dieses Engagement stellt sicher, dass die Organisation ihre strategischen Ziele nicht aus den Augen verliert und den angestrebten Wandel verwirklicht.

Wenn wir uns von den Geschichten dieser Pioniere des Wandels inspirieren lassen, wird deutlich, dass der Weg der Führung im Wandel sowohl herausfordernd als auch lohnend ist. Sie erfordert eine Mischung aus strategischem Weitblick, operativer Exzellenz und persönlichen Eigenschaften wie Belastbarkeit, Einfühlungsvermögen und Integrität.

Kapitel 9: Die Zukunft der Führung von Veränderungen

In Kapitel 9, "The Future of Change Leadership", begeben wir uns auf eine Reise, um die aufkommenden Trends im Veränderungsmanagement zu erkunden, die die Art und Weise prägen, wie Organisationen in der heutigen Zeit an Veränderungen herangehen. Diese Untersuchung ist entscheidend für die Vorbereitung von Führungskräften und Organisationen auf die Anpassung an die sich verändernde Landschaft des Wandels.

Einer der wichtigsten Trends ist die zunehmende Bedeutung der digitalen Transformation. Da sich die Technologie in rasantem Tempo weiterentwickelt, ist es für Unternehmen unerlässlich, neue digitale Lösungen in ihren Betrieb zu integrieren. Dies umfasst alles, von der Nutzung von Big Data und Analysen für eine fundierte Entscheidungsfindung bis hin zur Einführung von künstlicher Intelligenz und maschinellem Lernen für betriebliche Effizienz und Innovation. Ein weiterer wichtiger Trend ist die zunehmende Bedeutung von Agilität und Flexibilität. Der traditionelle, hierarchische Ansatz für das Änderungsmanagement weicht immer mehr agilen Methoden, die eine schnellere Reaktion auf Marktveränderungen und Kundenbedürfnisse ermöglichen. Dieser Wandel beinhaltet die Einführung von Praktiken, die eine schnellere Entscheidungsfindung, eine iterative Entwicklung und einen flüssigeren Ansatz für das Projektmanagement ermöglichen.

Das Engagement und die Beteiligung der Mitarbeiter an Veränderungsinitiativen werden immer wichtiger. Unternehmen erkennen, dass ein erfolgreicher Wandel nicht nur von oben nach unten vollzogen werden kann, sondern die aktive Beteiligung der Mitarbeiter auf allen Ebenen erfordert. Dieser Ansatz führt zu einer größeren Akzeptanz, einer effektiveren Umsetzung des Wandels und einer besseren Ausrichtung auf die Unternehmensziele. Nachhaltigkeit und soziale Verantwortung werden ebenfalls zu einem integralen Bestandteil des Veränderungsmanagements. Von Unternehmen wird zunehmend erwartet, dass sie nicht nur finanziell erfolgreich sind, sondern auch einen positiven Beitrag zu ökologischen und sozialen Fragen leisten. Dieser Trend führt zu Veränderungen in Geschäftsmodellen, Praktiken und Unternehmenskulturen, die Nachhaltigkeit und ethische Überlegungen in den Vordergrund stellen.

Die Betonung der psychischen Gesundheit und des Wohlbefindens ist ein weiterer neuer Trend. Veränderungen können für Mitarbeiter stressig sein, und es wird zunehmend anerkannt, dass die psychische Gesundheit und das Wohlbefinden in Zeiten des Wandels gefördert werden müssen. Dazu gehören die Bereitstellung von Ressourcen, die Schaffung eines förderlichen Umfelds und die Sicherstellung, dass sich Veränderungsprozesse nicht negativ auf das Wohlbefinden der Mitarbeiter auswirken. Personalisiertes und kontinuierliches Lernen für die Mitarbeiter gewinnt als entscheidende Komponente des Veränderungsmanagements zunehmend an Bedeutung. Da sich Aufgaben und Qualifikationsanforderungen schnell weiterentwickeln, ist die Bereitstellung von kontinuierlichen, personalisierten Lernmöglichkeiten von entscheidender Bedeutung, um die Anpassungsfähigkeit und Qualifikation der Belegschaft zu erhalten.

Die Rolle von Daten im Veränderungsmanagement wird immer deutlicher. Der Einsatz von Datenanalysen zur Entscheidungsfindung, Fortschrittsverfolgung und Messung der Auswirkungen von Veränderungsinitiativen erweist sich als unschätzbar wertvoll. Dank datengestützter Erkenntnisse können Unternehmen fundiertere Entscheidungen treffen, Herausforderungen vorhersehen und Veränderungsstrategien effektiv anpassen. Kapitel 9 befasst sich mit den aufkommenden Trends im Veränderungsmanagement und hebt die kritischen Bereiche hervor, auf die sich Führungskräfte und Unternehmen konzentrieren müssen, um in einer sich schnell verändernden Welt die Nase vorn zu haben. Diese Trends unterstreichen die Notwendigkeit von Anpassungsfähigkeit, Innovation, Inklusivität,

Nachhaltigkeit und eines datengesteuerten Ansatzes bei der Durchführung erfolgreicher Veränderungsinitiativen.

Diese Trends spiegeln den Wandel in Wirtschaft, Technologie und Gesellschaft wider und bieten neue Perspektiven und Ansätze für eine effektive Führung im Wandel.

1. Beschleunigung der digitalen Transformation: Einer der wichtigsten Trends ist die rasche Beschleunigung der digitalen Transformation in allen Sektoren. Die COVID-19-Pandemie hat als Katalysator gewirkt und Organisationen dazu veranlasst, digitale Technologien schnell zu übernehmen, um sich an neue Arbeitsweisen, Kundenbetreuung und Betriebsabläufe anzupassen. Dieser Trend geht über die reine Technologieübernahme hinaus und umfasst die Digitalisierung ganzer Geschäftsprozesse und -modelle.

2. Zunehmende Konzentration auf agile Methoden: Agile Methoden werden immer häufiger eingesetzt, und zwar nicht nur in der Softwareentwicklung, sondern auch in einem breiteren organisatorischen Kontext. Agilität im Änderungsmanagement ermöglicht eine flexiblere Planung, eine iterative Entwicklung, eine schnelle Reaktion auf Feedback und eine schnellere Anpassung an veränderte Umstände.

3. Aufstieg von Remote- und Hybrid-Arbeitsmodellen: Remote- und Hybrid-Arbeitsmodelle werden für viele Unternehmen zu einem festen Bestandteil. Dieser Wandel erfordert Änderungen in der Art und Weise, wie Unternehmen Teams verwalten, die Produktivität aufrechterhalten und eine kohärente Unternehmenskultur in einer verteilten Arbeitsumgebung fördern.

4. Der Schwerpunkt liegt auf der Erfahrung und dem Engagement der Mitarbeiter: Es setzt sich zunehmend die Erkenntnis durch, dass ein erfolgreicher Wandel von der Erfahrung und dem Engagement der Mitarbeiter abhängt. Unternehmen konzentrieren sich zunehmend darauf, die

menschliche Seite des Wandels zu verstehen und anzusprechen, um sicherzustellen, dass die Mitarbeiter unterstützt, gehört und in den Veränderungsprozess einbezogen werden.

5. Nachhaltigkeit als strategische Priorität: Nachhaltigkeit wird zunehmend als ein entscheidendes Element der Unternehmensstrategie und des Veränderungsmanagements anerkannt. Unternehmen integrieren Umwelt-, Sozial- und Governance-Überlegungen (ESG) in ihre Geschäftsmodelle und -abläufe und reagieren damit sowohl auf gesellschaftliche Erwartungen als auch auf regulatorische Anforderungen.

6. Datengestützte Entscheidungsfindung und Analytik: Der Einsatz von Datenanalysen im Veränderungsmanagement gewinnt zunehmend an Bedeutung. Unternehmen nutzen Daten, um Einblicke in das Verhalten ihrer Mitarbeiter, die betriebliche Effizienz und Markttrends zu gewinnen, um ihre Veränderungsstrategien zu informieren und anzupassen.

7. Personalisierung von Lernen und Entwicklung: Angesichts des raschen Wandels der Qualifikationsanforderungen geht der Trend hin zu stärker personalisierten und kontinuierlichen Lern- und Entwicklungsmöglichkeiten für Mitarbeiter. Dieser Ansatz hilft beim Aufbau einer flexibleren und qualifizierteren Belegschaft, die in der Lage ist, sich an neue Herausforderungen und Aufgaben anzupassen.

8. Fokus auf psychische Gesundheit und Wohlbefinden: Da die Unternehmen die Auswirkungen des Wandels auf die psychische Gesundheit und das Wohlbefinden ihrer Mitarbeiter erkannt haben, integrieren sie zunehmend Strategien zur Förderung des Wohlbefindens ihrer Mitarbeiter in ihre Change-Management-Ansätze. Dieser Trend spiegelt eine breitere Verlagerung hin zur Anerkennung und Behandlung der psychologischen Aspekte des organisatorischen Wandels wider.

Diese neuesten Trends und Entwicklungen deuten auf einen dynamischen Wandel im Bereich des Veränderungsmanagements hin, der die Notwendigkeit von Agilität, digitaler Bereitschaft, Nachhaltigkeit, datengesteuerten Strategien und einer Konzentration auf die menschlichen Aspekte des Wandels hervorhebt. Diese Trends zu verstehen und sich zu eigen zu machen, ist für moderne Führungskräfte von entscheidender Bedeutung, um ihre Organisationen effektiv durch die Komplexität moderner Veränderungsinitiativen zu führen. Ein bemerkenswerter Wandel ist die Verlagerung von Top-Down- zu kooperativen Veränderungsmodellen. Traditionell wurden Veränderungsinitiativen oft von der obersten Führungsebene diktiert, aber der Trend geht immer mehr in Richtung Inklusion, bei der die Beiträge der verschiedenen Organisationsebenen gefördert und geschätzt werden. Dieser kooperative Ansatz führt zu größerem Engagement und einer effektiveren Umsetzung des Wandels.

Agilität, einst eine spezifische Domäne der Softwareentwicklung, wird nun allgemein im organisatorischen Änderungsmanagement eingesetzt. Dies bedeutet eine Abkehr von starrer, langfristiger Planung hin zu flexiblen, iterativen Ansätzen, die eine rasche Reaktion auf Marktveränderungen und Kundenfeedback ermöglichen und so schnellere Anpassungen erlauben. Die digitale Transformation ist zu einem integralen Bestandteil von Change-Management-Strategien geworden. Unternehmen binden zunehmend digitale Tools und Technologien in ihre Veränderungsinitiativen ein, sei es zur Optimierung interner Prozesse, zur Verbesserung der Kundenerfahrung oder zur Entwicklung neuer Geschäftsmodelle.

Es gibt auch einen Perspektivwechsel, der den Wandel nicht als ein einzelnes Projekt, sondern als einen kontinuierlichen Prozess betrachtet. Dieser fortlaufende Ansatz für das Veränderungsmanagement trägt dem ständigen Charakter des Wandels in der modernen Wirtschaft Rechnung und erfordert eine ständige Bereitschaft zur Anpassung und Weiterentwicklung. Dem menschlichen Aspekt des Wandels, insbesondere der Kultur und dem Wohlbefinden der Mitarbeiter, wird mehr

Aufmerksamkeit geschenkt. Erfolgreiche Veränderungen werden heute als ein Gleichgewicht zwischen Strategie, Prozess und kulturellem Wandel gesehen. Dazu gehört auch, die Auswirkungen des Wandels auf die Mitarbeiter zu verstehen und sicherzustellen, dass Systeme vorhanden sind, die das Wohlbefinden und die Widerstandsfähigkeit fördern.

Die Verwendung von Datenanalysen bei der Steuerung von Veränderungsmaßnahmen wird immer häufiger eingesetzt. Unternehmen nutzen Daten, um die Auswirkungen von Veränderungsinitiativen zu verstehen, Ergebnisse vorherzusagen und fundierte, evidenzbasierte Entscheidungen zu treffen. Nachhaltigkeit und soziale Verantwortung werden zunehmend in das Veränderungsmanagement integriert. Unternehmen richten ihre Veränderungsbemühungen auf umfassendere ökologische und gesellschaftliche Ziele aus und erkennen, dass langfristiger Erfolg mit nachhaltigen und ethischen Praktiken verknüpft ist.

Diese sich entwickelnden Ansätze für den Wandel spiegeln einen breiteren Wandel in der Art und Weise wider, wie Unternehmen den Wandel wahrnehmen und bewältigen, und unterstreichen die Bedeutung von Anpassungsfähigkeit, Inklusivität und einer ganzheitlichen Sichtweise des Erfolgs im modernen Geschäftsumfeld. Führungskräfte, die diese Veränderungen annehmen und sich ihnen anpassen, können ihre Unternehmen effektiver durch die Komplexität und die Chancen der heutigen dynamischen Welt steuern.

In der heutigen Zeit hat der technologische Fortschritt tiefgreifende Auswirkungen auf die Führung von Veränderungsprozessen und verändert die Art und Weise, wie Veränderungen in Unternehmen gemanagt und umgesetzt werden, erheblich. Diese Fortschritte führen nicht nur zu einer Neugestaltung der betrieblichen Abläufe, sondern beeinflussen auch die strategische Ausrichtung und die kulturelle Dynamik von Unternehmen. Eine der Hauptauswirkungen ist die Beschleunigung des Wandels selbst. Technologien wie künstliche Intelligenz, maschinelles Lernen und Cloud Computing haben in allen Branchen zu schnellen Innovationen und Umwälzungen geführt. Führungskräfte müssen sich nun in einem Umfeld zurechtfinden, in dem sich Veränderungen in einem noch nie dagewesenen Tempo vollziehen, was schnellere Entscheidungen und agilere Reaktionsstrategien erfordert. Der technologische Fortschritt hat auch Informationen und Daten demokratisiert, so dass sie in allen Unternehmenshierarchien besser zugänglich sind. Dieser Wandel gibt den Mitarbeitern auf allen Ebenen mehr Befugnisse und fördert eine besser informierte und engagierte Belegschaft. Für die Leiter von Veränderungsprozessen bedeutet dies, dass sie ein sachkundigeres und oft auch erwartungsvolleres Team leiten müssen, was eine transparente Kommunikation und kooperative Entscheidungsprozesse erfordert.

Das Aufkommen digitaler Tools und Plattformen hat die Kommunikation innerhalb von Organisationen verändert. Die Verantwortlichen für den Wandel haben nun Zugang zu einer Vielzahl von Plattformen für die Kommunikation und Zusammenarbeit in Echtzeit, was eine effektivere Koordination und Zusammenarbeit mit den Teams ermöglicht, insbesondere bei verteilten oder entfernten Arbeitsumgebungen. Datenanalyse- und Business-Intelligence-Tools spielen eine entscheidende Rolle im Change Management. Führungskräfte können diese Tools nutzen, um Einblicke in das Verhalten der Mitarbeiter, die betriebliche Effizienz und Markttrends zu gewinnen, was eine fundiertere Entscheidungsfindung ermöglicht. Dieser datengestützte Ansatz hilft dabei, Veränderungsinitiativen effektiver zu gestalten und das Risiko unvorhergesehener Herausforderungen zu verringern.

Die Technologie hat die für eine effektive Führung erforderlichen Fähigkeiten verändert. Die Führungskräfte von heute müssen nicht nur die traditionellen Führungskompetenzen beherrschen, sondern auch in der Lage sein, Technologien zu verstehen und zu nutzen. Dazu gehört auch, dass sie sich über die neuesten technologischen Trends auf dem Laufenden halten und verstehen, wie sie sich auf Geschäftsabläufe und -strategien auswirken können. Die Technologie hat die Möglichkeiten zur Personalisierung und Anpassung des Veränderungsmanagements erweitert. Führungskräfte können nun Technologien nutzen, um personalisierte Schulungs- und Entwicklungsprogramme zu entwerfen, die sicherstellen, dass die Mitarbeiter über die erforderlichen Fähigkeiten und Kenntnisse verfügen, um sich an neue Systeme und Prozesse anzupassen.

Die Technologie bietet zwar zahlreiche Werkzeuge und Möglichkeiten, um den Wandel zu erleichtern, doch sie bringt auch Herausforderungen mit sich. Führungskräfte müssen sich mit Themen wie digitaler Kompetenz, Datenschutz, Cybersicherheitsrisiken und dem Potenzial der Technologie, Trennungen innerhalb der Belegschaft zu verursachen, auseinandersetzen. Der technologische Fortschritt hat die Landschaft der Veränderungsführung dramatisch verändert. Sie bieten leistungsstarke Werkzeuge und Fähigkeiten, die, wenn sie effektiv genutzt werden, das Management und die Umsetzung von Veränderungen erheblich verbessern können. Sie erfordern jedoch auch, dass Führungskräfte neue Fähigkeiten und Ansätze entwickeln, um das digitale Zeitalter effektiv zu meistern. Die Anpassung an diese technologischen Veränderungen ist für Führungskräfte, die ihre Organisationen erfolgreich durch die Komplexität des modernen Wandels führen wollen, unerlässlich.

So wie sich die Geschäftswelt weiterentwickelt, so müssen auch die Fähigkeiten und Kompetenzen von Führungskräften im Bereich des Wandels angepasst werden. Die Zukunftssicherheit dieser Fähigkeiten ist für die Bewältigung der Herausforderungen in den Organisationslandschaften von morgen von entscheidender Bedeutung. Um relevant und effektiv zu bleiben, müssen Change Leader eine Reihe von Strategien anwenden. Die Entwicklung einer kontinuierlichen Lernhaltung ist entscheidend. Das Tempo des technologischen Wandels und der Marktdynamik erfordert von Führungskräften lebenslanges Lernen. Sich über die neuesten Trends, Theorien und Praktiken im Veränderungsmanagement und verwandten Bereichen auf dem Laufenden zu halten, ist nicht mehr optional, sondern eine Notwendigkeit. Eine weitere Schlüsselstrategie ist die Beherrschung der Technologie. Change Leader sollten nicht nur mit den neuesten Technologien vertraut sein, sondern auch wissen, wie diese für ein effektives Change Management genutzt werden können. Dazu gehören Tools für die

Datenanalyse, Kommunikationsplattformen und Projektmanagement-Software.

Die Förderung der emotionalen Intelligenz ist so wichtig wie eh und je. Die Fähigkeit, die eigenen Emotionen zu verstehen und zu steuern und sich in andere hineinzuversetzen, ist von entscheidender Bedeutung, wenn es darum geht, Teams durch den Wandel zu führen, insbesondere in Zeiten von Unsicherheit und Stress. Die Stärkung von Belastbarkeit und Anpassungsfähigkeit ist in einer Welt, in der der Wandel die einzige Konstante ist, unerlässlich. Führungskräfte müssen in der Lage sein, sich von Rückschlägen zu erholen und ihre Strategien als Reaktion auf neue Informationen oder veränderte Umstände anzupassen. In einer zunehmend vernetzten Welt ist es unerlässlich, die Fähigkeiten zur Zusammenarbeit und Kommunikation zu verbessern. Führungskräfte sollten in der Lage sein, ihre Vision effektiv zu kommunizieren, Stakeholder auf allen Ebenen einzubinden und ein kollaboratives Umfeld zu fördern, das Veränderungen begünstigt. Die Förderung einer Innovationskultur innerhalb der Organisation ist ein zukunftsorientierter Ansatz. Führungskräfte sollten kreatives Denken und Experimentieren fördern, einen sicheren Raum für neue Ideen schaffen und akzeptieren, dass Scheitern oft Teil des Innovationsprozesses ist.

Ethische Führung und unternehmerische Verantwortung werden immer wichtiger. Angesichts der sich wandelnden gesellschaftlichen Erwartungen müssen Führungskräfte sicherstellen, dass ihre Strategien und Maßnahmen nicht nur effektiv, sondern auch ethisch fundiert und sozial verantwortlich sind. Die Entwicklung einer globalen Perspektive ist von Vorteil, insbesondere für Organisationen, die in mehreren Ländern tätig sind oder sich auf mehrere Länder auswirken. Das Verständnis unterschiedlicher kultureller Kontexte und globaler Marktdynamiken kann Führungskräften dabei helfen, fundiertere Entscheidungen zu treffen und Veränderungen in größerem Maßstab effektiv zu bewältigen.

Die Fähigkeit, neuen Herausforderungen standzuhalten und sich an neue Umstände anzupassen, ist eine entscheidende Kompetenz bei der Bewältigung der Komplexität des modernen organisatorischen Wandels. Resilienz in der Führung von Veränderungsprozessen beinhaltet die Fähigkeit, sich schnell von Schwierigkeiten und Rückschlägen zu erholen. Sie bedeutet, dass man angesichts von Widrigkeiten einen stabilen Kurs beibehält und in der Lage ist, gestärkt daraus hervorzugehen. Diese Widerstandsfähigkeit wird durch eine Denkweise gefördert, die Herausforderungen als Lern- und Wachstumschancen und nicht als unüberwindbare Hindernisse ansieht. Anpassungsfähigkeit hingegen bezieht sich auf die Fähigkeit, sich an neue Bedingungen anzupassen. Im Zusammenhang mit der Führung von Veränderungsprozessen bedeutet dies, dass man offen für neue Ideen ist, bereit ist, seine Strategien als Reaktion auf veränderte Umstände zu ändern, und dass man flexibel vorgehen kann. Anpassungsfähigkeit ist von entscheidender Bedeutung in einer Unternehmenslandschaft, in der technologischer Fortschritt und Marktdynamik das Spielfeld schnell verändern können.

Um ihre Widerstandsfähigkeit zu stärken, sollten sich die Verantwortlichen für den Wandel darauf konzentrieren, ein starkes Unterstützungsnetz innerhalb und außerhalb der Organisation aufzubauen. Dieses Netzwerk kann in schwierigen Zeiten Orientierung, Unterstützung und Perspektive bieten. Darüber hinaus sind Selbstfürsorge und Stressbewältigungstechniken für die Aufrechterhaltung des persönlichen Wohlbefindens und der Resilienz von entscheidender Bedeutung. Die Entwicklung einer Kultur des kontinuierlichen Lernens innerhalb des Unternehmens ist ebenfalls der Schlüssel zum Aufbau von Resilienz und Anpassungsfähigkeit. Die Ermutigung der Mitarbeiter, sich weiterzubilden, umzuschulen und lebenslanges Lernen in Anspruch zu nehmen, trägt dazu bei, eine flexible und anpassungsfähige Belegschaft zu schaffen, die mit Veränderungen umgehen kann. Die Betonung einer klaren und transparenten Kommunikation ist eine weitere Strategie zur Förderung der Widerstandsfähigkeit. Eine offene Diskussion über die Herausforderungen und Unwägbarkeiten des Wandels trägt dazu bei, Vertrauen zu schaffen und sicherzustellen, dass sich die Mitarbeiter während des Übergangsprozesses unterstützt und geschätzt fühlen.

Die Förderung einer Kultur des Experimentierens und der Innovation innerhalb der Organisation kann ebenfalls die Anpassungsfähigkeit verbessern. Durch die Schaffung eines Umfelds, in dem die Risikobereitschaft gefördert wird und Misserfolge als Lernchancen betrachtet werden, können Führungskräfte Flexibilität und innovatives Denken fördern. Ein proaktiver Umgang mit Veränderungen, bei dem potenzielle Risiken und Chancen kontinuierlich bewertet und Strategien entsprechend angepasst werden, kann die Anpassungsfähigkeit erheblich verbessern. Der Einsatz modernster Instrumente und Werkzeuge wird immer wichtiger. Diese fortschrittlichen Instrumente bieten neue Möglichkeiten zur Steigerung der Effizienz und Effektivität von Veränderungsinitiativen und ermöglichen es den Führungskräften, die Komplexität des organisatorischen Wandels mit größerer Präzision und Einsicht zu bewältigen.

Moderne Tools für das Änderungsmanagement gehen über herkömmliche Projektmanagement-Software hinaus. Sie umfassen jetzt auch fortschrittliche Datenanalyseplattformen, Systeme mit künstlicher Intelligenz (KI) und kollaborative digitale Arbeitsbereiche. Diese Tools können tiefere Einblicke in die Unternehmensdynamik, das Mitarbeiterengagement und die Auswirkungen von Veränderungsinitiativen bieten und so eine fundiertere Entscheidungsfindung ermöglichen. Datenanalyseplattformen ermöglichen es Führungskräften beispielsweise, verschiedene Metriken im Zusammenhang mit dem Veränderungsprozess zu verfolgen und zu analysieren, etwa die Leistung der Mitarbeiter, das Engagement und die betriebliche Effizienz. Diese Daten können dabei helfen, Bereiche mit Widerständen zu identifizieren, potenzielle Herausforderungen vorherzusagen und den Erfolg von Veränderungsmaßnahmen zu messen. KI und Tools für maschinelles Lernen werden eingesetzt, um die Ergebnisse von Veränderungsinitiativen vorherzusagen und personalisierte Empfehlungen für Führungskräfte zu geben. Sie können riesige Datenmengen analysieren, um Muster und

Trends zu erkennen, die vielleicht nicht auf den ersten Blick ersichtlich sind, und bieten strategische Erkenntnisse, die die Richtung der Veränderungsbemühungen vorgeben können.

Kollaborative digitale Arbeitsbereiche und Kommunikationstools sind unverzichtbar geworden, insbesondere mit der Zunahme von Remote- und Hybrid-Arbeitsmodellen. Diese Plattformen erleichtern die nahtlose Kommunikation und Zusammenarbeit zwischen den Teammitgliedern, unabhängig von ihrem physischen Standort, und stellen sicher, dass alle Beteiligten während des gesamten Veränderungsprozesses auf dem gleichen Stand sind und miteinander verbunden bleiben. Technologien für virtuelle und erweiterte Realität entwickeln sich ebenfalls zu leistungsfähigen Instrumenten für das Veränderungsmanagement, insbesondere für die Schulung und Entwicklung. Sie bieten immersive Lernerfahrungen, die besonders effektiv sein können, um neue Prozesse zu verstehen oder um verschiedene Szenarien in einer kontrollierten Umgebung zu simulieren.

Cloud-basierte Lösungen ermöglichen flexiblere und skalierbarere Ansätze für das Änderungsmanagement. Durch die Nutzung der Cloud können Unternehmen sicherstellen, dass ihre Tools für das Änderungsmanagement immer zugänglich und auf dem neuesten Stand sind und problemlos skaliert werden können, wenn das Unternehmen wächst oder sich die Anforderungen ändern. Diese fortschrittlichen Tools bieten zwar zahlreiche Vorteile, doch müssen die Verantwortlichen auch die damit verbundenen Herausforderungen berücksichtigen, z. B. die Gewährleistung des Datenschutzes und der Sicherheit, die Bewältigung der mit neuen Technologien verbundenen Lernkurve und die Sicherstellung, dass das menschliche Element des Wandels nicht durch technologische Lösungen in den Hintergrund gedrängt wird.

Mit diesen modernen Instrumenten und Werkzeugen für das Veränderungsmanagement sind Führungskräfte in der Lage, datengestützte, strategische Entscheidungen zu treffen, die Zusammenarbeit und Kommunikation zu verbessern und ansprechende und effektive Schulungserfahrungen anzubieten.

Der Einsatz fortschrittlicher Technologien ist ein entscheidender Faktor für den erfolgreichen Wandel in der sich schnell entwickelnden Unternehmenslandschaft von heute. In dem Maße, in dem sich die Unternehmenslandschaft weiterentwickelt, verändern sich auch die Paradigmen und Erwartungen an die Führung von Veränderungsprozessen. Die Führungskräfte von heute sehen sich mit einer Vielzahl neuer Herausforderungen und Möglichkeiten konfrontiert und müssen ihre Ansätze und Strategien anpassen, um diese Veränderungen erfolgreich zu meistern.

Die erste bedeutende Veränderung ist die Abkehr von traditionellen, hierarchischen Führungsmodellen hin zu einem kooperativen und integrativen Stil. Von modernen Führungskräften wird erwartet, dass sie Teams befähigen, unterschiedliche Sichtweisen zu fördern und eine Kultur der gemeinsamen Verantwortung für Veränderungsprozesse zu unterstützen. Dieser Wandel verlangt von den Führungskräften mehr Einfühlungsvermögen, ein offenes Ohr und Offenheit für Feedback, um die traditionellen Barrieren zwischen den verschiedenen Ebenen einer Organisation abzubauen. Außerdem wird zunehmend Wert auf ethische Führung und soziale Verantwortung gelegt. Von Führungskräften wird heute erwartet, dass sie nicht nur die Rentabilität steigern, sondern auch dafür sorgen, dass ihre Unternehmen positive Auswirkungen auf die Gesellschaft und die Umwelt haben. Dieser Wandel hat dazu geführt, dass Nachhaltigkeit und ethische Erwägungen in den Vordergrund der Unternehmensstrategien gerückt sind, auch bei Veränderungsinitiativen.

Technologische Kompetenz ist zu einem neuen Standard für Führungskräfte im Wandel geworden. Angesichts der rasanten Entwicklung digitaler Technologien wird von Führungskräften erwartet, dass sie sich mit den neuesten Tools und Trends auskennen und diese beherrschen. Dazu gehört auch, dass sie verstehen, wie Technologie eingesetzt werden kann, um Veränderungsprozesse zu erleichtern, die Kommunikation zu verbessern und die Effizienz zu steigern. Change Leader bewegen sich auch in einer neuen Realität, in der der Wandel konstant und schnell ist. In diesem dynamischen Umfeld sind Agilität und die Fähigkeit gefragt, Strategien als Reaktion auf neue Informationen oder veränderte Marktbedingungen schnell zu ändern. Führungskräfte müssen eine Kultur der Widerstandsfähigkeit und Flexibilität fördern, die es ihren Unternehmen ermöglicht, angesichts des ständigen Wandels zu gedeihen.

Die zunehmende Komplexität der globalen Märkte und die wachsende Vielfalt am Arbeitsplatz erfordern von den Führungskräften eine breitere, globalere Perspektive. Führungskräfte müssen sich der unterschiedlichen kulturellen Kontexte bewusst sein und ihre Ansätze für das Veränderungsmanagement entsprechend anpassen. Diese globale Denkweise ist für Organisationen, die in mehreren Ländern tätig sind oder sich auf mehrere Länder auswirken, unerlässlich.

Die Erwartungen an die Transparenz haben sich erhöht. Die Stakeholder verlangen jetzt mehr Offenheit und eine klare Kommunikation über die Gründe für den Wandel, die Vorteile und die Auswirkungen, die er mit sich bringen wird. Führungskräfte müssen bei ihren Entscheidungsprozessen und Kommunikationsstrategien für Transparenz sorgen, um Vertrauen zu schaffen und die Akzeptanz für Veränderungsinitiativen zu gewinnen. Es findet eine Verlagerung hin zu einer ganzheitlicheren Betrachtung des Wohlbefindens der Mitarbeiter statt. Von den Führungskräften wird erwartet, dass sie die emotionalen und psychologischen Auswirkungen des Wandels auf die Mitarbeiter berücksichtigen und Unterstützungsmechanismen bereitstellen, die ihnen helfen, den Übergang zu bewältigen. Mit diesem Ansatz wird anerkannt, dass der Erfolg von Veränderungsinitiativen eng mit dem Wohlbefinden und dem Engagement der Belegschaft verbunden ist.

Die Bewältigung dieses Paradigmen- und Erwartungswechsels erfordert von den Führungskräften Anpassungsfähigkeit, Einfühlungsvermögen, technologisches Geschick, ethisches Denken, globales Bewusstsein, Transparenz und Rücksicht auf das Wohlbefinden ihrer Mitarbeiter. Indem sie sich diese sich entwickelnden Aspekte der Führung im Wandel zu eigen machen, können Führungskräfte ihre Organisationen effektiv durch die Komplexität und die Chancen des modernen Geschäftsumfelds führen.

Zum Abschluss dieses Kapitels über die Zukunft der Führung im Wandel verlagert sich der Schwerpunkt auf das Gedeihen in einem Umfeld, das von ständiger Veränderung und Entwicklung geprägt ist. In der heutigen, sich rasch wandelnden Welt ist die Fähigkeit von Führungskräften und Organisationen, sich nicht nur an den Wandel anzupassen, sondern in ihm zu gedeihen, entscheidend für langfristigen Erfolg und Nachhaltigkeit.

Um in diesem dynamischen Umfeld erfolgreich zu sein, ist ein Bewusstseinswandel erforderlich. Führungskräfte und Unternehmen müssen den Wandel nicht als eine störende Kraft betrachten, die es zu bewältigen gilt, sondern als eine ständige Chance für Wachstum und Innovation. Diese Sichtweise fördert einen proaktiven Umgang mit dem Wandel, bei dem die Führungskräfte ständig nach Möglichkeiten suchen, sich zu verbessern, weiterzuentwickeln und der Entwicklung voraus zu sein. Der Aufbau einer Kultur, die den Wandel begrüßt, ist die Grundlage für ein erfolgreiches Arbeiten in diesem Umfeld. Diese Kultur ermutigt zum Experimentieren, schätzt das Lernen aus Erfolgen und Misserfolgen und betrachtet den Wandel als integralen Bestandteil der organisatorischen Entwicklung. Eine solche Kultur fördert auch die Widerstandsfähigkeit, da sie Teams und Einzelpersonen hilft, Herausforderungen zu meistern und durchzuhalten.

Kontinuierliches Lernen und Entwicklung sind der Schlüssel zum Erfolg in einer sich ständig verändernden Landschaft. Führungskräfte müssen sich zu ihrer eigenen ständigen Weiterentwicklung verpflichten und ein Umfeld fördern, in dem die Mitarbeiter ermutigt werden, sich neue Fähigkeiten anzueignen, sich über Branchentrends auf dem Laufenden zu halten und ihre Fähigkeiten kontinuierlich weiterzuentwickeln. Diese Verpflichtung zum Lernen stellt sicher, dass das Unternehmen als Ganzes beweglich und anpassungsfähig bleibt.

Die Nutzung von Technologien ist in diesem Zusammenhang ebenfalls von entscheidender Bedeutung. Indem sie mit den technologischen Fortschritten Schritt halten und relevante Tools und Systeme integrieren, können Unternehmen ihre Effizienz steigern, Entscheidungsprozesse verbessern und sich einen Wettbewerbsvorteil verschaffen.

Das Wohlbefinden und das Engagement der Mitarbeiter ist ein weiterer wichtiger Aspekt. Veränderungen können anstrengend sein, und die Führungskräfte müssen sicherstellen, dass sie ihre Teams bei der Bewältigung des Wandels unterstützen, auf Bedenken eingehen und eine offene Kommunikation aufrechterhalten. Eine Belegschaft, die sich unterstützt und wertgeschätzt fühlt, ist eher bereit, den Wandel anzunehmen und einen positiven Beitrag zu leisten. Ein datengestützter Ansatz bei der Entscheidungsfindung hilft Unternehmen, den Wandel effektiver zu bewältigen. Indem sie sich auf Daten und Analysen stützen, können Führungskräfte fundiertere Entscheidungen treffen, Trends vorhersehen und ihre Strategien auf die sich entwickelnden Bedürfnisse abstimmen.

Die Aufrechterhaltung von Flexibilität und Beweglichkeit in der strategischen Planung ermöglicht es Unternehmen, schnell auf unerwartete Veränderungen zu reagieren und neue Chancen zu ergreifen, sobald sie sich ergeben. Dies bedeutet, dass man bereit ist, Strategien zu überdenken und zu überarbeiten, offen für neue Ideen zu sein und sich bei Bedarf neu auszurichten. Um in einem Umfeld ständigen Wandels und ständiger Weiterentwicklung erfolgreich zu sein, ist es wichtig, eine Kultur zu pflegen, die Veränderungen positiv gegenübersteht, sich zu kontinuierlichem Lernen zu verpflichten, Technologien zu nutzen, das Wohlbefinden der Mitarbeiter in den Vordergrund zu stellen, einen datengestützten Ansatz zu verfolgen und strategische Flexibilität zu bewahren. Wenn Führungskräfte und Unternehmen diese Grundsätze beherzigen, können sie nicht nur die Komplexität des heutigen Geschäftsumfelds meistern, sondern auch stärker, innovativer und widerstandsfähiger daraus hervorgehen.

Schlussfolgerung

Zum Abschluss von "Die Revolution des Wandels Anführen: Initiierung und Aufrechterhaltung der Transformation" ist es an der Zeit, innezuhalten und über die Reise nachzudenken, die wir unternommen haben. Diese Reise durch die Feinheiten der Veränderungsführung hat verschiedene Dimensionen durchlaufen, vom Verständnis der grundlegenden Natur des Wandels bis hin zur Auseinandersetzung mit den neuesten Trends und Strategien im Veränderungsmanagement. Bei der Führung von Veränderungen geht es nicht nur darum, Übergänge zu managen oder neue Prozesse zu implementieren; es geht darum, Organisationen durch eine Reise der Transformation zu führen. Diese Reise ist voller Herausforderungen und Chancen und verlangt von den Führungskräften, sich ständig anzupassen, zu lernen und zu wachsen. Es geht darum, Entscheidungen zu treffen, die nicht nur die unmittelbare Zukunft betreffen, sondern auch den Weg für langfristige Nachhaltigkeit und Erfolg ebnen.

Im Laufe dieser Untersuchung haben wir uns damit beschäftigt, wie wichtig es ist, die psychologischen, kulturellen und strategischen Aspekte des Wandels zu verstehen. Wir haben untersucht, wie Führungskräfte mit Einfühlungsvermögen, Kommunikation und strategischem Weitblick diese Elemente effektiv bewältigen können. Die Rolle des Change Leadership geht über die Grenzen des traditionellen Managements hinaus; es geht darum, Menschen zu inspirieren, zu motivieren und zu einer gemeinsamen Vision zu führen. Wir haben uns auch angesehen, wie das digitale Zeitalter die Führung von Veränderungsprozessen verändert hat, indem es neue Tools, Technologien und Methoden in den Vordergrund rückte. Diese Fortschritte bieten enorme Möglichkeiten zur Steigerung der Effizienz und Wirkung von Veränderungsinitiativen, bringen aber auch eine Reihe von Herausforderungen und Anforderungen mit sich.

Im Mittelpunkt dieser Reise steht die Erkenntnis, dass der Wandel ein unvermeidliches und konstantes Element der

Unternehmenslandschaft ist. Die Akzeptanz des Wandels ist daher keine Option, sondern eine Notwendigkeit für Führungskräfte, die ihr Unternehmen in einer sich ständig weiterentwickelnden Welt vorantreiben wollen. Abschließend ist es wichtig anzuerkennen, dass die Reise der Change Leadership hier nicht endet. Die Landschaft des Wandels verändert sich ständig, und wir als Führungskräfte müssen stets informiert, flexibel und reaktionsfähig bleiben. Die in diesem Buch erörterten Erkenntnisse und Strategien bilden eine Grundlage, aber die eigentliche Bewährungsprobe für die Führung von Veränderungsprozessen liegt in der Anwendung, dem Experimentieren und der Anpassung in der realen Welt.

Die Revolution des Wandels anzuführen ist ein ständiger Prozess des Lernens, Wachsens und der Weiterentwicklung. Es geht darum, sich den Herausforderungen zu stellen, Chancen zu ergreifen und stets danach zu streben, besser zu werden. Auf unserem Weg nach vorn wollen wir die gelernten Lektionen, die gewonnenen Erkenntnisse und die Inspiration mitnehmen, um den Wandel weiterhin mit Mut, Weisheit und Widerstandsfähigkeit zu führen. Wenn wir "Die Revolution des Wandels Anführen: Initiierung und Aufrechterhaltung der Transformation" zu Ende bringen, ist es wichtig, die wichtigsten Erkenntnisse und Lektionen, die sich im Laufe dieser Erkundung von Change Leadership herauskristallisiert haben, zu rekapitulieren.

1. Den Wandel als Konstante begreifen: Eine der grundlegenden Einsichten ist die Erkenntnis, dass der Wandel ein ständiger und unvermeidlicher Aspekt des Organisationslebens ist. Führungskräfte müssen den Wandel nicht nur akzeptieren, sondern ihn als treibende Kraft für Wachstum und Innovation annehmen.

2. Bedeutung der visionären Führung: Die Rolle der visionären Führung bei der Förderung des Wandels kann gar nicht hoch genug eingeschätzt werden. Eine klare, überzeugende Vision ist entscheidend, um die Teams durch den Transformationsprozess zu führen und zu inspirieren. Die

Führungskräfte müssen diese Vision wirksam artikulieren und ihre Teams um sie versammeln.

3. Psychologische Aspekte des Wandels: Es ist wichtig, die psychologischen Auswirkungen des Wandels auf Einzelpersonen und Teams zu verstehen. Führungskräfte müssen die menschlichen Emotionen und Reaktionen, die Veränderungsinitiativen hervorrufen können, anerkennen und ansprechen, indem sie während des gesamten Veränderungsprozesses Empathie und Unterstützung bieten.

4. Förderung einer Kultur der Anpassungsfähigkeit und des Lernens: Die Schaffung einer Kultur, die Anpassungsfähigkeit, ständiges Lernen und Innovation schätzt, ist der Schlüssel zur Nachhaltigkeit des Wandels. Dazu gehört die Förderung eines Umfelds, in dem neue Ideen willkommen sind und Misserfolge als Lernchancen betrachtet werden.

5. Strategische Kommunikation und Engagement: Effektive Kommunikation und die Einbindung von Interessenvertretern sind von zentraler Bedeutung. Eine transparente, kohärente Kommunikation und die aktive Einbindung von Interessengruppen auf allen Ebenen sorgen für Akzeptanz und erleichtern reibungslosere Übergänge.

6. Nutzung von Technologie und Daten: Der Einsatz von Spitzentechnologie und Datenanalyse ist zu einem festen Bestandteil des modernen Veränderungsmanagements geworden. Diese Tools verbessern die Effizienz und Effektivität von Veränderungsinitiativen und ermöglichen eine datengestützte Entscheidungsfindung und rationalisierte Prozesse.

7. Aufbau von Resilienz und Agilität: Resilienz und Agilität angesichts des Wandels zu kultivieren, ist sowohl für Führungskräfte als auch für Unternehmen entscheidend. Dazu gehört die Fähigkeit, sich schnell an neue Herausforderungen

anzupassen, sich von Rückschlägen zu erholen und in einem dynamischen Geschäftsumfeld beweglich zu bleiben.

8. Ethische Führung und soziale Verantwortung: Die zunehmende Bedeutung von ethischer Führung und sozialer Verantwortung im Veränderungsmanagement spiegelt einen breiteren gesellschaftlichen Wandel wider. Führungskräfte müssen sicherstellen, dass ihre Veränderungsinitiativen mit ethischen Standards übereinstimmen und einen positiven Beitrag für die Gesellschaft und die Umwelt leisten.

9. Persönliches und organisatorisches Wachstum: Schließlich ist die Führung von Veränderungen ein Weg für persönliches und organisatorisches Wachstum. Die Führungskräfte müssen die persönliche Entwicklung, die mit der Leitung von Veränderungen einhergeht, annehmen und jede Initiative als Chance zur Stärkung und Weiterentwicklung der Organisation betrachten.

Diese Erkenntnisse und Lektionen bilden den Kern einer effektiven Führung im Wandel. Sie bieten einen umfassenden Rahmen für Führungskräfte, die in der heutigen schnelllebigen und sich ständig weiterentwickelnden Geschäftswelt die Komplexität des Wandels bewältigen müssen. Auf unserem Weg nach vorn dienen diese Lektionen als Leitprinzipien, die Führungskräfte mit dem Wissen, den Fähigkeiten und der Denkweise ausstatten, die für die Leitung erfolgreicher und transformativer Veränderungsinitiativen erforderlich sind.

Die Reflexion ist ein wesentlicher Bestandteil des Lernprozesses und bietet die Möglichkeit, die gewonnenen Erkenntnisse zu konsolidieren und über die Anwendung in realen Szenarien nachzudenken. Die Reflexion des persönlichen Wachstums beinhaltet die Untersuchung, wie sich die eigenen Perspektiven und das Verständnis von Change Leadership entwickelt haben. Die Leser sollten darüber nachdenken, wie sich ihre Ansichten über das Wesen des Wandels, die Rolle einer Führungskraft bei der Steuerung des Wandels und die Dynamik der organisatorischen Transformation im Laufe dieses Buches verändert oder vertieft haben könnten.

Es ist von Vorteil, über die Schlüsselbereiche für Wachstum und Entwicklung nachzudenken. Stellen Sie sich Fragen wie: Wie hat sich meine Herangehensweise an den Wandel entwickelt? Welche neuen Strategien oder Konzepte habe ich gelernt, die ich bei künftigen Initiativen anwenden kann? Habe ich Bereiche identifiziert, in denen ich mich weiterentwickeln oder lernen muss? Diese Selbstbeobachtung kann dazu beitragen, das Gelernte zu festigen und klare Aktionsschritte für eine kontinuierliche Verbesserung festzulegen.

Überlegen Sie, welche Herausforderungen und Chancen sich bei der Umsetzung des Gelernten in Ihrem Unternehmen ergeben. Überlegen Sie, wie Sie diese Erkenntnisse auf reale Situationen anwenden könnten, auf welche Hindernisse Sie stoßen könnten und wie Sie diese überwinden könnten. Diese Überlegungen sollten sich auch auf Ihren Führungsstil und Ihre zwischenmenschlichen Fähigkeiten erstrecken. Überlegen Sie, inwieweit die besprochenen Konzepte, wie z. B. Einfühlungsvermögen, Kommunikation und Einbeziehung von Interessengruppen, mit Ihrem persönlichen Führungsansatz übereinstimmen und wie Sie diese in Ihre Praxis integrieren könnten.

Bei der Reflexion über persönliches Wachstum geht es nicht nur um die Anerkennung des Gelernten, sondern auch um die Erkenntnis, dass die Reise noch vor uns liegt. Change Leadership ist ein fortlaufender Prozess, bei dem jede Erfahrung neue Lernmöglichkeiten bietet. Machen Sie sich bewusst, dass Sie sich als Führungskraft im Wandel ständig weiterentwickeln. Nehmen Sie sich einen Moment Zeit, um die Fortschritte zu würdigen, die Sie gemacht haben. Die Entwicklung zu einer effektiven Führungspersönlichkeit ist eine Reise, die Zeit, Mühe und Engagement erfordert. Die Erkenntnis, dass Sie auf diesem Weg wachsen, ist wichtig, um die Motivation und den Schwung aufrechtzuerhalten. Wir ermutigen die Leser, ihre Reise zu einer Führungspersönlichkeit im Wandel als einen kontinuierlichen Kreislauf aus Lernen, Anwendung, Reflexion und Wachstum zu sehen. Die Einsichten und Lektionen dieses Buches sind Trittsteine auf dieser fortlaufenden Reise. Nehmen Sie diese

Lektionen mit auf Ihren Weg, bleiben Sie offen für neue Erkenntnisse und stellen Sie sich den Herausforderungen und Chancen, die mit der Führung von Veränderungen einhergehen. Es ist auch wichtig zu betonen, dass die Führung von Veränderungsprozessen nachhaltige Auswirkungen hat. Die Rolle eines Change Leaders geht weit über die unmittelbaren Ziele spezifischer Initiativen hinaus; sie umfasst die Gestaltung der zukünftigen Entwicklung von Organisationen, die Beeinflussung des Lebens der Mitarbeiter und oft auch den Beitrag zu einem breiteren gesellschaftlichen Wandel.

Bei der transformativen Führung geht es darum, ein Vermächtnis zu schaffen. Dabei geht es um die Umsetzung von Veränderungen, die nicht nur aktuelle Herausforderungen angehen, sondern auch den Weg für künftiges Wachstum und Innovation ebnen. Führungskräfte, die den Wandel mit einer transformatorischen Denkweise angehen, tragen zum Aufbau von Organisationen bei, die widerstandsfähig, anpassungsfähig und zukunftsorientiert sind. Diese Organisationen sind besser gerüstet, um die Unwägbarkeiten der Geschäftswelt zu meistern und sich als Branchenführer zu behaupten.

Die Auswirkungen der transformationalen Führung sind auch auf der Ebene der einzelnen Mitarbeiter deutlich zu spüren. Führungskräfte, die ihre Teams engagieren, befähigen und inspirieren, fördern eine Kultur der kontinuierlichen Verbesserung und persönlichen Entwicklung. Dieser Ansatz führt zu einer Belegschaft, die nicht nur qualifizierter und fähiger, sondern auch engagierter und zufriedener ist. Ein solches Umfeld kann die Gesamtleistung des Unternehmens steigern und zu einer höheren Mitarbeiterbindung und -zufriedenheit beitragen.

Führungspersönlichkeiten, die einen Wandel herbeiführen, treiben häufig Innovationen voran, die über die Grenzen ihres Unternehmens hinausgehen. Indem sie sich neue Technologien zu eigen machen, neue Geschäftsmodelle erforschen und sich für nachhaltige Praktiken einsetzen, tragen sie zu branchenweiten Veränderungen und in einigen Fällen zu gesellschaftlichem Fortschritt bei. Die Auswirkungen dieser Veränderungen können

Märkte neu definieren, das Verbraucherverhalten beeinflussen und zum sozialen und ökologischen Wohlergehen beitragen. Der Führungsstil und die Strategien, die bei der Umgestaltung eingesetzt werden, sind auch ein Präzedenzfall für künftige Führungskräfte innerhalb des Unternehmens. Durch das Vorleben einer effektiven Veränderungsführung inspirieren und kultivieren die derzeitigen Führungskräfte die nächste Generation von Führungskräften und sorgen dafür, dass das Erbe der Innovation und Anpassungsfähigkeit fortbesteht.

Die nachhaltige Wirkung von transformationeller Führung kann gar nicht hoch genug eingeschätzt werden. Es geht um mehr als das Erreichen kurzfristiger Ziele; es geht darum, die Zukunft von Organisationen zu gestalten, das Leben von Einzelpersonen zu beeinflussen und manchmal auch der Branche und der Gesellschaft insgesamt einen Stempel aufzudrücken. Die Möglichkeit, als Führungspersönlichkeit eine solche nachhaltige Wirkung zu erzielen, ist sowohl ein Privileg als auch eine Verantwortung. Es erfordert Visionen, Engagement und ein tiefes Verständnis für die transformative Kraft einer effektiven Führung.

Das Vermächtnis einer Führungspersönlichkeit wird nicht nur an den unmittelbaren Ergebnissen ihrer Initiativen gemessen, sondern auch an der dauerhaften positiven Veränderung, die sie in ihren Organisationen und darüber hinaus bewirken. Dieses Vermächtnis ist ein Beweis für ihre Vision, ihre Strategie und die Werte, die sie in die Struktur ihrer Teams und Prozesse einbetten. Führungspersönlichkeiten des Wandels hinterlassen ein Vermächtnis positiver Veränderungen, indem sie eine Vision schaffen und pflegen, die über den unmittelbaren Horizont hinausgeht. Diese Vision beinhaltet oft transformative Ziele, die sowohl mit den Unternehmenszielen als auch mit breiteren gesellschaftlichen Werten wie Nachhaltigkeit, Inklusivität und Innovation übereinstimmen. Durch die Verankerung dieser Werte in der Unternehmenskultur stellen die Verantwortlichen für den Wandel sicher, dass ihre Vision noch lange nach Abschluss bestimmter Projekte weiterwirkt.

Ein weiterer wichtiger Aspekt ist die Entwicklung einer widerstandsfähigen und anpassungsfähigen Unternehmenskultur. Führungspersönlichkeiten, die ein Umfeld fördern, in dem Flexibilität, Lernen und Innovation Teil des täglichen Ethos sind, schaffen Organisationen, die besser für künftige Herausforderungen gerüstet sind. Diese Kultur wird zu ihrem Vermächtnis, das es der Organisation ermöglicht, sich weiterzuentwickeln und in einer sich ständig verändernden Unternehmenslandschaft erfolgreich zu sein. Führungspersönlichkeiten, die Veränderungen herbeiführen, hinterlassen auch durch die Menschen, die sie inspirieren und entwickeln, einen bleibenden Eindruck. Indem sie aufstrebende Führungskräfte betreuen und fördern, schaffen sie eine Pipeline von Talenten, die mit den Fähigkeiten und der Einstellung ausgestattet sind, um künftige Veränderungen voranzutreiben. Durch dieses Mentoring wird sichergestellt, dass das Unternehmen weiterhin von einer starken Führung und innovativem Denken profitiert.

Die Einführung nachhaltiger und ethischer Geschäftspraktiken kann ein wichtiger Teil des Vermächtnisses einer Führungspersönlichkeit im Wandel sein. Indem sie diesen Praktiken Priorität einräumen, verbessern sie nicht nur den Ruf und die Leistung ihres Unternehmens, sondern tragen auch zu positiven gesellschaftlichen und ökologischen Ergebnissen bei. Führungspersönlichkeiten, die Technologie und datengestützte Entscheidungsfindung nutzen, schaffen einen Präzedenzfall für künftige Unternehmensstrategien. Indem sie diese modernen Ansätze in den Veränderungsprozess integrieren, hinterlassen sie ein Vermächtnis der Effizienz, Transparenz und fundierten Entscheidungsfindung.

Das Vermächtnis der positiven Transformation zeigt sich auch darin, wie Führungskräfte mit Herausforderungen und Rückschlägen umgehen. Führungspersönlichkeiten, die Schwierigkeiten mit Widerstandsfähigkeit, Offenheit zum Lernen und dem Willen, Lösungen zu finden, begegnen, inspirieren ihre Teams und die Organisation als Ganzes zu einer ähnlichen Vorgehensweise. Im Laufe der Geschichte hat es zahlreiche Fälle gegeben, in denen visionäre Führungspersönlichkeiten Organisationen umgestaltet und unauslöschliche Spuren in ihrer Branche und oft auch in der Gesellschaft insgesamt hinterlassen haben. Diese Beispiele sind ein eindrucksvolles Zeugnis für die Wirkung einer effektiven Führungsrolle im Wandel.

Ein solches Beispiel ist die Transformation von Apple Inc. unter Steve Jobs. Seine Rückkehr zu Apple im Jahr 1997 markierte den Beginn einer der bemerkenswertesten Umwälzungen in der Geschichte des Unternehmens. Unter seiner Führung verlagerte Apple seinen Schwerpunkt auf Innovation und Design, was zur Entwicklung bahnbrechender Produkte wie dem iPod, iPhone und iPad führte. Jobs' Schwerpunkt auf Produktqualität, Kundenerlebnis und Markenbildung machte Apple zu einem der wertvollsten Unternehmen der Welt.

Ein weiteres bemerkenswertes Beispiel ist der Turnaround von Starbucks unter Howard Schultz. Als Schultz 2008 als CEO zurückkehrte, kämpfte Starbucks mit übermäßiger Expansion und einer verwässerten Marke. Schultz revitalisierte das Unternehmen, indem er sich auf das Kundenerlebnis konzentrierte, die Mitarbeiterschulung verbesserte und die internationale Präsenz des Unternehmens ausbaute. Unter seiner Führung wurde Starbucks nicht nur wiederbelebt, sondern auch wieder zu einer der führenden globalen Marken.

Satya Nadellas Führung bei Microsoft ist ein jüngeres Beispiel für einen transformativen Wandel. Seit seinem Amtsantritt als CEO im Jahr 2014 hat Nadella den Schwerpunkt von Microsoft von einem hauptsächlich auf Windows ausgerichteten Ansatz auf Cloud Computing und KI-Technologien verlagert. Diese strategische Neuausrichtung in Kombination mit einem kulturellen Wandel hin zu mehr Zusammenarbeit und Offenheit hat Microsoft verjüngt, seinen Marktwert erheblich gesteigert und das Unternehmen als führendes Unternehmen in der Technologiebranche neu positioniert.

Indra Nooyi leitete während ihrer Amtszeit als CEO von PepsiCo einen umfassenden strategischen und kulturellen Wandel. Sie verlagerte den Schwerpunkt des Unternehmens auf gesündere Produkte und reagierte damit auf veränderte Verbraucherpräferenzen und Gesundheitstrends. Nooyis Vision eines "Performance with Purpose"-Ansatzes integrierte die Nachhaltigkeit in das Kerngeschäftsmodell und brachte kurzfristige Rentabilität mit langfristigen Nachhaltigkeitszielen in Einklang.

Diese und andere Führungspersönlichkeiten stehen beispielhaft für die tiefgreifenden Auswirkungen, die eine visionäre Führung auf ein Unternehmen haben kann. Ihre Fähigkeit, sich eine andere Zukunft vorzustellen, ihre Teams zu engagieren und zu inspirieren und strategische Umgestaltungen vorzunehmen, hat nicht nur ihre Unternehmen zu neuen Höhen geführt, sondern oft auch ihre Branchen neu geformt. Diese Beispiele sind inspirierende Vorbilder für aktuelle und künftige Führungskräfte, die transformative Veränderungsinitiativen in Angriff nehmen wollen.

Der Weg eines Change Leaders ist sowohl herausfordernd als auch lohnend, und kontinuierliches Wachstum ist der Schlüssel zur Bewältigung dieser Rolle. In erster Linie sollten Sie an Ihre Fähigkeit glauben, etwas zu bewirken. Beim Change Leadership geht es nicht nur um Strategien und Prozesse, sondern auch darum, Menschen zu beeinflussen und die Zukunft zu gestalten. Ihre Vision, Ihre Entschlossenheit und Ihr Handeln haben die Kraft, einen bedeutenden Wandel voranzutreiben. Bleiben Sie neugierig und lernbereit. Die Landschaft des Wandels ist in ständigem Wandel begriffen, und es ergeben sich ständig neue Herausforderungen und Chancen. Machen Sie sich eine Haltung des lebenslangen Lernens zu eigen und suchen Sie nach Wissen und Erkenntnissen nicht nur aus Ihrem Fachgebiet, sondern aus einer Vielzahl von Quellen. Durch dieses kontinuierliche Lernen werden Sie anpassungsfähig und innovativ bleiben.

Bauen Sie ein starkes Netzwerk von Gleichgesinnten und Mentoren auf und pflegen Sie es. Führungswechsel können ein komplexer Prozess sein, und ein Unterstützungssystem von Personen, die Ihre Herausforderungen und Bestrebungen teilen, ist von unschätzbarem Wert. Engagieren Sie sich in Praxisgemeinschaften, nehmen Sie an Branchenforen teil, und suchen Sie nach Möglichkeiten für Mentoren. Diese Beziehungen bieten Unterstützung, Inspiration und eine Fülle von gemeinsamen Erfahrungen.

Denken Sie regelmäßig über Ihre Erfahrungen nach. Nehmen Sie sich Zeit, um über Ihre Erfolge und Rückschläge nachzudenken. Die Reflexion ist ein wirksames Mittel, um sich weiterzuentwickeln, denn sie ermöglicht es Ihnen, Erkenntnisse aus Ihren Erfahrungen zu gewinnen und sie auf künftige Initiativen anzuwenden. Seien Sie belastbar und behalten Sie eine positive Einstellung. Veränderungsinitiativen stoßen oft auf Hindernisse und Widerstände. Wenn Sie Ihre Widerstandsfähigkeit kultivieren, können Sie diese Herausforderungen effektiv meistern. Bleiben Sie optimistisch und sehen Sie Hürden als Chance, zu lernen und sich zu verbessern.

Umfassen Sie Innovation und seien Sie offen für neue Ideen. Die effektivsten Führungspersönlichkeiten sind diejenigen, die sich nicht scheuen, anders zu denken und Neuland zu betreten. Ermutigen Sie Ihr Team zu Kreativität und Innovation und seien Sie bereit, kalkulierte Risiken einzugehen. Denken Sie daran, dass es bei der Führung von Veränderungen ebenso sehr um persönliche Veränderungen wie um organisatorische Veränderungen geht. Wenn Sie andere durch den Wandel führen, nutzen Sie die Gelegenheit, als Führungskraft und als Mensch zu wachsen. Jede Erfahrung bietet Lektionen, die zu Ihrer Entwicklung beitragen.

Abschließend lässt sich sagen, dass Ihr Weg als Change Champion eine tiefe Verpflichtung ist, den Fortschritt voranzutreiben und eine positive Wirkung zu erzielen. Mit Leidenschaft, Beharrlichkeit und dem Willen zu kontinuierlichem Wachstum werden Sie nicht nur die Komplexität des Wandels bewältigen, sondern auch als transformative Führungskraft hervorgehen, die andere inspiriert und in eine bessere Zukunft führt. Um das Engagement und die Proaktivität bei der Führung von

Veränderungen aufrechtzuerhalten, ist es entscheidend, eine Reihe praktischer Strategien in Ihre tägliche Führungspraxis einzubauen.

Beginnen Sie damit, klare und erreichbare Ziele für Ihre Veränderungsinitiativen festzulegen. Diese sollten sowohl mit den übergeordneten Unternehmenszielen als auch mit Ihrer Vision für den Wandel übereinstimmen. Die Verfolgung des Fortschritts anhand von definierten Meilensteinen hilft, den Fokus und die Richtung beizubehalten. Es ist wichtig, dass Sie sich über die neuesten Trends und bewährten Verfahren in Ihrer Branche und auf dem Gebiet des Veränderungsmanagements im Allgemeinen auf dem Laufenden halten. Dieses kontinuierliche Lernen dient nicht nur Ihren Strategien, sondern hält Sie auch inspiriert und offen für Innovationen. Es ist von entscheidender Bedeutung, dass Sie aktiv das Feedback Ihres Teams, Ihrer Interessengruppen und Ihrer Kunden einholen und wertschätzen. Diese Rückmeldungen geben Ihnen wichtige Einblicke in die Wahrnehmung und die Auswirkungen Ihrer Veränderungsbemühungen und ermöglichen es Ihnen, Ihren Ansatz zu verfeinern und auf Bedenken einzugehen, sobald diese auftauchen.

Ein weiterer wichtiger Aspekt ist die Förderung eines kollaborativen Umfelds innerhalb Ihres Teams. Ermutigen Sie zu offenen Diskussionen und zum Austausch von Ideen. Dies fördert nicht nur innovative Lösungen, sondern sorgt auch dafür, dass sich die Teammitglieder in den Veränderungsprozess einbezogen fühlen und in ihn investieren. Kommunikation ist ein Eckpfeiler der effektiven Führung von Veränderungen. Wenn Sie Ihr Team und die Beteiligten über Entwicklungen, Herausforderungen und Erfolge auf dem Laufenden halten, schafft das Vertrauen und verringert den Widerstand. Eine klare und konsistente Kommunikation ist unerlässlich, um die Komplexität des Wandels zu bewältigen. Es ist von entscheidender Bedeutung, dass Sie flexibel und bereit sind, Ihre Pläne angesichts neuer Informationen oder unvorhergesehener Herausforderungen anzupassen. Diese Flexibilität ermöglicht es Ihnen, Hindernisse effektiv zu überwinden und sich bietende Chancen zu nutzen.

Die Entwicklung Ihrer emotionalen Intelligenz ist ebenso wichtig. Die Verbesserung von Fähigkeiten wie Einfühlungsvermögen, Stressbewältigung und Aufrechterhaltung einer positiven Einstellung ist entscheidend, um Teams durch Veränderungen zu führen und eine gesunde Arbeitsdynamik zu gewährleisten. Denken Sie daran, dass Selbstfürsorge von größter Bedeutung ist. Die Leitung von Veränderungsprozessen kann sehr anstrengend sein, daher ist es wichtig, dass Sie sich um Ihr körperliches und geistiges Wohlbefinden kümmern. Das bedeutet, dass Sie sich vorrangig ausruhen, Stress bewältigen und ein Gleichgewicht zwischen Arbeit und Privatleben wahren sollten.

Auch das Feiern von Erfolgen auf dem Weg dorthin ist wichtig. Das Anerkennen und Feiern von Meilensteinen stärkt die Moral und die positiven Aspekte des Veränderungsprozesses. Das Festhalten an Ihrer Vision für den Wandel hält Sie und Ihr Team motiviert, besonders wenn Sie vor Herausforderungen stehen. Regelmäßige Rückbesinnung auf den größeren Zweck, der hinter der Veränderung steht, kann ein starker Motivator und Wegweiser sein.

Wenn Sie diese Ansätze in Ihre tägliche Praxis als Change Leader einbeziehen, können Sie den Wandel engagiert, proaktiv und effektiv vorantreiben und verwalten. Mit diesen Strategien sind Sie nicht nur in der Lage, die Feinheiten des Wandels zu bewältigen, sondern auch andere zu inspirieren und zu einem erfolgreichen Wandel zu führen. Der Weg der Veränderungsleitung ist sowohl anspruchsvoll als auch lohnend, mit Herausforderungen, die Ihre Entschlossenheit auf die Probe stellen, und Erfolgen, die Ihre Bemühungen bestätigen. Denken Sie daran, dass Ihre Rolle als Change Leader die Zukunft Ihres Unternehmens und in vielerlei Hinsicht auch die der Branche und der Gemeinschaft um Sie herum entscheidend mitbestimmt. Die Entscheidungen, die Sie treffen, die Strategien, die Sie umsetzen, und die Visionen, die Sie entwerfen, haben weitreichende Auswirkungen, die über den unmittelbaren Rahmen Ihrer Projekte hinausgehen.

Nehmen Sie die Reise mit all ihren Höhen und Tiefen an. Jede Herausforderung, der Sie begegnen, ist eine Gelegenheit zum Wachstum, und jeder Erfolg ist ein Sprungbrett zu größeren Erfolgen. Die Landschaft des Wandels entwickelt sich ständig weiter, und mit ihr werden sich auch Ihre Fähigkeiten und Perspektiven als Führungskraft weiterentwickeln. Bleiben Sie Ihrer Vision und Ihrem Ziel verpflichtet. Der Weg zum Wandel ist selten geradlinig, und Hindernisse sind unvermeidlich, aber es sind Ihre Vision und Ihre Entschlossenheit, die Sie und Ihr Team hindurchführen werden. Ihre Leidenschaft und Ihr Engagement können ansteckend sein und die Menschen um Sie herum dazu inspirieren, Ihren Weg mit Ihnen zu teilen und zum gemeinsamen Ziel beizutragen.

Unterschätzen Sie niemals den Einfluss, den Sie als Führungskraft für Veränderungen haben können. Sie verwalten nicht nur Prozesse, sondern beeinflussen Leben, prägen Kulturen und schaffen ein Vermächtnis. Ihre Führung kann einen Funken der Innovation entzünden, eine Bewegung des Wandels vorantreiben und eine Generation künftiger Führungskräfte inspirieren. Lernen Sie weiter, passen Sie sich an und wachsen Sie. Change Leadership ist ein kontinuierlicher Lernprozess, und es gibt immer etwas Neues am Horizont. Bleiben Sie neugierig, offen für neue Ideen und bereit, Ihre Ansätze anzupassen. Die besten Führungspersönlichkeiten sind diejenigen, die im Grunde ihres Herzens Schüler bleiben und stets bestrebt sind, zu wachsen und sich zu verbessern.

Nehmen Sie sich einen Moment Zeit, um über Ihre bisherige Reise und den vor Ihnen liegenden Weg nachzudenken. Feiern Sie Ihre Fortschritte, lernen Sie aus Ihren Erfahrungen, und freuen Sie sich auf die Chancen und Abenteuer, die vor Ihnen liegen. Ihre Reise als Führungskraft im Wandel ist einzigartig und wertvoll, und es ist an Ihnen, sie zu gestalten und zu definieren. Lassen Sie dieses Buch zu einem Katalysator für Ihr weiteres Wachstum und Ihren Erfolg bei der Führung von Veränderungen werden. Nehmen Sie die Erkenntnisse und Lektionen, die Sie gewonnen haben, mit und gehen Sie jede neue Herausforderung mit Zuversicht, Widerstandsfähigkeit und Optimismus an. Ihre Reise als Change

Leader ist von großer Bedeutung, und Sie haben das Potenzial, einen bemerkenswerten Einfluss auszuüben. Gehen Sie weiter vorwärts, leiten Sie weiter den Wandel und bewirken Sie weiter etwas.